Elogios para *Conocer a Dios*

"Felicito al doctor Deepak Chopra por este libro maravilloso, que está al alcance de muchísimos lectores, y que toca el tema de la espiritualidad con una visión científica".

—Dalai Lama

"Con una percepción sorprendente y una claridad estremecedora, Deepak Chopra ha dado respuesta de la única cuestión que tiene sentido. La raza humana recordará esta época de nuestra historia como el momento en que se ha levantado el último velo de la faz de Dios".

—Neale Donald Walsch, autor de *Conversaciones con Dios*

"El libro más profundamente esclarecedor que jamás he leído. Siento un gran respeto ante la profundidad de sentimientos de estas páginas. Sorprendente, brillante, más que un curso para saber sobre Dios, es un curso sobre el conocimiento de Dios".   —Wayne W. Dyer, autor de *Tus zonas erróneas*

"La salud espiritual y la responsabilidad moral son dos de los dones más preciosos que un líder puede ofrecer. Pocos pensadores han hecho tanto como Deepak Chopra al permitir a millones de personas abrazar el proyecto de la transformación personal y social… En un mundo en que la pobreza creciente, las desigualdades, la codicia y el cinismo serán los grandes retos de la humanidad para el siglo XXI, Deepak Chopra ofrece sugerencias que nos sirven como afirmación de vida para desarrollar una sociedad más justa y pacífica".

—Oscar Arias, ex presidente de Costa Rica
y Premio Nobel de la Paz

"Con este trabajo, el doctor Chopra desplaza su gran talento desde el terreno médico al reino espiritual y, al hacerlo, despierta nuestra consciencia cosa que, espiritualmente, es lo más esencial". —Padre J. Francis Stroud, director ejecutivo del Centro DeMello para la Espiritualidad, Universidad de Fordham

"Este notable libro, llamado *Conocer a Dios*, expresa profundamente el mensaje universal de la unidad de los ideales espirituales. También ofrece generosamente una visión de la divinidad que se va haciendo más accesible a los lectores de cualquier credo a medida que las palabras van desvelando gradualmente el mágico alimento para la mente, el corazón y el alma".

—Hidayat Inayat-Khan, Pir-o-Murshid, líder espiritual y representante general del Movimiento Sufí Internacional

DEEPAK CHOPRA

Conocer a Dios

Deepak Chopra es autor de más de cincuenta libros que han sido traducidos a más de treinta y
cinco idiomas. Entre ellos se encuentran nume-
rosos bestsellers de *The New York Times*, tanto de
ficción como de no ficción.

www.deepakchopra.com

Conocer a Dios

DEEPAK CHOPRA

Conocer a Dios

El viaje del alma hacia el misterio de los misterios

TRADUCCIÓN DE JOSEP MONREAL

VINTAGE ESPAÑOL
Una división de Random House, Inc.
Nueva York

PRIMERA EDICIÓN VINTAGE ESPAÑOL, MAYO 2011

Copyright de la traducción © 2007 por Josep Monreal

Todos los derechos reservados. Publicado en coedición con Random House Mondadori, S. A., Barcelona, en los Estados Unidos de América por Vintage Español, una división de Random House, Inc., Nueva York, y en Canadá por Random House of Canada Limited, Toronto. Originalmente publicado en inglés in EE.UU. como *How to Know God: The Soul's Journey into the Mystery of Mysteries* por Harmony Books, un sello del Crown Publishing Group, una división de Random House, Inc., Nueva York, en 2000. Copyright © 2000 por Deepak Chopra. Esta traducción fue originalmente publicada en México por Random House Mondadori, S. A. de C. V., México D. F., en 2007. Copyright © 2007 por Random House Mondadori, S. A. de C. V.

Vintage es una marca registrada y Vintage Español y su colofón son marcas de Random House, Inc.

Información de catalogación de publicaciones disponible en la Biblioteca del Congreso de los Estados Unidos.

Vintage ISBN: 978-0-307-47581-7

www.vintageespanol.com

Impreso en los Estados Unidos de América
10 9 8 7 6 5 4 3 2 1

Para Herms Romijn

ÍNDICE

En lo que respecta a las cosas divinas, la fe no es adecuada.
Sólo lo es la certidumbre.
Cualquier cosa inferior a la certidumbre no tiene valor para Dios.

SIMONE WEIL

Conocer a Dios

Un Dios real y útil

Dios ha conseguido realizar la sorprendente proeza de ser adorado pero invisible al mismo tiempo. Millones de personas lo describirían como un padre con barba blanca sentado en un trono en el cielo, pero nadie puede asegurar que lo haya visto personalmente. Aunque no parece posible ofrecer un solo hecho sobre el Todopoderoso que pudiera sostenerse ante un tribunal, una gran mayoría de personas cree en Dios, para ser más exactos un 96 por ciento según algunas encuestas. Esto revela el gran vacío existente entre fe y lo que llamamos la realidad diaria. Necesitamos llenar este vacío.

¿De qué modo serían los hechos si los tuviéramos? Serían así. Todo aquello que experimentamos como realidad material nace en un reino invisible más allá del espacio y del tiempo, un reino consistente en energía e información, según nos ha sido revelado por la ciencia. Esta fuente invisible de todo lo que existe no es un espacio vacío sino que es el mismo útero de la creación. Hay algo que organiza y que crea esta energía. Convierte el caos de sopa cuántica en estrellas, galaxias, selvas tropicales, seres humanos y nuestros propios pensamientos, emociones, memorias y deseos. En las páginas siguientes veremos que no sólo es

posible conocer esta fuente de existencia en un nivel abstracto sino que, además, podemos llegar a intimar con ella.
Cuando esto sucede nuestros horizontes se abren a nuevas
realidades. Tendremos la experiencia de Dios.

Después de siglos de conocer a Dios a través de la fe, estamos preparados para entender la inteligencia divina directamente. En muchos aspectos, este nuevo conocimiento
refuerza lo que la tradición espiritual ya nos había prome-
tido. Dios es invisible y, además, hace milagros. Es el origen
de todo impulso de amor. La belleza y la verdad son hijos de
este Dios. Si no conocemos la fuente infinita de energía y
creatividad, las miserias de la vida se hacen realidad. Acercarnos a Dios a través del conocimiento verdadero nos cura
el miedo a la muerte, confirma la existencia del alma y da
un sentido definitivo a la vida.

Toda nuestra noción de la realidad ha sido puesta patas
arriba. Dios, en lugar de ser una inmensa proyección imagi-
naria, ha resultado ser la única cosa real, y todo el universo,
a pesar de su inmensidad y de su solidez, es una proyección
de la naturaleza de Dios. Estos sorprendentes acontecí-
mientos que llamamos milagros nos dan las claves de su
inefable inteligencia. Consideremos la siguiente historia.

En 1924, un viejo campesino francés caminaba hacia
su casa. Apenas veía debido a que perdió uno de los ojos en
la Primera Guerra Mundial y tenía el otro gravemente da-
ñado por el gas mostaza de las trincheras. La puesta de sol
era muy brillante y ello le impedía ver a los dos jóvenes
en bicicletas que habían doblado la esquina y se dirigían
hacia él.

En el momento del impacto aparece un ángel que toma
por las dos ruedas la bicicleta que va delante, la levanta un
par de metros del suelo y la deposita sin daño alguno sobre
el césped al lado de la carretera. La segunda bicicleta se detiene y los jóvenes se emocionan enormemente. «¡Son dos,
son dos!» grita uno de ellos refiriéndose al hecho de que en

lugar del anciano sólo, hay dos figuras en la carretera. Todo el pueblo se aturde tremendamente y, más tarde, dijeron que los dos jóvenes estaban borrachos y que inventaron esta fantástica historia. Por lo que al anciano se refiere, cuando se le preguntó sobre el hecho, dijo que no entendía la pregunta.

¿Podemos nosotros llegar a tener una respuesta? Sucede que el anciano era un sacerdote, el padre Jean Lamy, y que la aparición del ángel ha llegado hasta nosotros a través de su propio testimonio antes de su muerte. A Lamy, persona piadosa y muy querida, se le atribuyen muchos casos en los que Dios envió ángeles u otras formas de ayuda divina. Aunque no era muy amigo de hablar de ello, su actitud era real y modesta. Debido a la vocación religiosa de Lamy es fácil rechazar este incidente como una historia para devotos. Los escépticos no se conmoverían.

Por mi parte, estoy sencillamente fascinado por si pudo haber ocurrido, por si podemos abrir la puerta y permitir que entren en nuestra realidad ángeles para ayudarnos, junto con milagros, visiones, profecías y, finalmente, el gran desconocido, Dios mismo.

Todos sabemos que una persona puede aprender de la vida sin religión. Si yo escogiera a cien recién nacidos y filmara cada momento de sus vidas desde el principio hasta el fin, no sería posible predecir que aquellos que creen en Dios serán más felices, más sabios o que tendrán más éxito que los no creyentes. Es más, la cámara no puede grabar lo que queda por debajo de la superficie. Alguien que ha tenido la experiencia de Dios podría ver el mundo con júbilo y alegría. ¿Es real esta experiencia? ¿Es útil para nuestras vidas, o es sólo un acontecimiento subjetivo, lleno de significado para la persona que la ha tenido pero no más práctico que un sueño?

Al principio de cualquier búsqueda de Dios hay un hecho escueto, y es que no deja huellas en el mundo material.

Desde el principio de la religión en Occidente fue obvio que Dios tiene algún tipo de presencia, conocida en hebreo como *Shekinah*. Algunas veces esta palabra se traduce sencillamente como una luz o radiación. La *Shekinah* formaba el halo alrededor de los ángeles y la alegría luminosa en la cara de los santos. Se le atribuía el género femenino aunque Dios, tal y como lo interpreta la tradición judeocristiana, es masculino. Sin embargo, el hecho significativo de la *Shekinah* no era su género. Como Dios es infinito, llamar a la deidad «él» o «ella» no es más que una convención humana.* Era mucho más importante la noción de si Dios tiene una presencia, lo que significa que puede ser percibido. Puede ser conocido. Esto es un punto importante, ya que de cualquier otro modo se entiende que Dios es invisible e intocable, y a menos que una pequeña parte de Dios toque el mundo material, será siempre inaccesible.

Personificamos a Dios como una forma conveniente de hacerlo más semejante a nosotros. Sin embargo, sería un humano muy perverso y cruel si quedara oculto a nuestras miradas mientras nos pide nuestro amor. ¿Cómo podría tener confianza en un tipo cualquiera de ser espiritual benévolo cuando miles de años de religión han estado tan manchados de sangre?

Necesitamos un modelo que sea al mismo tiempo parte de la religión pero que no esté relacionado con ella. El siguiente esquema en tres partes se adapta a la visión que tenemos de Dios con nuestro sentido común. Este esquema, que tiene la forma de un sándwich de realidad, puede ser descrito de la siguiente forma:

---

* Una nota sobre el género: encontrar un pronombre para Dios no es fácil. Para seguir con la tradición más extendida, este libro utiliza el masculino. Pero seguramente Dios trasciende los géneros. Podría haber ido rotando los diversos pronombres —él, ella, ello—, pero con ello no nos hubiéramos acercado más a la verdad y hubiera complicado la lectura.

Dios
──────── ZONA DE TRANSICIÓN ────────
Mundo material

Las caras superior e inferior de la descripción no son nuevas, y colocan a Dios por encima del mundo material y fuera de él. Dios debe ser separado de nosotros; de otro modo, podríamos verlo paseando entre nosotros como lo hacía en el Génesis, según el cual, después de los siete días de la creación, Dios paseaba por el jardín del Edén, gozando de su obra en el fresco del atardecer.

Sólo el elemento central de nuestro diagrama, llamado la zona de transición, es nuevo o inusual. Una zona de transición implica que Dios y los humanos se encuentran en un terreno común, en algún lugar en el que ocurren los milagros, junto con visiones santas, ángeles, iluminaciones, y donde se escucha la voz de Dios. Todos estos fenómenos extraordinarios enlazan dos mundos, que son reales y que, sin embargo, no son parte de un fenómeno causa-efecto predecible. Dicho de otro modo, si nos aferramos obstinadamente a la realidad material como la única manera de saberlo todo, el escepticismo hacia Dios queda totalmente justificado. Los milagros y los ángeles desafían a la razón y, aunque las santas visiones pueden ser catalogadas de vez en cuando, la mente racional permanece desafiante, defendiendo su agarre al plano material.

—¿Crees realmente que Dios existe? Bien, analicémoslo. Tú eres médico y yo soy médico. O bien Dios causa las enfermedades que vemos cada día o no puede hacer nada por detenerlas. ¿Cuál es el Dios que quieres que yo acepte?

Estas palabras corresponden a un colega escéptico y confirmado ateo con el que yo solía hacer mis rondas en el hospital.

—No quiero que aceptes a ninguno de los dos —protestaba yo.

Pero él insistía.

—La realidad es la realidad. No hay que discutir sobre si una enzima o una hormona son reales, ¿verdad? Dios no resiste a ningún tipo de prueba objetiva, todos lo sabemos, pero algunos hemos escogido no seguir engañándonos a nosotros mismos.

En un sentido tenía razón. Los argumentos materialistas contra Dios siguen siendo fuertes porque están basados en hechos, pero caen cuando te sumerges más profundamente que en el mundo material. Doña Juliana de Norwich vivió en Inglaterra en el siglo XIV y preguntó directamente a Dios por qué había creado el mundo. La respuesta le fue dada entre susurros de éxtasis:

> *¿Quieres conocer el sentido de tu Señor en lo que yo he hecho? Para que lo sepas, su significado es el amor. ¿Quién te lo revela? El amor. ¿Qué te revela? El amor. ¿Por qué te lo revela? Por amor.*

Para doña Juliana, Dios era algo que podía comer, beber, respirar y ver en todas partes como si fuera un amante caprichoso. Sin embargo, como la divinidad era su amante, fue elevada a alturas cósmicas, en las que el universo era «una cosita de la medida de una avellana puesta en la palma de la mano».

Cuando los santos se vuelven casi locos con sus raptos, encontramos sus expresiones desconcertantes y sin embargo muy comprensibles. Aunque todos nos hemos acostumbrado a la ausencia de lo sagrado, nos damos cuenta de que los viajes a la zona de transición, aquella que está más cercana a Dios, continúan sucediendo.

> *Experimentar a Dios es como volar. Parece que estoy andando sobre el suelo con tanto equilibrio que nada puede moverme del camino. Es como estar en el ojo del huracán.*

*Veo sin juicio u opinión. Observo simplemente cómo va
ocurriendo todo dentro y fuera de mi conciencia como si
fueran nubes.*[1]

Esta experiencia levitatoria, común a santos y místicos, es la descripción de un viaje cuántico. No hay mecanismo físico alguno conocido que lo desencadene, aunque el sentimiento de estar cerca de Dios puede darse en cualquier edad y ser experimentado por cualquier persona. Todos nosotros somos capaces de ir más allá de nuestras ataduras materiales. Aunque a menudo no evaluemos esta capacidad. Aunque oímos en la iglesia o en el templo o en la mezquita que Dios es amor, esto ya no parece ejercer una atracción apasionada.

Yo no creo que los santos y los místicos sean realmente tan diferentes de otros seres humanos. Si miramos nuestro sándwich de la realidad, la zona de transición se vuelve subjetiva: es donde la presencia de Dios es notada o vista. Cualquier cosa que sea subjetiva debe involucrar al cerebro, porque tiene que haber millones de neuronas actuando juntas antes de tener una experiencia.

Actualmente, nuestra búsqueda se ha ido estrechando hasta el punto de ser esperanzadora: la presencia de Dios, su luz, se hace real si podemos traducirla a una respuesta del cerebro que yo llamaré la «respuesta de Dios». Incluso podemos ser más concretos. Las visiones santas y las revelaciones no suceden al azar, sino que ocurren en siete sucesos determinados dentro del cerebro. Estas respuestas son mucho más básicas que nuestras creencias pero se transforman en creencias. Forman un puente desde nuestro mundo hasta un terreno invisible donde se disuelve la materia y emerge el espíritu:

1. **Respuesta luchar o huir:** es la respuesta que nos permite sobrevivir ante el peligro. Esta respuesta está ligada a

Dios, que desea protegernos. Es como un padre que procura por la seguridad de un hijo pequeño. Nos volcamos en este Dios porque necesitamos sobrevivir.

2. **Respuesta reactiva:** es la creación del cerebro de una identidad personal. Más allá de la mera supervivencia, cada uno de nosotros sigue las propias necesidades de «yo, mi, mío». Lo hacemos instintivamente, y de esta respuesta emerge un nuevo Dios, que tiene fuerza y poder, leyes y normas. Nos volcamos en este Dios porque necesitamos conseguir, alcanzar y competir.

3. **Respuesta de la conciencia en reposo:** el cerebro puede estar activo o en descanso, y ésta es la respuesta que da cuando desea paz. Cada una de las partes del cerebro alternan descanso y actividad. El equivalente divino es un Dios que necesita tener la sensación de que el mundo exterior no va a tragarnos en su infinito desorden.

4. **Respuesta intuitiva:** el cerebro busca información desde fuera y desde dentro. El conocimiento exterior es objetivo, pero el interior es intuitivo. Nadie pregunta a un experto antes de decir «Soy feliz» o «Estoy enamorado», sino que confiamos en nuestra capacidad de conocernos a nosotros mismos de dentro hacia fuera. El Dios que corresponde a esta respuesta es comprensivo e indulgente. Lo necesitamos para validar que nuestro mundo interior es Dios.

5. **Respuesta creativa:** el cerebro humano puede inventar cosas nuevas y descubrir nuevos hechos. Aparentemente, esta capacidad creativa no viene de ninguna parte, sino que lo desconocido da simplemente nacimiento a un nuevo pensamiento. A esto lo llamamos inspiración, y su espejo es un creador que hizo todo el mundo de la nada. Nos volvemos a él por nuestra admiración por la belleza y la complejidad formal de la naturaleza.

6. **Respuesta visionaria:** el cerebro puede contactar directamente con «la luz», una forma de conciencia pura que

se siente dichosa y bendecida. Este contacto puede ser desconcertante, porque no tiene raíces en el mundo material. Llega como una visión y el Dios que corresponde a esta respuesta es exaltado, otorga la curación y hace milagros. Necesitamos un Dios así para explicar por qué pueden existir las maravillas junto con la realidad mundana.

7. **Respuesta sagrada:** el cerebro nació de una sola célula fecundada que en sí no tiene función de cerebro, sino que es sólo una partícula de vida, y ésta permanece intacta en toda su inocencia y sencillez aunque a partir de ella se desarrollen cien mil millones de neuronas. El cerebro la reconoce como fuente y origen. Para corresponder con esta respuesta hay un Dios que es ser puro, que no piensa sino que sólo es. Le necesitamos porque, sin un origen, nuestra existencia no tiene ningún tipo de fundamento.

Estas siete respuestas, todas muy reales y que nos son muy útiles en nuestro largo viaje como especie, forman la base inconmovible de la religión. Si comparamos cualquiera de estas dos mentes –Moisés o Buda, Jesús o Freud, san Francisco o el presidente Mao–, cada uno de los proyectos tiene una visión de realidad con un Dios correspondiente. Nadie puede meter a Dios con calzador dentro de una caja. Debemos tener un campo de visión tan amplio como la misma experiencia humana. Los ateos necesitan a su Dios, que está ausente y es inexistente, mientras que, en el otro extremo, los místicos necesitan a su Dios, que es amor y luz puros. Sólo el cerebro puede hacer una gama tan vasta de deidades.

Podríamos inmediatamente objetar que es la mente humana la que crea estas versiones de Dios, y no sólo el cerebro. Estoy absolutamente de acuerdo ya que, a largo plazo, la mente es mucho más primaria que el cerebro a la hora de crear todas las percepciones pero, por ahora, el cerebro es nuestra única forma concreta de entrar en la mente. En las historietas, cuando alguien tiene una idea brillante, se le pinta una bombilla sobre la cabeza, cosa que no sucede en la vida real. La mente sin cerebro es tan invisible e indemostrable como lo es Dios.

Se puede también argumentar que por el mero hecho de ver a Dios de una forma determinada, no significa que Dios vaya a ser de dicha forma. Yo no creo que sea blanco o negro. La realidad de Dios no está aparte de nuestras percepciones, está entretejida con ellas. Una madre puede ver a su recién nacido como una persona maravillosa y respetable y, a través de su percepción, este niño crecerá para volverse una persona maravillosa y respetable, lo cual es uno de los misterios del amor. Entre padres e hijos existe un sutil intercambio de concesiones mutuas al más profundo nivel. De la misma forma, Dios parece crecer directamente a partir de nuestros valores interiores más profundos y existe un intercambio de concesiones mutuas por debajo del nivel de la mera creencia. Si quitamos todas las capas de una cebolla, en el centro encontraremos el vacío, pero si quitamos todas las capas de un ser humano, en el centro encontraremos la semilla de Dios.

Yo creo que Dios tiene que conocerse mirando al espejo.

Si te ves temeroso, resistiendo y con dificultades para sobrevivir, tu Dios es el de luchar o huir.

Si te sientes con poder y capaz de conseguir objetivos, tu Dios es el de la respuesta reactiva.

Si te ves centrado y calmado, tu Dios es el de la conciencia en reposo.

Si te ves en crecimiento y evolución, tu Dios es el de la respuesta intuitiva.

Si te ves como alguien que convierte sus sueños en realidad, el tuyo es un Dios de la respuesta creativa.

Si te ves capaz de obrar milagros, tu Dios es el de la respuesta visionaria.

Si te ves como alguien con Dios, tu Dios es el de la respuesta sagrada.

El cerebro de cada uno de nosotros puede crear innumerables pensamientos. Para hacernos una idea podemos tomar la cifra de diez pensamientos por minuto. Un cerebro sencillo elaboraría más de 14.000 pensamientos por día, 5 millones por año y 350 millones en el curso de la vida. Pero para preservar nuestra salud mental, la mayoría de estos pensamientos son repeticiones de pensamientos anteriores, meros ecos. El cerebro es económico en la forma en cómo produce un pensamiento y, en lugar de tener millones de maneras de producirlo, tiene sólo un número limitado. A los físicos les gusta decir que, en realidad, el universo es sólo una sopa cuántica bombardeando nuestros sentidos con miles de millones de *bits* de datos cada minuto. Este caótico remolino debe ser también organizado en una cifra manejable, por lo que el cerebro, con sus siete respuestas básicas, da algo más que salud mental y entendimiento: proporciona un mundo entero. Presidiendo este mundo creado por él mismo hay un Dios que lo abarca todo, pero que también debe encajar en la forma de trabajar del cerebro.

De una forma u otra, cuando una persona pronuncia la palabra *Dios*, designa una de las respuestas específicas de la siguiente lista:

Cualquier Dios que nos protege como un padre o una madre procede de luchar o huir.

Cualquier Dios que hace leyes y gobierna la sociedad procede de la respuesta reactiva.

Cualquier Dios que nos da paz interior procede de la respuesta de la conciencia en reposo.

Cualquier Dios que anima a los seres humanos a al-

canzar todo su potencial procede de la respuesta intuitiva.
   Cualquier Dios que nos inspira para explorar y descubrir procede de la respuesta creativa.
   Cualquier Dios que hace milagros procede de la respuesta visionaria.
   Cualquier Dios que nos vuelva a la unidad con él procede de la respuesta sagrada.

Por lo que yo sé, el cerebro no puede registrar una deidad fuera de las siete respuestas. Y ¿por qué no? Porque Dios está entretejido con la realidad y el cerebro conoce la realidad bajo estas formas limitadas. Podría parecer, pero no es así, que estuviéramos reduciendo al padre todopoderoso, la deidad primigenia y el misterio de los misterios a una tormenta de actividad eléctrica en el córtex cerebral. Lo que intentamos es encontrar los hechos básicos que harán que Dios sea posible, real y útil.

Mucha gente se sentirá atraída por esto porque anhela un Dios que se adapte a sus vidas. Sin embargo, nadie puede hacer entrar a Dios en la vida cotidiana. La verdadera cuestión es si ya podría estar presente sin ser visto. Volvamos ahora a la zona de transición de nuestro sándwich de realidad. A menos que ahí queramos tener una visión, la presencia de Dios es demasiado fantasmagórica como para confiar en ella. ¿Está el cerebro preparado para un viaje así? De ningún modo.

Una amiga mía, que es una buena cantante, conoció muy bien a John Lennon. Una noche, no hace mucho, tuvo un sueño en el que le vio y él le enseñaba una imagen del pasado en la que los dos estaban juntos. Se despertó y decidió escribir una canción nueva y muy íntima basada en el sueño. Sin embargo, con la luz del día, empezó a tener dudas. Yo llegué a Londres para visitarla y me habló de su indecisión. «Después de todo no es más que un sueño, ¿verdad? —dijo—. Quizá estoy exagerándolo tontamente.»

En aquel momento, su hijo de tres años entró corriendo en la habitación y se dejó caer en un sillón del rincón. Casualmente se sentó sobre el mando a distancia del televisor, con lo que éste se puso en marcha repentinamente. En la pantalla vimos con sorpresa un programa nostálgico en el que se podía ver a John Lennon con mi amiga sonriendo a la cámara, justo la misma imagen que ella había visto en sueños. Mi amiga rompió a llorar porque ya tenía la respuesta: le escribiría la canción a John Lennon.

Creo que esta interacción tuvo lugar en la zona de transición. Un mensaje llegó de un lugar más profundo de lo que nosotros normalmente llegamos. Decir que vino del espíritu o de Dios está totalmente justificado, pero el cerebro también desempeña su papel, ya que este incidente empezó con los procesos cotidianos del cerebro –pensamientos, emociones, sueños, dudas– que finalmente cristalizaron en inspiración. Podemos ver un ejemplo perfecto de nuestra quinta respuesta, la respuesta creativa.

¿Podemos de verdad satisfacer las demandas de objetividad cuando se trata de Dios? Un físico reconocería nuestro sándwich de realidad sin dificultad. El mundo material se ha disuelto ya hace tiempo para los grandes pensadores cuánticos.[2] Después de que Einstein convirtió el tiempo y el espacio en cosas fluidas que se funden la una con la otra, la tradición universal no podía sostenerse. En el sándwich de realidad de la física hay también tres niveles:

Realidad material: el mundo de los objetos y los hechos.
Realidad cuántica: una zona de transición donde la energía se vuelve materia.
Realidad virtual: el lugar más allá del tiempo y el espacio, el origen del universo.

Ahora nos metemos en un problema semántico, ya que la expresión *realidad virtual* ya no se usa del modo en que los físicos la entenderían. Estas palabras significan actualmente una realidad simulada por el ordenador o incluso, de forma vaga, cualquier videojuego. Por lo tanto, modificaré la expresión *realidad virtual* y la llamaré *campo virtual* y, para adaptarnos, la *realidad cuántica* tendrá que ser *campo cuántico*.

No es solamente una coincidencia que estas tres capas vayan paralelas con la cosmovisión religiosa, ya que ambos modelos tienen que ser paralelos entre sí porque los dos están diseñados por el cerebro. Ciencia y religión no son cosas opuestas sino sólo distintas formas de intentar descodificar el universo. Ambas visiones contienen el mundo material, que les es dado. Tiene que haber una fuente de creación que no puede ser vista, ya que el cosmos sólo se puede ir siguiendo atrás en el tiempo hasta el momento en que el tiempo y el espacio se disuelven, y tiene que haber un lugar en el que se encuentren estos dos conceptos opuestos.

He dicho antes que no creo que los místicos sean diferentes de las personas ordinarias sino que sólo son mejores navegantes cuánticos. Viajan a la zona de transición cercana a Dios y, mientras nosotros podemos estar ahí de visita durante unos pocos momentos de gozo, unos pocos días a lo sumo, los santos y los místicos han encontrado el secreto para quedarse allí durante mucho más tiempo. En lugar de reflexionar sobre el misterio de la vida, los santos lo viven. Incluso sin las palabras adecuadas para llegar a esta experiencia, encontramos determinadas similitudes entre las distintas culturas:

- El peso del cuerpo se vuelve ingrávido.
- Se tiene la sensación de flotar o de mirar hacia abajo desde una cierta altura.
- La respiración se hace más ligera, se rarifica y es más uniforme.

- Se reducen el dolor físico o la incomodidad.
- Brota una sensación de energía de todo el cuerpo.
- Se notan más los colores y los sonidos, aumentando la sensibilidad de todos los sentidos.

Una frase común para esta sensación, que se oye una y otra vez, es «ir a la luz». Se trata de un fenómeno no limitado a los santos. Algunos de estos cambios corporales los experimentan personas comunes. La existencia irrumpe en sus monótonas rutinas con una oleada de bienaventuranza y pureza. Algunos místicos describen estos momentos como intemporales. Después sólo persiste una sensación de bienestar psicológico, la certidud apacible de que se ha llegado a casa. En esta zona de transición que casi llega al terreno de Dios, la experiencia es a la vez interior y exterior.

Pero ¿qué pasaría si pudiéramos hacer durar este destello de éxtasis y aprender a explorar este nuevo territorio extraño? En este caso descubriríamos lo mismo que le fue revelado a doña Juliana hace seiscientos años: «Él es el ropaje que nos envuelve y que nos cubre alrededor, nos arropa y abriga, por amor... sigue en esto y sabrás más de lo mismo... sin fin.» En otras palabras, lo sagrado no es una sensación sino un lugar. El problema es que cuando se intenta viajar allí, la realidad material tira de ti hacia atrás. El momento maravilloso pasa, y quedar en la zona de transición es extremadamente difícil.

Llevaré estos términos abstractos hacia la tierra. Algunas de las siguientes experiencias nos han ocurrido a todos nosotros:

En medio del peligro te sientes de repente cuidado y protegido.

Temes profundamente una crisis en tu vida personal, pero cuando llega experimentas una calma repentina.

Un extraño te hace sentir un súbito arrebato de amor.
Un niño o un jovencito te mira a los ojos y, por un ins-
tante, crees que una vieja alma te está mirando.
En presencia de la muerte sientes un batir de alas.
Miras al cielo y tienes un sentimiento de espacio infi-
nito.
La contemplación momentánea de la belleza te hace
olvidar por un instante quién eres.

Siempre que se tienen experiencias de este tipo, el cerebro
ha respondido de una forma inusual; ha respondido a Dios.

Los secretos más celosamente guardados de Dios están
ocultos dentro del cráneo humano: éxtasis, amor eterno, gracia y misterio. Es algo que no parece posible a simple vista,
pues se aplica un bisturí en el cerebro, se corta un tejido gris
blando que no responde al tacto. Hay lagos de aguas mansas
en este terreno tembloroso y se abren cuevas donde nunca
penetra la luz. Nunca sospecharíamos que en alguna parte del
cerebro se oculta un alma, que el espíritu puede encontrar su
hogar en un órgano casi tan líquido como las células rojas de
la sangre y pulposo como un plátano sin madurar.

Sin embargo, el paisaje del cerebro es decepcionante.
Todos los arrebatos de luz que han cegado a los santos a lo
largo de la historia tuvieron lugar en la oscuridad. Cada
una de las imágenes de Dios fue dibujada en una tela que
es una masa de nervios congestionados. Por lo tanto, para
encontrar una ventana a Dios tenemos que darnos cuenta
de que el cerebro está distribuido en regiones gobernadas
por impulsos distintos. Los nuevos reinos se hallan repletos
de los pensamientos más elevados, de poesía y de amor,
como en el Nuevo Testamento. Los antiguos reinos son
más primordiales, como partes del Antiguo Testamento y
están gobernados por las emociones puras, el instinto, el
poder y la supervivencia.

En los viejos reinos, cada uno de nosotros es un cazador. Las llanuras ancestrales de África están profundamente enterradas en nuestro cráneo, recordadas con todo su terror y su hambre. Los genes se acuerdan de los leopardos que saltaban de los árboles y en medio del estrépito del tráfico el viejo cerebro quiere cazar al leopardo para luchar con él hasta la muerte. Muchas personas dubitativas han dicho que Dios fue inventado para poder poner a prueba estos feroces instintos ya que, de otra forma, nuestra violencia se volvería hacia nosotros y nos mataría. Pero yo no lo creo. El más viejo de los cazadores al acecho en nuestro cerebro es, después de grandes plegarias, Dios mismo. El motivo no es luchar o morir, sino encontrar nuestra pizca de gozo y de verdad que nada en el mundo puede borrar. A lo que no podemos sobrevivir es al caos.

Nosotros evolucionamos para encontrar a Dios. Esto es todo lo que hace la luminosa tormenta de la actividad sin descanso del cerebro. Para nosotros, Dios no es una elección sino una necesidad. Hace casi cien años, el gran psicólogo y filósofo William James declaró que la naturaleza humana contiene un «deseo de creer» en algún poder superior. Personalmente, James no supo si Dios existía o si había un mundo más allá de éste. Estaba casi seguro de que no se podían encontrar pruebas de Dios, pero tenía el convencimiento de que si se les quitaba la fe a los seres humanos, se les privaba de algo profundo. Necesitamos cazar.

Resulta que Dios no es una persona sino que es un proceso. El cerebro está cableado para encontrar a Dios. *Hasta que no lo encuentres no sabrás quién eres.* Sin embargo, esto es una trampa, porque nuestro cerebro no nos conduce automáticamente al espíritu.

La búsqueda ha sido siempre necesaria. Algunas personas tienen la sensación de que Dios está a su alcance o, por lo menos, no muy lejos, mientras que otras piensan que está totalmente ausente. (En una reciente entrevista ha sido curioso constatar que el 72 por ciento de los encuestados dijeron que creían en el cielo, mientras sólo el 56 por ciento creen en el infierno. Esto es más que un cándido optimismo; la tendencia de la vida nos dirige en la dirección correcta.)

Un buscador siempre espera ver al Dios único, verdadero y final que resolverá todas nuestras dudas, pero en lugar de ello vamos a la caza de pistas. Al ser incapaz de la totalidad de Dios, obtenemos indicaciones del cerebro, que tiene una sorprendente capacidad de insertar constantemente visiones espirituales en las situaciones más mundanas. Volvamos a algunos de los ejemplos que dábamos:

> *En medio del peligro te sientes de repente cuidado y protegido.* Se te está revelando el espíritu a través de luchar o huir.
>
> *Temes profundamente una crisis en tu vida personal, pero cuando ésta llega experimentas una calma repentina.* Se te está revelando el espíritu a través de la conciencia en reposo.
>
> *Un extraño te hace sentir un súbito arrebato de amor.* Se te está revelando el espíritu a través de la respuesta visionaria.
>
> *Un niño o un jovencito te mira a los ojos y por un instante crees que una vieja alma te está mirando.* Se te está revelando el espíritu a través de la intuición.
>
> *Miras al cielo y tienes un sentimiento de espacio infinito.* Se te está revelando el espíritu a través de la unidad.

En la vida moderna es típico creer que la naturaleza está dispuesta de modo aleatorio y caótico, cosa que dista mucho de ser cierta. La vida parece sin sentido cuando se han agotado las viejas respuestas, las viejas realidades y la vieja versión de Dios. Para hacer volver a Dios, tenemos que seguir nuevas y extrañas respuestas, nos lleven a donde nos lleven. Como un profesor espiritual apuntó sabiamente, «El mundo material es infinito, pero es un infinito aburrido. El infinito realmente interesante está detrás.»

PARA TENER LO QUE QUIERAS

Los siete niveles de la realización

Dios es otro de los nombres de la inteligencia infinita. Para conseguir cualquier cosa en la vida, debemos entrar en contacto con una parte de esta inteligencia y utilizarla. En otras palabras, *Dios está siempre disponible.* Las siete respuestas del cerebro humano son avenidas por las que avanzamos para alcanzar algún aspecto de Dios. Cada nivel de realización prueba la realidad de Dios en ese nivel concreto.

Nivel 1 (Respuesta luchar o huir)

Nuestras vidas adquieren pleno sentido gracias a la familia, la comunidad, el sentido de la propiedad y el confort material.

Nivel 2 (Respuesta reactiva)

Nuestras vidas adquieren pleno sentido gracias al éxito, el poder, la influencia, el estatus y otras satisfacciones del ego.

Nivel 3 (Respuesta de la conciencia en reposo)

Nuestras vidas adquieren pleno sentido gracias a la paz, la concentración, la aceptación de uno mismo y el silencio interior.

Nivel 4 (Respuesta intuitiva)

Nuestras vidas adquieren pleno sentido gracias a la percepción, la empatía, la tolerancia y el perdón.

Nivel 5 (Respuesta creativa)

Nuestras vidas adquieren pleno sentido gracias a la inspiración, la creatividad expandida al arte o la ciencia y a los descubrimientos ilimitados.

Nivel 6 (Respuesta visionaria)

Nuestras vidas adquieren pleno sentido gracias a la reverencia, la compasión, el servicio dedicado y el amor universal.

Nivel 7 (Respuesta sagrada)

Nuestras vidas adquieren pleno sentido gracias a la integración y la unidad con lo divino.

Es muy importante absorber esta noción de que el espíritu implica un progreso constante. No es una sensación y tampoco es una cosa que podamos coger y medir. Muchas cosas empiezan a tener sentido cuando se desvela el espíritu. Por ejemplo, consideremos la famosa frase de Veda: «Aquellos que lo conocen no hablan de ello, aquellos que hablan de ello no lo conocen.» El misterio es saber a qué se refiere. Si se trata de algún tipo de revelación, entonces podemos esforzarnos toda la vida para formar parte de la elite de los que han tenido la revelación. La iluminación se vuelve en algo así como un apretón de manos secreto. Pero esta frase se refiere a un lugar real al que podemos viajar, no hay necesidad de frustrarse. Sólo hay que encontrar este lugar, sin palabras insensatas. Parece que el mejor consejo es «No hables de ello, simplemente ¡ve!».

Un ejemplo impresionante de que hay un lugar alcanzable más allá de la realidad material es la plegaria. Hace más de veinte años unos investigadores pusieron en marcha unos experimentos para verificar si la plegaria era eficaz. Dividieron en grupos a diversos pacientes de hospitales, todos ellos gravemente enfermos. Por algunos de ellos se rezaba y por otros no. En todos los casos, se les siguió proporcionando una excelente asistencia médica y, a pesar de ello, el grupo de aquellos por los que se rezaba pareció recuperarse mejor. El resultado fue tanto más sorprendente cuando se descubrió que la persona que realizaba la plegaria no tenía necesariamente que conocer al paciente personalmente ni incluso saber su nombre. Pero no fue hasta 1998 que un equipo de la Universidad de Duke demostró a todos los escépticos que la plegaria tiene tanta fuerza.[3] Los investigadores tuvieron en cuenta todo tipo de variables, sin olvidar el ritmo cardíaco, la presión sanguínea y los resultados clínicos. Se estudiaron 150 pacientes que habían sufrido intervenciones cardíacas invasivas; ninguno de ellos sabía que alguien rezaba por ellos. Se pidió a siete grupos religiosos de todo el mundo que rezaran, entre los que se encontraban budistas de Nepal, monjas carmelitas de Baltimore y Jerusalén Virtual, una organización que pide a los fieles por correo electrónico que envíen plegarias para pegarlas en el muro de las lamentaciones. Los investigadores descubrieron que los pacientes se recuperaban un 50 por ciento mejor si alguien rezaba por ellos.

Incluso antes de estos resultados altamente inquietantes, tal y como los calificaron los investigadores, el fenómeno de la plegaria había ganado repentinamente una nueva popularidad aunque olvidaban el punto esencial. La plegaria es un viaje a la conciencia que conduce a un lugar diferente de aquel al que llevan los pensamientos ordinarios. Nos unimos a ella en un lugar en que no cuentan las ataduras corporales. La intención de hacerla bien tiene un efecto sobre las ataduras espacio-tiempo; en otras palabras, la plegaria es un suceso cuántico ejecutado por el cerebro.

La mayor de todas las pistas que Dios nos ha dejado por encontrar es la luz, la *Shekinah*. A partir de esta pista podemos extraer una imagen verdadera de la deidad, cosa que es una mera afirmación pero que viene corroborada por el hecho de que la ciencia, que es nuestra religión moderna más creíble, ha remontado la pista de la creación hasta la luz.[4] En este siglo, Einstein y otros pioneros de la física cuántica irrumpieron en un nuevo mundo a través de la barrera de la realidad material y la mayoría de ellos tuvieron una experiencia mística. Tuvieron la sensación de que cuando la luz abandone sus misterios se conocerá la luz de Dios.

Nuestra visión no puede ayudarnos si no se la organiza alrededor de la luz. Las mismas respuestas del cerebro que nos permiten ver un árbol como un árbol en lugar de verlo como un enjambre fantasmal de átomos zumbantes nos dejan tener la experiencia de Dios, y van más allá de la religión organizada. Podemos tomar cualquier pasaje del Antiguo Testamento y descodificarlo valiéndonos del cerebro, que es el mecanismo que nos hace ver la escritura real. Nuestros cerebros responden de acuerdo con los siete niveles que sirven para nuestra experiencia.

1. Un nivel de peligro, amenaza y supervivencia.
2. Un nivel de afanes, competencia y poder.
3. Un nivel de paz, calma y reflexión.
4. Un nivel de percepción, entendimiento y perdón.
5. Un nivel de aspiración, creatividad y descubrimiento.
6. Un nivel de reverencia, compasión y amor.
7. Un nivel de unidad sin ataduras.

Todas las historias de la Biblia enseñan algo para uno o más de estos niveles, tal y como lo hacen todas las escrituras del mundo, y en cada uno de los ejemplos la enseñanza es atribuida a Dios. Por ello, el cerebro y la deidad se funden para que el mundo tenga sentido. Repitamos que a la única cosa a la que no podemos sobrevivir es al caos.

Si creemos en un Dios castigador y vengador, claramente relacionado con luchar o huir, no veremos la realidad del nirvana enseñada por Buda. Si creemos en el Dios de amor imaginado por Jesús, arraigado en la respuesta visionaria, no veremos la realidad del mito griego en que Saturno, el padre primigenio de los dioses, se comió a todos sus hijos. Todas las versiones de Dios son en parte máscara y en parte realidad, ya que el infinito sólo puede revelar una porción de sí mismo en cada momento. En efecto, todos seríamos adultos, por lo menos en Occidente, llamando a Dios por el pronombre neutro, excepto en el caso de la anomalía lingüística del hebreo, que no tiene pronombre neutro. En sánscrito, las antiguos indios no tenían este problema y se referían a la deidad infinita como «lo» y «eso».

La conclusión más sorprendente de nuestro nuevo modelo es que Dios es como somos nosotros; todo el universo es como somos nosotros ya que, sin la mente humana, habría sólo una sopa cuántica, miles de millones de impresiones sensoriales al azar. Sin embargo, gracias a la mente/cerebro, reconocemos que, codificados en este cosmos arremolinado, hay las cosas más valiosas de la existencia: forma, significado, belleza, verdad y amor, que son las realidades que alcanza el cerebro cuando llega a Dios, tan real como nosotros, sólo que más evasivo.

Los siete niveles de los milagros

Un milagro es una exhibición de poder más allá de los cinco sentidos. Aunque los milagros tienen lugar en la zona de transición, difieren según los niveles. En general, los milagros se hacen «sobrenaturales» después de la cuarta o quinta respuesta del cerebro, pero cada milagro implica un contacto directo con el espíritu.

Nivel 1 (Respuesta luchar o huir)

Milagros que implican sobrevivir a un gran peligro, rescates imposibles, un sentido de la protección divina.

Ejemplo: Una madre que corre a una casa en llamas para rescatar a su hijo o que levanta un coche bajo el que se haya atrapado un niño.

Nivel 2 (Respuesta reactiva)

Milagros que implican logros increíbles y éxito, control sobre la mente o el cuerpo.

Ejemplo: Hechos extremos de artes marciales, niños prodigio con dones inexplicables en música o matemáticas, el surgir de un Napoleón de poderes inmensos nacidos en una cuna humilde (hombres del destino).

Nivel 3 (Respuesta de la conciencia en reposo)

Milagros que implican sincronismo, poderes yóguicos, premoniciones, el poder sentir a Dios o a los ángeles.

Ejemplo: Yoguis que pueden cambiar su temperatura corporal o el ritmo cardíaco a voluntad, ser visitados por alguien que vive lejos y que acaba de morir, recibir la visita del ángel de la guarda.

Nivel 4 (Respuesta intuitiva)

Milagros que implican telepatía, fenómenos extrasensoriales, conocimiento de vidas pasadas o futuras, poderes proféticos.

Ejemplo: Leer los pensamientos o el aura de los demás, hacer predicciones psíquicas, realizar proyecciones astrales a otros lugares.

Nivel 5 (Respuesta creativa)

Milagros que implican inspiración divina, genio artístico o realización espontánea de deseos (deseos que se hacen realidad).

Ejemplo: La bóveda de la capilla Sixtina, tener un pensamiento que repentinamente se manifiesta, las percepciones de Einstein sobre el tiempo y la relatividad.

Nivel 6 (Respuesta visionaria)

Milagros que implican curación, transformaciones físicas, apariciones santas, hechos sobrenaturales al nivel más alto.

Ejemplo: Andar sobre las aguas, curación de enfermedades incurables por el mero contacto, revelación directa de la Virgen María.

Nivel 7 (Respuesta sagrada)

Milagros que implican una evidencia interior de iluminación.

Ejemplo: Vidas de los grandes profetas y maestros como Buda, Jesús, Lao Tsé.

No espero que todos los escépticos y ateos que lean este libro se pongan en pie repentinamente y proclamen que Dios es real, ya que esta creencia se alcanza superando diferentes fases. Pero ahora, al menos, tenemos algo a qué agarrarnos y que a veces es extremadamente útil. Podemos explicar esos misteriosos viajes que los místicos han hecho a la realidad de Dios. Esos viajes siempre me han conmovido profundamente y recuerdo exactamente cuándo empezó mi fascinación por ellos. El primero de estos viajeros del que oí hablar era uno a quien llamaban el Coronel, y su historia es uno de los embriones de este libro. Ahora que vuelvo a contarla noto cómo mi mente experimenta la realidad del Coronel, que pasó por diferentes fases, del peligro a la compasión, de la paz a la unidad. Nos servirá como una promesa de la verdad desvelada que es posible en cualquiera de nuestras vidas.

Yo tenía diez años y mi padre, que era médico en el ejército indio, había trasladado a su familia a Assam. No hay lugar en el país más verde e idílico. Assam es el Edén, si es que éste estuvo cubierto por plantaciones de té hasta donde alcanza la vista. Yo podía literalmente oír una canción en mi cerebro mientras caminaba hacia la escuela, en lo alto de la colina. Fue seguramente el encanto de la colina lo que hizo que me diera cuenta de un viejo mendigo que acostumbraba a sentarse al lado de la carretera, siempre bajo su árbol, vestido con harapos, sin pronunciar apenas palabras y casi sin moverse. Las mujeres del pueblo estaban totalmente convencidas de que esta figura desaseada era un santo y, en consecuencia, se sentaban a su lado durante horas para rezar por una curación, o por un recién nacido. Mi abuela aseguraba que nuestro vecino había sido curado de artritis con sólo pasar por su lado y pedirle silenciosamente la bendición.

Curiosamente, todos llamaban a este viejo mendigo el Coronel. Un día no pude controlar mi curiosidad y pregunté por qué. Mi mejor amigo en la escuela, Oppo, indagó por mí. La madre de Oppo había sido curada por el Coronel y su padre, un periodista que trabajaba en la ciudad, tenía una historia muy interesante que contarme.

Al final de la Segunda Guerra Mundial, una gran fuerza de tropas británicas, el condenado ejército olvidado, había sido aniquilado o capturado por los invasores japoneses en Birmania. Debido a las interminables lluvias monzónicas la lucha había sido dura y penosa y el tratamiento recibido por los prisioneros de guerra era atroz. En el ejército británico había también indios sirviendo y uno de ellos era un médico bengalí llamado Sengupta.

Sengupta estaba a punto de morir de hambre en un campo de concentración cuando los japoneses decidieron retirarse de sus posiciones. Él no sabía si el ejército británico había avanzado hacia el lugar donde él se encontraba, pero no importaba. En vez de cambiar de sitio el campo de concentración, sus captores pusieron a los prisioneros en fila y les dispararon un tiro en la cabeza a quemarropa. Sengupta estaba de alguna forma agradecido por morir y terminar de este modo su tormento. Cuando llegó el momento, oyó el sonido del arma en su sien, sintió un gran dolor y cayó. Pero no era el fin. De forma milagrosa recuperó el conocimiento varias horas más tarde, cosa que dedujo porque la noche había caído y el campo de concentración estaba mortalmente silencioso.

Transcurrió un rato antes de que Sengupta, que sentía que se ahogaba, se diera cuenta con horror de que estaba debajo de un pesado montón de cadáveres. Con las prisas por abandonar el campo, nadie había verificado si estaba realmente muerto y su cuerpo flácido había sido arrojado al montón con los demás. Le pareció tardar una eternidad antes de reunir las fuerzas necesarias para arrastrarse hasta el aire libre, llegar hasta el río y lavarse, temblando de miedo y repulsión. Era evidente que estaba solo y que los aliados no acudían a rescatarlo.

Al hacerse de día tomó la decisión de andar hasta llegar a un lugar donde pudiera estar a salvo. Como estaba en lo más profundo de la zona de guerra, y sin noción alguna de geografía birmana decidió volver a la India y así lo hizo. Vivió como pudo a base de frutas, de insectos y de agua de lluvia, viajando de noche y escondiéndose de día en la jungla. El terreno consistía en colinas y más colinas y el suelo era una profunda capa de lodo. Pasó por algunos pueblos y granjas pero no confiaba en la gente y no pidió asilo. En la oscuridad oía animales desconocidos en una época en que aún había tigres en Birmania y se encontró con serpientes que le horrorizaron.

Sengupta tardaría meses en llegar a la frontera con Bengala, y cuando lo consiguió el demacrado héroe llegado a Calcuta se encaminó al cuartel general del ejército británico, donde hizo su informe y explicó su hazaña. Pero los británicos, lejos de creerle, lo arrestaron inmediatamente y lo encadenaron porque sospechaban que era un espía o un colaborador japonés. Roto emocional y físicamente, Sengupta yacía en su oscura celda y pensaba en la suerte que le había llevado de una prisión a otra.

En algún momento de este período de desgracia, con interrogatorios diarios y la posterior corte marcial, Sengupta sufrió una transformación suprema. Era algo de lo que él nunca habló, pero el cambio fue sobrecogedor y, en lugar de amargura, obtuvo una paz completa, sanó sus heridas exteriores e interiores —algo muy apropiado de alguien que iba a convertirse en sanador de los demás— y ya no luchó más y esperó con calma la inevitable sentencia de la corte. De forma sorprendente, lo inevitable no sucedió ya que, en un repentino cambio de opinión, los británicos decidieron creer que su historia era verdad, impulsados por el inmediato fin de las hostilidades cuando los americanos lanzaron la bomba atómica sobre Japón.

Al cabo de una semana, Sengupta fue liberado, se le concedió la medalla al valor y se le paseó triunfalmente por las calles de Calcuta como un héroe. Sin embargo, él parecía tan insensible a los vítores como lo había sido al sufrimiento. Dejó la medicina y se hizo monje peregrino. Cuando envejeció y encontró su lugar de descanso debajo del árbol en Assam, no le contó a nadie su historia, y fueron los aldeanos los que le dieron el apodo de Coronel, informados quizá por el padre de Oppo, el periodista.

Naturalmente, a la edad de diez años lo que más me interesaba saber era cómo era posible que a un hombre le dispararan en la cabeza a quemarropa y siguiera vivo. El padre de Oppo se encogió de hombros. Me explicó que cuando fueron capturados, la mayoría de soldados británicos estaban armados con munición hecha en la India. Los japoneses ejecutaron a Sengupta con su propia arma y, sin duda, una de las balas era defectuosa y estaba llena de pólvora pero no tenía el proyectil. Ésta era la explicación racional, sin visos de milagro.

Hoy en día me planteo otra pregunta que tiene más significado para mí: ¿cómo puede un tormento tan desmesurado, que daría todo tipo de razones para abandonar la fe, dar paso a la fe absoluta? Nadie pone en duda que el Coronel alcanzó la santidad a través de esta experiencia tan rigurosa, de este viaje místico, persiguiendo a Dios hasta el fin. Hoy me doy cuenta del profundo milagro que es en realidad el cerebro humano. Tiene la capacidad de ver la realidad espiritual bajo cualquier circunstancia. En el caso de Sengupta, consideremos de qué modo pudo haber sido aplastado por el terror de la muerte, la posibilidad de estar aquí un día y en otro lugar al siguiente, el temor de que Dios no prevaleciera sobre el mal, y la frágil libertad que pudo haber sido extinguida por la cruel autoridad.

Es evidente, a pesar de la confusión que hace que creer en Dios sea más difícil que nunca, que todavía existen todos los niveles de revelación. La redención no es más que otra palabra para invocar nuestra habilidad innata para ver con los ojos del alma. Cada día, en nuestra cabeza se oyen dos voces: una que cree en la oscuridad y la otra en la luz. Sólo una de las realidades puede ser real de verdad.

Nuestro nuevo modelo, el sándwich de realidad, soluciona este enigma. Sengupta hizo un viaje a la zona de transición donde ocurren las transformaciones, donde el mundo material pasa a ser energía invisible y donde también se transforma la mente.

El viaje del alma de Sengupta pasó por luchar o huir, por la conciencia en reposo, por la intuición, por la visión, y finalmente encontró el coraje de vivir en la respuesta visionaria durante el resto de su vida. Se acomodó en un nuevo camino, arropado por el amor y la serenidad, porque su cerebro había descubierto que podía escaparse de la prisión de sus antiguas reacciones, elevándose hasta un nuevo nivel superior que él percibió como Dios.

Ahora tenemos en nuestras manos, por lo tanto, la descripción de todo su viaje espiritual: la revelación de Dios es un proceso posible gracias a la capacidad del cerebro de revelar su propio potencial, en cada uno de nosotros hay admiración, amor, transformación y milagros, no sólo porque los anhelemos, sino porque todo ello es nuestro desde el nacimiento. Nuestras neuronas han evolucionado para hacer reales estas elevadas aspiraciones, y desde el útero del cerebro renace un Dios nuevo y útil o, para ser más precisos, siete variaciones de Dios[5] que dejan todo un rastro de pistas para que lo sigamos cada día.

Si me preguntaran por qué me esfuerzo en conocer a Dios, mi respuesta sería egoísta: porque quiero ser un creador. Ésta es la promesa definitiva de espiritualidad: que podemos ser los autores de nuestras propias existencias, los creadores de nuestros destinos personales. Nuestro cerebro está prestando este servicio de forma inconsciente ya que, en el campo cuántico, el cerebro escoge la respuesta adecuada para cada momento dado. El universo es un caos sobrecogedor que debe ser interpretado y descodificado para que tenga sentido. Por lo tanto, el cerebro no puede tomar la realidad del modo en que le es dada; tiene que seleccionar una de las siete respuestas y la decisión se toma en el reino cuántico.

Para conocer a Dios se debe participar de forma consciente en el viaje, que es la finalidad del libre albedrío. En la superficie de la vida hacemos elecciones mucho más triviales, pero pretendemos llevar una carga muy pesada cuando, en realidad, estamos constantemente representando siete opciones fundamentales sobre el rey del mundo que reconocemos:

> *La opción del miedo si queremos esforzarnos para apenas sobrevivir.*
>
> *La opción del poder si queremos competir y conseguir.*
>
> *La opción de la reflexión íntima si queremos paz.*
>
> *La opción de conocernos a nosotros mismos si queremos percepción.*
>
> *La opción de crear si queremos descubrir los trabajos de la naturaleza.*
>
> *La opción del amor si queremos curar a los demás y a nosotros mismos.*
>
> *La opción de ser si queremos apreciar el alcance infinito de la creación de Dios.*

No estoy ordenando en modo alguno las opciones de peor a mejor ni de la buena a la mejor. Somos capaces de tomar todas estas opciones porque están incorporadas a nosotros. Pero para muchas personas sólo se han activado algunas de las primeras respuestas, porque una parte de su cerebro está dormido y, por lo tanto, su visión del espíritu es extremadamente ilimitada. No es de extrañar que al hecho de encontrar a Dios se le llame despertar, porque un cerebro completamente despierto es el secreto para conocer a Dios. Al fin y al cabo, el séptimo nivel es la meta, la que el ser puro nos permite revelar la infinita creación de

Dios. Es en este punto en el que los judíos místicos que buscaban la *Shekinah*[6] se encuentran con los budistas en su búsqueda del satori y, cuando lleguen, los antiguos Vedas les estarán esperando en presencia de Shiva, junto con Cristo y su Padre. Éste es el lugar que es al mismo tiempo el principio y el fin de un proceso que es Dios. En este proceso, cosas como el espíritu, el alma, el poder y el amor se nos desvelan de una forma completamente nueva. La certitud sustituye a la duda y, como escribió ya una vez la inspirada escritora francesa Simone Weil acerca de la búsqueda espiritual, «Sólo es válida la certidumbre. Cualquier cosa inferior a la certidumbre no tiene valor para Dios.»

Dos

Misterio de misterios

Éste es el trabajo del alma que más complace a Dios.

La nube del desconocimiento

El misterio de Dios no existiría si el mundo no fuera también un misterio. Algunos científicos creen que estamos más cerca que nunca de una «teoría del Todo», o TDT, como la llamarían los físicos. La TDT explicará el principio del universo y el final de los tiempos, el primer y el último aliento de la existencia cósmica. Todo será revelado, desde los quarks a los quásares, tal y como prometían las viejos melodramas. ¿Hay un lugar para Dios en este «Todo»? ¿O bien vamos a expulsar al Creador de su propia creación? Este hecho es importante, pero cuando nos atañe directamente a nosotros adquiere una importancia capital.

Consideremos de nuevo el sándwich de realidad que nos sirvió como modelo. Tal y como vimos antes, tenemos tres capas:

Realidad material
————— CAMPO CUÁNTICO —————
Campo virtual

Cualquiera podría ser perdonado por pensar que Dios no está en ninguna parte y que lo encontraremos aquí, debido al hecho de que todos los misterios del mundo sagrado se volverán mundanos el día en que la TDT lo explique todo satisfactoriamente.

Durante siglos, los humanos se han mirado en el espejo de la naturaleza y han encontrado el reflejo de héroes, hechiceros, dragones y Santos Griales. Lo sagrado era real, fuente de poder supremo, y nada podía existir, desde un río hasta un trueno, si Dios no lo causaba. Hoy en día, el espejo está nublado. Ya somos mayorcitos para tener la necesidad de un dios trueno o de un héroe nacido en el Olimpo. En lugar de ello, ¿qué vemos? Una sociedad que destruye los antiguos mitos para construir ciudades como Las Vegas en las que, si queremos encontrar un mito, debemos ir a un hotel casino llamado Excalibur, donde el único dios es la Fortuna y los únicos dragones que se pueden vencer son las máquinas tragaperras que casi siempre ganan.

Si es verdad, como lo dice el sentimiento poético, que «un toque de naturaleza hace que el mundo entero te sea familiar», entonces un toque de mito hace que el mundo entero sea sagrado. En un mundo sin mitos falta algo, pero ¿sabemos qué es? Hay muchas pistas para esta respuesta, esparcidas por todas partes en los lugares santos de todo el mundo. Nadie puede permanecer delante de la gran pirámide de Keops (o Khufu, para darle su nombre egipcio correcto), sin sentir la presencia de un poder que está ausente incluso en el mayor de los rascacielos. El faraón que fue enterrado en las profundidades de su maciza estructura fue un mortal que aspiraba a ser inmortal y alimentó esta aspiración levantando la mayor masa de bloques de piedra que, incluso en nuestros días, haya sido jamás construida. También tenía la ambición de ser Dios. Khufu fue venerado como descendiente de los dioses y fue un hombre-dios. ¿No es esto una demostración de que el ego de un rey no conoce límites? Realmente lo es, pero aún hay más cosas.

La unión de Khufu con los dioses unía al mismo tiempo a su gente. Desde tiempo inmemorial, los humanos se preocuparon por las mismas cuestiones: ¿Tengo un alma? ¿Qué sucederá después que yo muera? ¿Existe una vida posterior en la que conoceré a Dios? La Gran Pirámide es una respuesta construida en piedra, porque casi se puede escuchar cómo las piedras gritan: «¡Y ahora dime que no soy inmortal!»

Volvamos ahora a Las Vegas para contrastar. ¿Qué vemos allí? Riqueza y ambición parecidas a las de los faraones, pero las personas que se aglomeran en estos centros de placer ¿tienen más seguridad sobre las grandes cuestiones? ¿O es que un mundo sin poder espiritual nos fuerza a buscar distracción porque bajo su superficie no encontramos ninguna respuesta?

La familia del hombre está unida en lo sagrado y no podemos permitir que muera sin estrechar nuestros lazos de sangre hasta una realidad más profunda, que venimos todos de un mismo lugar, que estamos de viaje hacia el gran Dios y que cada uno de nuestros actos es valorado desde una perspectiva cósmica. La realidad ordinaria es trivial si la comparamos con esta herencia y la teoría del Todo será inútil, por no decir destructiva, a menos que la podamos utilizar para mantener vivo lo sagrado.

Afortunadamente, las cosas más sólidas y fidedignas de la existencia, como una concha marina, una rama de árbol o un bache de la carretera forman parte del misterio de Dios. Si creemos en una piedra estamos automáticamente creyendo en Dios. Me explico.

La realidad ordinaria es sólo la capa superior de nuestro sándwich. El mundo material está lleno de objetos familiares que podemos ver, sentir, tocar, gustar y oler. Cuando los objetos grandes se hacen muy pequeños, encogiéndose hasta el tamaño de átomos nos fallan los sentidos. En teoría, el encogimiento tiene que detenerse en algún momento, porque no hay ningún átomo más pequeño que el del hidrógeno, la primera partícula material que na-

ció a partir del Big Bang. Pero en realidad, más allá del átomo se produce una sorprendente transformación, ya que
desaparece toda cosa sólida. Los átomos están compuestos
por bloques de energía vibratoria que no tienen ningún
tipo de solidez, ni masa ni tamaño, ni nada que los sentidos puedan ver o tocar. La palabra latina usada para bloque o masa es *quantum*, que es el término escogido para
describir una unidad de energía dentro del átomo y, por
consiguiente, un nuevo nivel de realidad.

A nivel cuántico nada perteneciente al mundo material
queda intacto. Es bastante extraño levantar la mano y darse cuenta de que en realidad es, en su nivel más bajo, un
conjunto de vibraciones invisibles que se producen en el
vacío. Incluso a nivel atómico todos los objetos son un
99,9999 por ciento espacio vacío y, a su propia escala, la
distancia entre un electrón girando y el núcleo alrededor
del cual gira es mayor que la distancia entre la tierra y el
sol. El electrón nunca podrá ser capturado ya que se descompone en vibraciones de energía que van destellando
millones de veces por segundo. Por lo tanto, todo el universo es un espejismo cuántico, que también va destellando millones de veces por segundo. A nivel cuántico, todo el
cosmos es como una luz intermitente. No hay estrellas ni
galaxias, sino solamente campos de energía vibratoria que
nuestros sentidos demasiado embotados y lentos no pueden captar, dada la increíble velocidad a la que se mueve la
electricidad.

En el reino animal, algunos sistemas nerviosos son
mucho más rápidos que el nuestro y otros son aún más
lentos. Las neuronas de un caracol, por ejemplo, recogen
las señales del mundo exterior tan lentamente que no perciben hechos que tarden más de tres segundos. En otras palabras, si un caracol estuviera mirando a una manzana, y
yo la cogiera rápidamente y me la llevara, el caracol no vería mi mano sino que vería desaparecer la manzana ante

sus propios ojos. De la misma forma, las destellos cuánticos son millones de veces más rápidos de lo que nosotros podemos registrar, por lo que nuestros cerebros nos engañan haciéndonos ver objetos sólidos que son continuos en el tiempo y el espacio, de la misma manera que las imágenes de una película parecen moverse constantemente. Una película consiste en veinticuatro fotogramas fijos que destellan en un segundo, con veinticuatro espacios de oscuridad que aparecen mientras cada uno de los fotogramas es retirado y uno nuevo es colocado en su lugar, pero como nuestros cerebros no pueden percibir cuarenta y ocho hechos de movimiento y reposo en un segundo, obtenemos la ilusión de imagen en movimiento.

Aceleremos ahora en muchas potencias de diez y obtenemos el truco de la película que llamamos la vida real. Usted y yo existimos en tanto que protones destellantes con un vacío negro entre dos destellos, y este espectáculo de luz incluye todo nuestro cuerpo, cada uno de nuestros pensamientos y deseos y cada uno de los acontecimientos en los que tomamos parte. En otras palabras, estamos siendo creados una y otra vez, constantemente. El génesis ocurre ahora y siempre ha ocurrido, pero ¿quién está detrás de esta creación sin fin? ¿De quién es el poder mental o la visión capaz de desintegrar el universo y volver a integrarlo en una fracción de segundo?

El poder de la creación está más allá de la energía, una fuerza con la capacidad de convertir nubes gaseosas de polvo en estrellas e incluso en ADN. En la terminología de la física, nos referimos a este nivel precuántico como *virtual*. Cuando vamos más allá de toda la energía no hay nada más que un vacío. La luz visible se convierte en luz virtual; el espacio real se convierte en espacio virtual; el tiempo real se convierte en tiempo virtual. En el proceso se desvanecen todas las propiedades. La luz ya no brilla, el espacio no cubre una distancia, el tiempo es eterno. Éste es el útero de la creación, infinitamente dinámico y vivo, al que no pueden aplicársele palabras como vacío, oscuro y frío. El campo virtual es tan inconcebible que sólo el lenguaje religioso parece tocarlo todo. Actualmente, en la India, un creyente devoto puede saludar la aurora con un antiguo himno védico:

> Al principio
> no había ni existencia ni no existencia,
> todo este mundo era energía sin manifestar...
> Él sopló, sin aliento, por su propio poder,
> no había nada más...
>
> RIG VEDA

En términos modernos, este verso nos dice que sólo podremos encontrar a Dios en estado virtual, allí donde se almacenaba toda la energía antes de la creación. La física ha trabajado mucho con este estado que existe antes del tiempo y el espacio y también lo ha hecho la imaginación popular. A muchos les podría sorprender saber que la familiar imagen de Dios como patriarca, con una túnica blanca y sentado en su trono, tiene poca autoridad, incluso en la escritura judaica. Esta imagen aparece una sola vez, en el Libro de Daniel, mientras que en los libros de Moisés se nos dice muchas veces que Dios no tiene forma humana.

La teoría sobre la creación que mejor funciona es la siguiente: antes del Big Bang, el espacio era infinito, se expandía como un acordeón en infinitos pliegos o dimensiones, mientras que el tiempo existía de forma embrionaria, en forma de eterna presencia sin acontecimientos y que, por lo tanto, no necesitaba de pasado, presente o futuro. Este estado era absolutamente vacío en un sentido y absolutamente lleno en otro, no conteniendo nada que nosotros pudiéramos percibir y, sin embargo, ahí residía el potencial de todas las cosas. Tal y como declaran los videntes védicos, no podía encontrarse ni la existencia ni la no existencia, ya que estos términos sólo sirven a cosas que han tenido un principio, un medio y un fin. Los físicos se refieren a menudo a este estado como una singularidad: espacio, tiempo y todo el universo material estuvieron una vez contenidos en un punto; una singularidad es concebida como el puntito más pequeño que podamos imaginar y, por lo tanto, ya no es un punto.

Si ahora podemos imaginar que el cosmos explotó para ser el destello deslumbrante de luz a partir de este punto único, entonces debemos avanzar un paso más y considerar que, como el estado de pre-creación no tiene tiempo, aún está ahí. El Big Bang nunca ha sucedido en el campo virtual aunque, paradójicamente, han ocurrido todos los Big Bangs, sin importar cuántas veces el universo se va expandiendo a través de miles de millones de años luz, para replegarse sobre sí mismo y abandonarse de nuevo en el vacío; nada cambia a nivel virtual. Esto es todo lo cerca que la física ha llegado de la noción religiosa de un Dios que es omnipresente, omnisciente y omnipotente. *Omni* significa todo, y como el estado virtual no tiene límites de ningún tipo es llamado adecuadamente el Todo.

No debe sorprendernos que nos sea tan difícil hablar del Todo. En la India, los videntes lo llaman también Aquello, o *tat* en sánscrito. En el momento de la iluminación, una persona puede traspasar los cinco sentidos para percibir la única verdad que puede ser expresada: «Yo soy Aquello, tú eres Aquello y todo esto es Aquello.» El significado no es un enigma, sino que simplemente afirma que detrás del velo de la creación aún existe el estado de pre-creación, abarcándolo todo.

Un amigo físico afirmó en una ocasión la misma verdad en palabras nuevas: «Debes darte cuenta, Deepak, que el tiempo es sólo una conveniencia cósmica que evita que todo suceda a la vez. Necesitamos esta conveniencia a nivel material, pero no a niveles más profundos. Por lo tanto, si tú puedes verte en tu estado virtual, todo el caos y el remolino de las galaxias tendrían perfectamente sentido, porque forman un modelo desplegándose en perfecta simetría. Visto desde esta perspectiva, el punto final de toda creación es ahora, cuando todo el cosmos ha conspirado para crearnos a ti y a mí sentados aquí en este mismo segundo.»

No hay nada más fascinante que mirar cómo la ciencia confunde sus límites con el espíritu. No hay palabras más fáciles para la zona de transición que «quantum» y palabras más fáciles para Dios que «virtual». Para seguir la pista de un milagro debemos ir a estos terrenos, ya que los milagros nos indican que la realidad no empieza y termina en lo material. Una vez un joven discípulo preguntó a un famoso gurú en la India «¿Cómo encontraré a Dios? No veo evidencia alguna de que esté en todas partes, y millones de personas viven bien sin él. Sin Dios todo sucede en espacio y tiempo. Es el mundo al que estamos acostumbrados.» El gurú replicó: «Espacio y tiempo son como una red en la que estás atrapado, pero las redes tienen siempre agujeros. Debes encontrar uno de los agujeros y saltar por él. Entonces, Dios será obvio.»[1] Todas las tradiciones religiosas contienen este tipo de escapatorias, rutas de escape hacia un mundo que está por detrás de nosotros. En el evangelio de santo Tomás, Jesús dice que su papel en esta vida es desviar a sus discípulos de la regla de los cinco sentidos, que están confinados totalmente al espacio-tiempo: «Os daré lo que el ojo no ha visto y lo que la oreja no ha oído y lo que no ha sido tocado y lo que nunca se le había ocurrido a la mente humana.»[2]

Jesús hizo esta promesa cada vez que obró cada uno de sus aproximadamente treinta milagros, pero es fascinante observar que, a menudo, fueron hechos con considerable reticencia, como si fueran cosas fuera de lugar. Lo que sí era real era ver que nuestros sentidos no son fiables en absoluto. El leproso incurable aparece sólo de esta forma, los panes y los peces son una ilusión, y la tempestad en el mar de Galilea puede ser calmada por un único acto de voluntad. Después de sanar al leproso con sólo tocarlo, Jesús parece especialmente impaciente con todos aquellos que están llenos de respeto por lo que ha hecho.

> Entonces Jesús lo despidió con esta severa advertencia: «Asegúrate de no decir nada a nadie. Ve y muéstrate a los sacerdotes y haz la ofrenda prescrita por Moisés para tu purificación; con esto certificarás la curación.»

Naturalmente, el hombre tan milagrosamente sanado no pudo controlarse y se lo dijo a todos aquellos con los que se encontró. El rumor se fue extendiendo hasta que Jesús no pudo ya permanecer en la ciudad a causa del tumulto. Una numerosa multitud quería ver milagros, por lo que tuvo que huir al campo, pero la gente continuó siguiéndolo. ¿Estaríamos también nosotros tan llenos de respeto como para perdernos lo más importante? Yo pienso que sí. Actualmente, en la India hay una mujer santa muy conocida de la que se dice que ha curado a un leproso con sólo tocar sus llagas, y también recuerdo haber leído que un gurú acostumbraba a dejar entrar en su casa a cualquiera los días de fiesta, respetando las sagradas leyes de la hospitalidad. Como no era rico, sus seguidores se sentían molestos al ver que cientos de invitados se presentaban a su puerta para comer. El gurú se limitó a sonreír y dio unas extrañas instrucciones. «Id sirviendo a todo el mundo de estas ollas de arroz y lentejas —dijo—, pero antes cubridlas con un paño.» Las ollas fueron cubiertas para que nadie pudiera ver en su interior y, a medida que los cucharones se iban introduciendo en ellas, iba habiendo más comida para servir. De esta forma, el gurú obró el mismo milagro que Jesús.

Es fácil sentir respeto por estas historias, pero ¿nos ayudan cuando queremos conocer los hechos? A partir de nuestro temor, hemos desarrollado muchas supersticiones y fábulas e incluso, a menudo, hemos abrigado falsas esperanzas. Sin embargo, de la imprecisa mezcla de cuentos y milagros empieza a emerger una realidad única. En su libro *Breve historia del tiempo*, Stephen Hawking nos dice que si explorásemos a fondo las leyes de la naturaleza, algún día conoceríamos la mente de Dios.[3] Con ello reproduce la famosa observación de Einstein: «Quiero saber cómo piensa Dios; todo lo demás no son más que detalles.» Como era un excepcional visionario, espero que Einstein aceptaría como punto de partida la siguiente división en niveles del pensamiento divino:

Campo virtual = campo del espíritu
Campo cuántico = campo de la mente
Realidad material = campo de la existencia física

Si estos términos nos dan seguridad, podremos ir desvelando misterio tras misterio, y desentrañar prácticamente todas las paradojas de la religión, ya que el camino de Dios tiene sentido por primera vez. Veamos un ejemplo del terreno de las curaciones.

Hace algunas décadas, un oficial del ejército italiano que sufría cáncer de huesos en un estado de metástasis muy avanzado fue llevado en unas angarillas a la cueva de Lourdes. La articulación de una de sus caderas estaba tan afectada que había llegado a desaparecer y la pierna se mantenía en su sitio sostenida por un entablillado. El oficial no tenía demasiadas esperanzas de curarse, pero se bañó en el agua milagrosa, junto con los miles de peregrinos que allí se congregan. Durante los meses siguientes, se guardó un cuidadoso registro de las radiografías, porque su cáncer se había curado milagrosamente. Y no sólo había desaparecido el tumor maligno, sino que toda la articulación de la cadera se había reconstruido por sí sola. La ciencia médica no tenía explicación para lo ocurrido y el oficial italiano se convirtió en una de las curaciones autentificadas atribuidas a la Virgen de Lourdes. (Por mi parte, creo que unas setenta de estas curaciones han sido verificadas, porque las declaraciones han sido examinadas por un cuadro de doctores que se atienen a normas muy estrictas.)

Según nuestro modelo, esta curación constituye un caso único: los tres niveles de la realidad estaban en comunicación. El cuerpo del soldado y su cáncer se hallaban en el nivel material; sus plegarias, en el nivel cuántico, y la intervención de Dios, en el nivel virtual. De alguna forma, esto hace que un milagro parezca algo frío y clínico, pero en otro sentido hace que todo sea un milagro, ¿y por qué no debería ser así? El hecho es que las estrellas, las montañas, las mariposas reales y una célula cualquiera de nuestra piel dependen de las mismas líneas de comunicación. El flujo de la realidad es milagroso porque el vacío invisible se transforma en el anaranjado brillante del ala de una mariposa o la maciza solidez de las montañas sin esfuerzo alguno.

Este poder invisible es sagrado y mítico, pero está constantemente presente, y la ciencia es culpable de intentar justificarlo en lugar de explicarlo. Una teoría del Todo nos enseñaría el arte de vivir en los tres niveles de realidad con igual fuerza y seguridad. Los santos se esfuerzan por llegar a este punto, y éste es el verdadero sentido de la iluminación.

Con todo lo dicho anteriormente quiero decir que el misterio de Dios es el mismo que el misterio del mundo. La promesa hecha por Jesús de enseñarnos aquello que la mente humana nunca había concebido ha sido cumplida en nuestros tiempos. En efecto, Niels Bohr, el gran físico danés, afirmó que la física cuántica es más extraña de lo que pensamos, más incluso de lo que podemos llegar a pensar. Estamos cara a cara con una de las creencias primarias de los místicos: cualquier cosa que podamos imaginar ya ha sido creada por Dios y es real en alguna parte, ya sea en este mundo o en otro.

¿Debemos tener algún tipo de creencia religiosa, a pesar de la opinión contraria que tienen de ellas muchos científicos rigurosos? Recuerdo que cuando yo era un joven médico leí que un paciente que sufría de cáncer terminal fue curado con una inyección salina, que es agua salada ordinaria. Había ingresado en el hospital con el cuerpo totalmente desfigurado por nodos linfáticos inflamados. Esto sucedía en los años cincuenta, cuando la medicina pensaba con optimismo que se iba a encontrar una cura para el cáncer muy rápidamente y los pacientes morían rutinariamente debido a las dosis de gas mostaza, el mismo veneno que se utilizó contra los soldados en las trincheras de la Primera Guerra Mundial y que fue la primera y cruda quimioterapia.

Este paciente deseaba desesperadamente que le aplicasen la última terapia milagrosa, conocida como Krebiozen, pero su médico no sabía si debía administrar dicha terapia a una persona que probablemente moriría antes de terminar la semana. No obstante, el médico finalmente le inyectó una dosis de Krebiozen un viernes. Transcurrió el fin de semana, y cuando el médico volvió el lunes por la mañana convencido de que no volvería a ver al paciente, éste estaba exultante porque había desaparecido de su cuerpo todo rastro de cáncer. Sus nódulos linfáticos habían vuelto a la normalidad y se sentía muy bien. Sorprendido, el médico le dio el alta sabiendo perfectamente que no era posible que una sola dosis de Krebiozen lograra una mejora tan espectacular en tan pocos días.

Pero la historia resulta ser más extraña todavía. Al cabo de un tiempo, tras leer en los periódicos que las pruebas con Krebiozen no habían resultado positivas, el paciente, en pocos días, volvió a tener cáncer y fue ingresado en el hospital en estado terminal. Su médico no tenía nada que administrarle, por lo que echó mano de los placebos más drásticos y le dijo al paciente que le inyectaría el «nuevo» Krebiozen «mejorado», aunque, en realidad, lo que hizo fue inyectarle una solución salina.

De nuevo, y en pocos días, el paciente sanó por segunda vez no quedando en su cuerpo rastro alguno del cáncer. Pero esta historia no tiene un final feliz, porque cuando este paciente contrajo por tercera vez cáncer linfático se habían abandonado todas las esperanzas puestas en el Krebiozen y esta vez murió rápidamente.

No obstante, la esencia de la historia es que el espíritu actúa pasando del nivel virtual al cuántico y, de éste, al material, que es lo que todos los milagros tienen en común, se produzcan habiendo algún tipo de creencia religiosa o no. Y es que la importancia crucial de la religión no debe descartarse. La fe en Dios es la forma de abrir las líneas de comunicación, que son la plegaria o la esperanza, más allá de lo material. La mente no puede hacerlo simplemente pensando. Si alguna vez va a haber una ciencia de los milagros, empezará con intangibles arraigados en el espíritu.

Estamos sólo a medio camino de resolver el misterio. De nuevo voy a contemplar la Gran Pirámide de Keops, pero esta vez no la veré como una impresionante construcción de piedra arenisca sino como una idea; de hecho, como varias ideas. La primera es pura audacia espiritual. Esta pirámide estaba antiguamente cubierta por una capa de piedra caliza blanca, porque sus constructores querían que brillara a la luz del sol. En realidad éste era el punto clave, ya que si no se hubieran podido equiparar al dios sol, estos audaces antepasados habrían sido sólo glorificados como hormigas obreras. Esto debe recordarnos que los seres humanos aspiran a ser más que humanos.

La otra idea que se esconde tras la Gran Pirámide es la

admiración. Los lugares sagrados nos dicen que los trabajos maravillosos los llevan a cabo criaturas maravillosas. Esta verdad podemos comprobarla con esta construcción egipcia, ya que han tenido que transcurrir más de cuatro mil años para que otra estructura ocupase un volumen similar de espacio, y esto sucedió en la costa este de Florida.

El edificio del Centro Espacial Kennedy es suficientemente alto como para alojar un cohete lunar Saturno V en posición vertical y tiene proporciones que marean. Como se halla en un paisaje sin accidentes, se tiene la sensación de estar ya cerca de él cuando aún se está a casi dos kilómetros; pero no son solamente sus proporciones lo que despierta nuestra admiración; el edificio sugiere también una idea, y es que encontraremos nuestros orígenes y nuestra familia cósmica. Los dioses griegos fueron en otros tiempos nuestra familia, junto con los dioses indios y el Jehová del Génesis. Todos eran seres cósmicos, y nosotros fuimos remontando nuestros orígenes hasta el principio del cosmos.

Actualmente, se lanzan cohetes gigantes y uno de ellos recogerá pronto polvo interestelar, con la esperanza de que contenga al menos un microorganismo, pues si logramos aislar una bacteria procedente del espacio exterior, habremos encontrado nuestra propia semilla cósmica. Los antiguos mitos se gastan, y aparecen otros nuevos en nuestras almas. Prometeo nos trajo el fuego y ahora estos cohetes son el fuego que devolvemos a los dioses, restituyéndoles el regalo y tendiéndoles la mano. Anhelamos saber que volvemos de nuevo a ser sagrados, pero ¿lo somos? La respuesta no está en el polvo galáctico sino en nosotros mismos. Los más profundos niveles del campo cuántico son el terreno común en el que nuestras manos se alargan para tocar a Dios. Cuando esto sucede tiene lugar una doble maravilla: lo que tocamos es divino, pero también lo somos nosotros mismos.

Antes de continuar, querría ofrecer tres listas que resumen dónde estamos. Estas listas no tenemos que memorizarlas ni estudiarlas, porque todo lo que contienen será explicado en un lenguaje sencillo a medida que vayamos avanzando. Éste parece un buen lugar para hacer una pausa y reflexionar. Sin utilizar terminología religiosa, hemos descubierto muchos y grandes hechos sobre Dios. Quizá sean hechos extraños que no se adaptan fácilmente a la vida ordinaria, sin embargo no hay duda de que a partir de estas semillas florecerá una visión completa de Dios.

CAMPO VIRTUAL = ESPÍRITU

Sin energía
Sin tiempo
Ilimitado, cada punto del espacio es cada uno de los otros puntos
El Todo existe en cada punto
Silencio infinito
Dinamismo infinito
Correlación infinita
Poder infinito de organización
Potencial creativo infinito
Eterno
Inconmensurable
Inmortal, más allá de la vida y de la muerte
No causal

CAMPO CUÁNTICO = MENTE

Se manifiesta la creación
Existe la energía
Empieza el tiempo
El espacio se expande desde su origen
Los hechos son inciertos
Ondas y partículas se alternan unas con otras

Sólo pueden medirse probabilidades
Causa y efecto son fluidas
Nacimiento y muerte suceden a la velocidad de la luz
La información está inmersa en energía

REALIDAD MATERIAL = UNIVERSO VISIBLE

Los acontecimientos están definidos
Los objetos tienen límites fijos
La materia domina sobre la energía
Es tridimensional
Perceptible por los cinco sentidos
El tiempo fluye en línea recta
Cambiable
Sujeto a decadencia
Los organismos nacen y mueren
Es predecible
Causa y efecto son fijos

Las siete fases de Dios

Si no te haces a ti mismo igual a Dios, no podrás
percibir a Dios.

Hereje cristiano anónimo, siglo III.

A cada persona se le permite tener alguna versión de
Dios que parezca real. Aunque muchas versiones se con-
tradigan con otras. En un largo viaje a la India, hace unos
años, detuvimos el coche para mirar a una familia de monos del Himalaya que jugaba al lado de la carretera. Treinta segundos después de salir del coche, toda la manada de
monos, probablemente un centenar, se nos echó encima.
Mientras todo el mundo hacía fotos y les arrojaba trozos de
fruta y de pan, vi, no lejos de allí, a una anciana campesi-
na sola, arrodillada ante una urna improvisada debajo de
un árbol. Rezaba a Hanuman, un dios con forma de mono,
y entonces me di cuenta de que los monos merodeaban por
los alrededores para robar comida del altar y mendigar a
costa de turistas como nosotros.

¿Cuál es la diferencia, pensé, entre estos inteligentes
animales que conocen todos los trucos para llamar nuestra
atención y un dios? Hanuman, que volaba y era conocido
como el «hijo del viento», viajó en una ocasión a este mismo Himalaya. Cuando el hermano del príncipe Rama estaba agonizando a causa de una profunda herida recibida en

combate, el rey mono volador fue enviado a buscar una hierba especial que le salvaría. Hanuman buscó por todas partes pero no encontró la hierba, por lo que, en su desesperación, arrancó toda la montaña en la que crecía la planta y la llevó a los pies de Rama.

La anciana arrodillada ante la desvencijada urna conocía ciertamente la historia desde su infancia, pero ¿por qué adoraba a un mono, aunque fuera un mítico mono volador e incluso rey? La cara de la anciana expresaba tanta devoción como la de cualquiera que rezara a la reina o al rey o al hijo de Dios. ¿Iba a perderse esta plegaria sólo por el hecho de ir dirigida a quien iba? ¿Iba a ir a alguna parte?

En este momento estamos preparados para contestar la pregunta más sencilla pero más profunda: ¿Quién es Dios? ¿No puede que sea sólo impersonal, un principio o un nivel de realidad, o un campo? Ya hemos ido a los campos cuántico y virtual para fundar las bases de lo sagrado, aunque ha sido solamente el principio. En todas las religiones, Dios es descrito como infinito e ilimitado, lo que crea un problema enorme: un Dios infinito no está en ninguna parte y está en todas partes al mismo tiempo; trasciende la naturaleza y, por lo tanto, no podemos encontrarlo. Tal y como ya dijimos al principio, debemos aceptar que Dios no deja huellas dactilares en el mundo material.

Esto no nos da otra elección sino encontrar un sustituto para la infinidad que retiene algo de Dios, lo suficiente como para sentir su presencia. El Génesis declara que Dios creó a Adán según su propia imagen, pero hemos tenido que devolverle el favor casi desde el principio, reproduciendo a Dios a nuestra imagen y semejanza una y otra vez. En la India, estas imágenes incluyen casi todas las criaturas, hechos o fenómenos. El rayo puede ser adorado porque proviene del dios Indra, una moneda de rupia reproduce un símbolo de Lakshmi, la diosa de la prosperidad. Los taxis de Delhi y de Bombay se protegen con figuras de plástico de Ganesh, un alegre elefante sonriente con una pronunciada barriga, danzando en el retrovisor. En todos estos casos, sin embargo, se entiende perfectamente que hay una única cosa que es adorada: el yo. El mismo «yo» que da noción de la identidad a una persona, extendiéndose más allá del cuerpo físico, creciendo para abrazar la naturaleza, el universo y, finalmente, el espíritu puro.

En Occidente sería exótico adorar a un mono, pero resultaría escandaloso adorar el yo. Se cuenta la anécdota de un antropólogo inglés que investigaba las creencias del hinduismo. Un día, avanzaba por la selva y divisó a un anciano bailando en un bosquecillo. En su éxtasis, el anciano abrazaba los troncos de los árboles y decía: «Señor, cómo te amo.» Luego se dejó caer al suelo y cantó: «Bendito seas, mi Señor.» Volvió a ponerse en pie y levantando los brazos al cielo gritó: «Siento un gran júbilo de poder oír tu voz y ver tu rostro.»

Incapaz de resistir el espectáculo por más tiempo el antropólogo salió de entre las malezas y dijo:

—Debo decirle, buen hombre, que está completamente loco.

—¿Por qué? —preguntó el anciano, confuso.

—Porque está usted solo en los bosques y piensa que está hablando con Dios —dijo el antropólogo.

—¿Qué quiere decir solo? —replicó el anciano.

Para cualquiera que adore a Dios como el yo, es evidente que ninguno de nosotros está solo. El «yo» no es el ego personal sino una presencia omnipresente a la que no podemos escapar. En Oriente no parece haber dificultades en este aspecto, pero en cuanto vamos a Occidente, se nota una desazón. En el siglo III de la era cristiana un hereje desconocido escribió: «Si no te haces a ti mismo igual a Dios, no podrás percibir a Dios.» Esta creencia no tuvo éxito como dogma, porque la herejía consiste en que, en el cristianismo, lo humano y lo divino no son cosas iguales, pero a otros niveles es innegable.

El Dios de cualquier religión es sólo un fragmento de Dios. Esto tiene que ser verdad, porque un ser que es infinito no tiene imagen, no desempeña ningún papel, no tiene lugar ni dentro ni fuera del cosmos, mientras que las religiones ofrecen muchas imágenes: padre, madre, legislador, juez o gobernante del universo. Hay siete versiones de Dios que pueden asociarse con la fe organizada. Cada una es un fragmento, pero suficientemente completo como para crear un mundo único:

> Fase uno: Dios Protector
> Fase dos: Dios Todopoderoso
> Fase tres: Dios de Paz
> Fase cuatro: Dios Redentor
> Fase cinco: Dios Creador
> Fase seis: Dios de Milagros
> Fase siete: Dios Ser Puro: «yo soy»

Cada una de las fases concuerda con una necesidad humana, que es sólo natural. Enfrentado con las sobrecogedoras fuerzas de la naturaleza, el hombre necesita de un Dios que lo proteja de todo mal. Cuando saben que han infringido la ley o actuado mal, los hombres y las mujeres se vuelven a un Dios que por una parte los juzgue pero que por otra parte redima sus pecados. En este sentido y por puro interés personal, continúa constantemente el proceso de crear un Dios a tu propia imagen y semejanza.

Algunas de estas fases, como la de Redentor y Creador, nos suenan familiares gracias a la Biblia y, ahora que el budismo se ha hecho más popular en Occidente, la última fase, en la que Dios es percibido como el silencio eterno y el ser puro, ya no nos es tan extraña como pudo serlo antes. De todos modos, no estamos comparando religiones y ninguna de las fases es absoluta en su pretensión de verdad. Sin embargo, cada una de ellas implica una relación distinta. Si nos consideramos los hijos de Dios, esta relación con nosotros será la de protector o de gobernante; si nos vemos a nosotros mismos como creadores, entonces esta relación se desplaza y empezamos a compartir algunas de las funciones de Dios, porque estamos en una fase más igual, hasta que, finalmente, en la fase de «yo soy», el mismo ser puro es común a Dios y a los humanos. Mientras progresamos de la fase uno a la fase siete, el espacio entre Dios y sus adoradores se va haciendo más y más estrecho y puede llegar a cerrarse. Por lo tanto podemos decir que seguimos creando a Dios a nuestra imagen y semejanza por una razón que es más que vanidad; deseamos traerlo a casa con nosotros para conseguir una intimidad, aunque si vemos a Dios como a un juez todopoderoso que castiga o como una fuente benigna de paz interior, cabe señalar que Dios tampoco es esto exclusivamente.

Para un ateo, todas las formas de deidad son una proyección falsa, pura y simple. Atribuimos rasgos humanos a Dios, como la piedad y el amor, ponemos estos rasgos en un altar y les rezamos. En este caso, cada imagen de Dios, aun la más abstracta, está completamente vacía (cuando digo abstracta quiero decir el Dios del islam y el del judaísmo ortodoxo, ninguno de los cuales puede ser representado con cara humana). Según el ateo, la religión es la ilusión definitiva ya que nos estamos perdonando a nosotros mismos mediante una segunda mano.

Hay dos formas de responder a esta acusación. La primera es el argumento de que un Dios infinito debería ser perdonado en todos los aspectos; la segunda es el argumento de que debemos dirigirnos a Dios por fases ya que de otro modo nunca cerraríamos el inmenso espacio entre él y nosotros. Por mi parte, creo que este segundo argumento es el más explícito porque, a no ser que podamos vernos a nosotros mismos en el espejo, nunca veremos en él a Dios. Consideremos de nuevo la lista y veremos cómo

Dios mueve su respuesta para cada una de las situaciones humanas:

> *Dios es un protector para aquellos que se ven en peligro.*
> *Dios es todopoderoso para aquellos que desean poder (o a los que les falta alguna forma de tenerlo).*
> *Dios trae paz a aquellos que han descubierto su propio mundo interior.*
> *Dios redime a aquellos que son conscientes de cometer un pecado.*
> *Dios es el creador cuando nos preguntamos de dónde viene el mundo.*
> *Dios está detrás de los milagros cuando las leyes de la naturaleza son revocadas sin aviso.*
> *Dios es existencia en sí mismo —«yo soy»— para aquellos que sienten el éxtasis y una sensación de ser puro.*

En nuestra búsqueda del único Dios, perseguimos lo imposible. El caso no es cuántos dioses existen, sino en qué medida podrán ser satisfechas espiritualmente nuestras propias necesidades. Cuando alguien pregunta «¿Hay realmente un Dios?», la respuesta más legítima es: «¿Quién lo pregunta?» El perceptor está íntimamente ligado a esta percepción. El hecho de que simplifiquemos rasgos como misericordia y amor, juicio y redención, muestra que estamos forzados a dar a Dios atributos humanos, pero que es absolutamente correcto si estos rasgos vienen de Dios en primer lugar. Desde el nivel virtual, que es nuestro origen, fluyen las cualidades del espíritu hasta que nos alcanzan en el mundo material. Percibimos este flujo como nuestros propios impulsos internos, y esto es también apropiado ya que para cada fase de Dios existe una respuesta biológica específica. El cerebro es un instrumento de la mente, pero es muy convincente. Todo lo que verdaderamente sabemos sobre el cerebro es que crea nuestras percepciones, nuestros pensamientos y nuestra actividad motriz, que son cosas poderosas. En el plano material, el cerebro es nuestra única forma de registrar la realidad, y el espíritu debe ser filtrado por la biología.

Nadie utiliza todo el cerebro a la vez, sino que seleccionamos entre toda una gama de mecanismos incorporados, de los que hay siete, como ya veíamos, que se relacionan directamente con la experiencia espiritual:

1. Respuesta luchar o huir.
2. Respuesta reactiva.
3. Respuesta de la conciencia en reposo.
4. Respuesta intuitiva.
5. Respuesta creativa.
6. Respuesta visionaria.
7. Respuesta sagrada.

En el capítulo inicial ya di una pequeña descripción de cada una de ellas pero, aunque sea en forma abreviada, probablemente ya se ha podido empezar a ver cuánta de nuestra vida espiritual está basada en reflejos habituales o incluso inconscientes:

Luchar o huir es una respuesta primitiva, atávica, para protegernos, que está heredada de los animales. Da energía al cuerpo para enfrentarse con el peligro y las amenazas exteriores. Éste es el reflejo que envía a una madre dentro de una casa en llamas para salvar a su hijo.

La *respuesta reactiva* hace que defendamos nuestro ego y nuestras necesidades. Cuando competimos y deseamos elevarnos por encima de los demás, buscamos el «yo» como el opuesto al «otro». Éste es el reflejo que da energía a la bolsa de valores, partidos políticos y conflictos religiosos.

Conciencia en reposo es el primer paso para alejarnos de fuerzas exteriores. Esta respuesta aporta calma interior frente al caos y las amenazas. La alcanzamos por la plegaria y la meditación.

La *respuesta intuitiva* convoca al mundo interior para algo más que paz y calma. Interiormente pedimos respuestas y soluciones. Este estado está asociado con la sincronicidad, destellos de percepción y despertar religioso.

La *respuesta creativa* se libera de viejos moldes, y hace que lo conocido explore lo desconocido. La creatividad es sinónimo del flujo de inspiración.

La *respuesta visionaria* abarca el «yo» universal en lugar del ego aislado. Mira más allá de todo límite y no está fijada por las leyes de la naturaleza que limitan fases anteriores. Por primera vez son posibles los milagros. Esta respuesta guía a los profetas, videntes y sanadores.

La *respuesta sagrada* está completamente libre de toda limitación y es percibida como pura bienaventuranza, pura inteligencia y puro ser. Esta respuesta marca la plena iluminación de cada generación.

Cada una de estas respuestas es la respuesta natural del sistema nervioso humano, y todos hemos nacido con la capacidad de percibir toda la gama. Cuando estamos enfrentados al peligro, una descarga de adrenalina crea la arrolladora urgencia de huir o de quedarnos y luchar. Cuando se dispara esta respuesta, tienen lugar todo tipo de cambios en la fisiología, incluyendo un aumento en el ritmo cardíaco, de la frecuencia respiratoria, una presión sanguínea más elevada, etc. Pero si nos sentamos a meditar no estamos en estado de sistema nervioso, ni mucho menos. Los mismos indicadores que se elevaron en luchar o huir ahora disminuyen, y la sensación subjetiva es de paz y calma.

Todos estos hechos médicos están bien documentados, pero desearía dar un paso más, un paso bien sorprendente. Yo sostengo que el cerebro responde de forma original en cada fase de la vida espiritual. La investigación científica es incompleta en las fases superiores del crecimiento interior, pero sabemos que allí donde guía el espíritu, el cuerpo lo sigue. Existen sanadores de la fe que trascienden las explicaciones médicas. Sólo a unos cuantos kilómetros de donde yo estaba en el Himalaya, hay yoguis que entran en trances que a veces duran días; otros son enterrados durante una semana en una caja casi sin aire o hacen descender sus frecuencias respiratorias y ritmos cardíacos hasta casi cero. Se ha podido observar que los santos de todas las religiones han sobrevivido con poquísima o ninguna comida y muchos de ellos declararon que sobrevivían únicamente gracias a la luz de Dios. Las visiones de Dios han sido tan creíbles que su sabiduría impulsó y guió las vidas de millones de seres, con extraordinarios actos de desinterés y compasión que prueban que la mente no está regida solamente por el propio interés.

Seleccionamos una deidad basada en nuestra interpretación de la realidad y esta interpretación está arraigada en la biología. Los antiguos profetas védicos lo describieron de forma muy determinante: «El mundo es como somos nosotros.» Para alguien que viva en un mundo de amenazas, la necesidad de luchar o huir es absoluta; esto corresponde a un hombre de Neanderthal enfrentado a un tigre con dientes como sables, o a un soldado en las trincheras durante la Primera Guerra Mundial, o a un conductor frustrado y muy enojado por el tráfico en las autopistas de Los Ángeles. Podemos confrontar cada una de las respuestas biológicas con una imagen propia concreta:

RESPUESTA	IDENTIDAD BASADA EN...
Respuesta luchar o huir	*Cuerpo físico / entorno físico*
Respuesta reactiva	*Ego y personalidad*
Respuesta de la conciencia en reposo	*Testigo silencioso*
Respuesta intuitiva	*El conocedor interior*
Respuesta creativa	*Co-creador con Dios*
Respuesta visionaria	*Iluminación*
Respuesta sagrada	*El origen de todo*

Si miramos la columna de la derecha, tendremos un perfil claro de las fases del crecimiento humano. El hecho de que hayamos nacido con el potencial de ir desde la simple supervivencia a la concienciación de Dios es el rasgo notable que coloca nuestro sistema nervioso aparte del de las demás criaturas. Es innegable que el crecimiento interior completo es un tremendo reto. Si estamos atrapados en el tráfico, con la sangre hirviendo de frustración, quedan bloqueados los pensamientos elevados. En este momento, bajo la influencia de la adrenalina, nos identificamos con estar confinados y somos incapaces de cualquier cosa.

En una situación diferente, cuando estamos compitiendo por una promoción en el trabajo, vemos las cosas desde el punto de vista del ego. En este caso, nuestra ansiedad no es por la supervivencia —que es la base de la respuesta luchar o huir en los animales—, sino ser los primeros. Una vez más se bloquean las respuestas elevadas, porque nuestras posibilidades se reducirían si dejásemos de competir y sintiéramos sólo amor por los otros candidatos al puesto de trabajo.

Cambiemos la respuesta una vez más, y este punto de vista se desvanecerá. Cuando en las noticias vemos un reportaje de niños que mueren en África o una lejana guerra innecesaria puede ser que queramos encontrar una solución creativa al problema o que simplemente reflejemos internamente la inutilidad del sufrimiento. Estas elevadas respuestas son más sutiles y delicadas. Podemos también llamarlas más espirituales, pero en cada situación el cerebro responde desde el nivel más elevado que puede. El más profundo de los misterios, que exploraremos en esta parte del libro, se centra en nuestra capacidad de elevarnos desde un instinto animal hasta la santidad. ¿Es esto posible para todos nosotros, o bien únicamente existe potencial para una pequeñísima fracción de la humanidad? Sólo lo descubriremos si examinamos qué significa cada una de las fases y de qué modo las personas suben por la escalera de su crecimiento interior.

A pesar de la enorme flexibilidad del sistema nervioso, caemos en hábitos y pautas debido a nuestra confianza en viejas huellas. Esto no es jamás tan cierto como con nuestras creencias. Una vez estaba yo andando por una callejuela lateral del barrio viejo de El Cairo cuando un hombre apareció de repente de entre las sombras y empezó a vociferar a algunos de los transeúntes. Como no sé árabe no tenía idea de qué es lo que estaba predicando, pero era evidente, en vista de la vejación y de la rabia que había en su rostro, que el sermón tenía relación con el temor de Dios. En todas las religiones hay los mismos ataques de temor siempre que una persona tiene la certeza de que el mundo está dominado por las amenazas, el peligro y el pecado. Sin embargo, cada religión contiene también la tensión del amor siempre que se percibe el mundo como abundante, amante y fortificante. Es todo proyección, y no encuentro en ello defecto alguno. Tenemos el derecho a adorar el amor, la misericordia, la compasión, la verdad y la justicia a nivel trascendente, sólo porque tenemos el derecho de temer el juicio y la represión divinas. Si aceptamos que el mundo es como somos nosotros, es lógico aceptar que Dios es como somos nosotros.

- El *Dios protector* encaja en un mundo de exclusiva supervivencia, lleno de amenazas físicas y de peligro.
- El *Dios todopoderoso* encaja en un mundo de luchas por el poder y ambición, donde rige la competencia.
- Un *Dios de paz* encaja en un mundo de soledad interior, donde son posibles la reflexión y la contemplación.
- El *Dios redentor* encaja en un mundo donde se fomenta el crecimiento personal y donde las percepciones son infructuosas.

- El *Dios creador* encaja en un mundo que está renován-
dose constantemente, donde se valoran la innovación y
el descubrimiento.
- Un *Dios de milagros* encaja en un mundo en que hay
profetas y videntes, y en el que se arropa la visión espiritual.
- Un *Dios de ser puro* —«yo soy»— encaja en un mundo
que trasciende todos los límites, un mundo de posibilidades infinitas.

Es maravilloso constatar que el sistema nervioso humano puede trabajar en tantos planos. No navegamos solamente en estas dimensiones, sino que las exploramos, las
mezclamos y creamos nuevos mundos a nuestro alrededor.
Si no entendemos que somos multidimensionales no podemos comprender la noción de Dios.

Recuerdo que, cuando era un niño, mi madre rezaba
para tener un signo o un mensaje de Dios. Creo que había
tenido un sueño que la afectó profundamente. Un día la
puerta de la cocina quedó abierta y una enorme cobra se
deslizó al interior. Cuando mi madre la encontró, no chilló
ni gritó, sino que cayó reverentemente de rodillas ya que,
para ella, aquella serpiente era Shiva y sus plegarias habían sido escuchadas.

Démonos cuenta de en qué medida nuestra respuesta a
este incidente depende de la interpretación. Si no creemos
que Shiva puede aparecer bajo la forma de un animal, parecería una locura venerar a una cobra, sin mencionar a los
supersticiosos y a los primitivos. Pero si todo en la naturaleza expresa a Dios, entonces podemos escoger cuál es el
símbolo que lo expresa mejor. Para mí hay un cosa cierta, y
es que no puedo compartir la conciencia de nadie. Por mucho que ame a mi madre, su respuesta es privada y genui-
na. Lo que para ella era un glorioso símbolo de Dios podría
asustar o repugnar a otras personas. Todavía recuerdo mu-

chos días pasados en la escuela, bajo la tutela de hermanos católicos, preguntándome cómo alguien podía arrodillarse delante de la horrible imagen de la crucifixión.

En una ocasión, yo estaba probando estas ideas clave en un grupo, cuando una mujer me hizo una objeción.

—No entiendo la palabra proyección. ¿Está usted diciéndonos que nosotros mismos hacemos a Dios? —preguntó.

—Sí y no —le repliqué—. Una proyección es diferente de las alucinaciones, que no contienen ningún tipo de realidad. Una proyección se origina en nuestro interior, el observador, y, por lo tanto, define nuestra percepción de realidad y nos lleva a lo infinito.

—¿Qué es lo que haría que Dios fuera sólo lo que yo quiero? —preguntó.

—Dios no puede ser sólo lo que usted quiere, sino solamente la porción de él que usted percibe debe ser como usted desea, porque usted utiliza su propio cerebro, sus sentidos y su memoria. Como usted es el observador, es correcto verlo a través de una imagen que para usted tenga sentido.

Pensé en las palabras más claras de san Pablo sobre el papel del observador: «Ahora nosotros vemos como si miráramos a través de un cristal oscuro.» Este pasaje es fácil de entender si dejamos de lado la poesía de King James:

> Cuando yo era un niño, hablaba como un niño y decía cosas como un niño. Cuando crecí, ya no hice cosas de niño. Ahora mismo todos vemos confusos reflejos, como en un espejo nublado, pero entonces (cuando conozcamos a Dios), le veremos cara a cara. Mi conocimiento es ahora parcial, pero entonces será completo, del modo que Dios ya me conoce.

La interpretación estándar es que, cuando estamos confinados en un cuerpo físico, nuestra percepción es reducida. Sólo en el día del juicio, cuando conozcamos a Dios directamente, nuestra percepción será suficientemente pura como para ver quién es y quiénes somos. Pero ésta no es la única forma de interpretar el pasaje. Pablo trata de señalar que el observador que está intentando ver a Dios está muy emocionado viendo su propio reflejo. Como no podemos evitar esta limitación, tenemos que hacer el mejor uso posible de ella. Como un niño que crece, debemos evolucionar hacia una visión más completa, hasta que llegue el día en que podamos ver la totalidad tal y como la ve Dios. Nuestras autorreflexiones hablan de nuestra propia historia en alguna parte del camino, normalmente en forma de símbolos, como lo hacen los sueños, y de ahí el espejo nublado.

La misma realidad puede ser sólo un símbolo para las obras de la mente de Dios y, en este caso, la creencia «primitiva» hallada por todo el mundo antiguo pagano de que Dios existe en cada brizna de hierba, en cada criatura e incluso en la tierra y en el cielo, puede contener la mayor de las verdades. Llegar a esta verdad es el fin de la vida espiritual, y cada fase de Dios nos lleva a un viaje cuyo punto final es la total claridad, una sensación de paz que nada puede perturbar.

FASE UNO:

EL DIOS PROTECTOR
(Respuesta luchar o huir)

Los neurólogos han dividido el cerebro desde hace tiempo en nuevo y viejo. El cerebro nuevo es un órgano del que podemos estar orgullosos. Cuando tenemos un pensamiento razonado, esta área de materia gris, primariamente el córtex cerebral, entra en juego. Shakespeare se refería al nuevo cerebro (y lo utilizaba) cuando hizo exclamar a Hamlet: «Qué obra de arte es el hombre, cuán noble en razón, cuán infinito en facultades.» Pero Hamlet estaba también involucrado en un caso de asesinato que clamaba venganza, y cuando indagó más profundamente en los pecados de su familia, también profundizó en su propia mente. El viejo cerebro quería lo que le era debido, que es la parte de nosotros que clava sus garras para sobrevivir y matará, si fuera necesario, para protegernos.

El viejo cerebro está reflejado en un Dios que no parece poseer muy altas funciones. Es, antes que nada y ampliamente, inmisericorde. Sabe quiénes son sus enemigos y no es de la escuela del perdón y del olvido. Si hacemos una lista de sus atributos, que muchos relacionarán con el Antiguo Testamento, el Dios de la fase uno es:

Vengativo
Caprichoso
Iracundo
Celoso
Crítico (decidiendo recompensa y castigo)
Insondable
A veces misericordioso

Esta descripción no sólo corresponde a Jehová, que también era amoroso y benevolente, sino que entre los dioses indios y los del Olimpo también encontramos el mismo comportamiento testarudo y peligroso. Dios es muy peligroso en la fase uno: utiliza la naturaleza para castigar, incluso a sus hijos más queridos, con tormentas, inundaciones, terremotos y enfermedades. La prueba para el creyente es ver la parte de Dios que hay en una deidad así, y los creyentes lo han hecho sobrecogidos. El hombre primitivo percibió amenazas indecibles en su entorno y su supervivencia se hallaba cada día en peligro. Sin embargo, sabemos que estas amenazas no estaban destinadas a triunfar. Por encima de todo había una divina presencia que, a pesar de su talante aterrador, protegía a los seres humanos. El Dios protector era tan necesario para la vida como el padre en el seno de la familia.

El viejo cerebro es testarudo, como también lo es el viejo Dios. Por muy civilizado que sea el comportamiento de una persona, si se profundiza lo suficiente se encuentran respuestas primitivas. Freud comparaba esto con desenterrar todas las capas de un yacimiento arqueológico. Sabemos lo suficiente de esta región, localizada en el fondo de la parte trasera del cráneo y arraigada en el sistema límbico, para ver que actúa de forma muy semejante al estereotipo de Jehová. El viejo cerebro no es lógico, sino que dispara impulsos que destruyen la lógica en favor de las emociones fuertes, reflejos instantáneos y con un sospechoso sentido del peligro siempre al acecho. La respuesta favorita del viejo cerebro es dar golpes furiosos en defensa propia, y por ello la respuesta de luchar y huir le sirve como principal detonante.

—No me importa lo que nos diga, hay algo maligno en esta enfermedad. Tiene mente propia y nadie podrá detenerla.

El joven padre había intentado contener las lágrimas pero su voz era temblorosa.

—Ya sé que puede interpretarse así —le repliqué tristemente—, pero el cáncer es sólo una enfermedad.

Le miré y me detuve en mi explicación sobre el tratamiento de radioterapia de su hija. El padre estaba fuera de sí, y sus palabras estaban llenas de horror y rabia.

—Un día tiene dolor de cabeza por el que no te preocupas y ahora se ha convertido en esto, sea lo que sea.

—Astrocitoma, un tipo de tumor cerebral. Su hija ha

avanzado hasta la fase cuatro, lo que significa que no puede ser operada y que el tumor está creciendo muy rápidamente.

Esta conversación tuvo lugar hace más de una década, cuando los padres tenían apenas treinta años; eran jóvenes trabajadores que no tenían experiencia en este tipo de catástrofes. Habían transcurrido menos de veinticuatro horas desde que habían traído a su hija de doce años, que había tenido accesos de vértigo y un dolor recurrente detrás de los ojos. Después de hacerle una batería de pruebas, surgió la presencia de algo maligno y, como el cáncer en los niños crece muy rápidamente, el diagnóstico sería probablemente fatal.

—No nos damos por vencidos —dije—. Deben tomarse decisiones médicas, y ustedes dos tendrán que ayudar. —Los padres parecían insensibles—. Todos estamos rezando por Cristina —les dije—. Algunas veces es sólo cosa de Dios.

La cara del padre se ensombreció de nuevo.

—¿Dios? Podría haber evitado todo este maldito asunto. Si está dispuesto a permitir que suceda esta tragedia sin sentido, ¿cómo podemos pretender que la haga desaparecer?

Yo no respondí y los padres se levantaron para irse.

—Dígales que empiecen con los tratamientos, nosotros ya nos las arreglaremos —dijo el padre. Tomó a su esposa y volvió a la cabecera de su hija.

En estos momentos de crisis falla la esperanza, lo que significa, si somos totalmente honestos, que Dios falla, el Dios fase uno, que debería haber protegido a esta criatura. En momentos de crisis, todos nos sentimos arrollados por un profundo sentido de peligro físico, y no hablo sólo en el caso de un diagnóstico de cáncer. La pérdida de un empleo puede parecernos una cuestión de vida o muerte. Las personas que discuten por un amargo divorcio actúan como si su antiguo cónyuge se hubiera convertido en su enemigo mortal. El hecho de que el viejo cerebro ejerza su influencia generación tras generación da cuenta de la durabilidad del papel de Dios como protector. Nuestras reacciones primitivas frente al peligro existen por una razón que no va a ser resuelta fácilmente, porque la misma estructura del cerebro lo garantiza. El cerebro activa el sistema endocrino, que inyecta la adrenalina en el torrente sanguíneo para forzar al cuerpo a cumplir la orden, sea lo que sea lo que piensa el cerebro elevado.

Pongámonos en el lugar de un acusado inocente en un juicio. Un extraño presenta cargos contra nosotros, forzándonos a aparecer delante de un juez. A pesar del deber de actuar de acuerdo con las normas legales, hay algunos sentimientos primitivos que son ineludibles y muy del estilo del Antiguo Testamento:

- Desearemos desquitarnos con nuestro acusador. Jehová es *vengativo.*
- Intentaremos encontrar cualquier cosa que tenga sentido para probar nuestra causa. Jehová es *caprichoso.*
- Nos enfurecemos al pensar en la injusticia que se nos está haciendo. Jehová es *iracundo.*
- Desearemos que el tribunal nos preste tanta atención como sea posible, considerando sólo nuestra versión. Jehová es *celoso.*
- Desearemos que se castigue a nuestro acusador cuando se demuestre nuestra inocencia. Jehová es justiciero, y *decide los premios y los castigos.*
- Por la noche, permaneceremos despiertos pensando en cómo ha podido sucedernos esto a nosotros. Jehová es *insondable.*
- Nos sostendrá la fe en que el Tribunal, al final, no nos castigará injustamente. Jehová es *misericordioso a veces.*

(Valdría la pena repetir que he puesto a Jehová como ejemplo ilustrativo, pero podría ser sustituido por Zeus o por Indra.)

Debido a que su papel es el de proteger, el Dios de la fase uno no funciona cuando el débil cae presa de una enfermedad, tragedia o violencia, y tiene éxito siempre que escapamos del peligro y sobrevivimos a una crisis. Cuando triunfa, sus devotos se sienten escogidos, exultan sobre sus enemigos y se sienten seguros de nuevo (durante un rato) porque el cielo está de su parte.

La razón nos enseña que la agresión engendra represalias, y lo sabemos de forma innegable, vista la trágica historia de la guerra; pero hay un muro entre la lógica del nuevo cerebro, que está basado en la reflexión, la observación y la capacidad de ver más allá de la mera supervivencia, y la lógica del viejo cerebro, que primero lucha o huye, y luego pregunta.

¿Quién soy?
Un superviviente.

En cada una de las fases, la pregunta básica «¿quién es Dios?» suscita inmediatamente otras cuestiones, la primera es «¿quién soy?». En la fase uno, la identidad está basada en el cuerpo físico y en el entorno, y la consideración prioritaria es la supervivencia. Si miramos la historia bíblica, encontramos que los antiguos hebreos podían sobrevivir con mucha más facilidad en un mundo hostil que en uno sin finalidad alguna. Las penurias de sus vidas eran numerosas: les costaba trabajos ímprobos e interminables sacar sus cosechas de la tierra, abundaban los enemigos y, como estaban inmersos en una cultura nómada, vivieron atrapados entre una migración y otra. ¿Cómo pudo conciliarse esta vida de pura subsistencia con cualquier tipo de Dios benigno?

Una de las soluciones que tenían era convertirlo en un padre caprichoso e impredecible. En el Génesis, que dedica mucho más tiempo a la caída de Adán y de Eva que a su creación, este papel se representa con una gran convicción dramática.

El primer hombre y la primera mujer son los niños malos por excelencia, siendo el pecado que cometen el de desobedecer los dictados de Dios de no comer del árbol del conocimiento. Si examinamos este acto en términos simbólicos, vemos a un padre celoso de sus prerrogativas de adulto: tiene más conocimientos, tiene el poder y su palabra es ley. Para mantener esta posición es preciso que los niños sigan siendo niños, aunque suspiren por crecer y tener los mismos conocimientos que posee el padre. Normalmente, esto es permisible, pero Dios es el único padre que nunca ha tenido un hijo, cosa que lo hace de lo más antipático, ya que esta cólera contra Adán y Eva es irracional de tan dura como es. Veamos la condena de Eva:

> Aumentaré tus trabajos y tus sufrimientos,
> y con dolor parirás hijos.
> Tendrás necesidad de tu marido,
> y él será tu amo.

Eva tiene tal reputación de tentadora que olvidamos que no es abiertamente sexual hasta que Dios la hace así. El hecho de «necesitar a su marido» es parte de la maldición, como lo es el dolor de dar a luz. El resto de la vida familiar tendrá que soportar la sentencia pronunciada sobre el hijo de Dios:

> Todos los días de tu vida con trabajos
> ganarás tu alimento de la tierra,

donde no crecerá otra cosa que espinas y cardos,
para ser tu alimento.
Ganarás el pan con el sudor de tu frente,
hasta que vuelvas a la tierra
de donde fuiste tomado.
Porque eres polvo y en polvo te convertirás.

Toda esta escena, que termina con Adán y Eva expulsados del paraíso, divide también a la familia, destruyendo la intimidad de días pasados cuando Dios paseaba por el Edén y se solazaba con sus hijos. Pero el paraíso se convirtió pronto en un sueño borroso —no estamos lejos de la época en que Caín mató a su hermano Abel—, la lección caló hondo: los humanos son culpables. Como sólo ellos hacen que el mundo sea duro y difícil, caiga sobre sus cabezas la culpa por la agonía del parto y los ímprobos trabajos de ganarse la vida.

La historia del Génesis apareció unos dos mil años antes de Cristo. En su forma final fue escrita por escribas del templo, probablemente unos mil años después de que fuera originada. Hacía tiempo que las mujeres habían sido subyugadas por los hombres, y los rigores de la subsistencia y del parto son tan viejos como la humanidad. Por tanto, para llegar al Dios de la fase uno era necesario referirse a lo que ya existía.

Cuando los primeros escribas de la escritura se preguntaban «¿quién soy...?», sabían que eran mortales sujetos a las enfermedades y al hambre. Habían visto morir durante el parto a un inmenso porcentaje de niños y, muchas veces, sus madres también habían perecido. Estas condiciones tenían que tener una razón y, por lo tanto, la relación de familia con Dios se desarrolló en términos de pecado, desobediencia e ignorancia. Pero incluso de este modo Dios seguía en escena velando por Adán y Eva a pesar de la maldición que pesaba sobre ellos. Al cabo de un tiempo, encontró suficiente virtud en su descendiente Noé como para salvarlo de la sentencia de muerte que había caído sobre todos los que no eran descendientes de la familia original.

Sin embargo, aquí nos encontramos con otra ironía, ya que el único personaje que parece decir la verdad en el episodio de Eva y la manzana es la serpiente. Susurra al oído de Eva que Dios les ha prohibido comer del árbol del bien y del mal porque les daría conocimiento y les haría igual al padre. Veamos sus palabras exactas cuando Eva le informa de que, si comen de la fruta prohibida, morirán: «Desde luego que no moriréis. Dios sabe que tan pronto como la comáis vuestros ojos se abrirán y seréis como dioses, porque conoceréis el bien y el mal.»

La serpiente ofrece un mundo de conciencia, independencia y toma de decisiones. Todas estas cosas van aparejadas con el hecho de tener el conocimiento. En otras palabras, la serpiente aconseja a los hijos de Dios que crezcàn y ésta es una tentación que ellos no pueden resistir. ¿Quién podría hacerlo? (Una autoridad sobre el tema, Joseph Campbell, subraya que en aquellos tiempos las tribus hebreas nómadas se mudaron a un territorio donde la religión mayoritaria era una diosa de la agricultura, sabia y benigna, cuyo animal tótem era la serpiente. Dando un giro al asunto, los sacerdotes de Israel convirtieron a la mujer en el malo de la película y a la perversa serpiente en su aliado.)

¿Por qué querría Dios oponerse al natural desarrollo de sus hijos y por qué no quería que tuvieran conocimiento? Actúa como el más abusivo de los padres, usando el terror para mantener a sus descendientes en un estado infantil. Nunca saben cuándo volverán a ser castigados y, aún peor, no les da esperanza alguna sobre si la maldición original va a ser retirada alguna vez. Se pesa a Dios y a las malas acciones, y el premio y el castigo se administran desde el estrado del juez, pero sin embargo la humanidad no puede escapar al peso de la culpa, sin importar cuánta virtud demuestre uno en su vida.

Más que considerar severamente al Dios de la fase uno, tenemos que darnos cuenta de lo real que es. La vida ha sido increíblemente dura para muchas personas y en la vida familiar se han infligido profundas heridas psicológicas. Todos nosotros tenemos recuerdos de lo difícil que fue hacerse adulto y, en determinados momentos, sentimos el peso de antiguos temores infantiles. El superviviente y el niño culpable están escondidos debajo mismo de la superficie. El Dios de la fase uno sana estas heridas y nos da una razón para creer que sobreviviremos, al mismo tiempo que alimenta nuestras necesidades, ya que mientras necesitemos un protector nos aferraremos a nuestro papel de niños.

¿Cómo encajo en esto?
Voy tirando.

En la fase uno no se menciona que los humanos tengamos un lugar de favor en el cosmos, sino todo lo contrario. Las fuerzas naturales son ciegas, y su poder está más allá de nuestro control. Recientemente he visto una noticia sobre una pequeña ciudad de Arkansas que ha sido arrasada por un tornado que se desencadenó a media noche. Los que sobrevivieron fueron despertados por un estruendo ensordecedor en la oscuridad y tuvieron la suficiente presencia de ánimo como para correr a refugiarse en sus sótanos. Posteriormente, mientras contemplaban las ruinas de sus pertenencias, los aturdidos supervivientes murmuraban todos la misma respuesta: «Estoy vivo por la gracia de Dios.»

No consideraron, ni tampoco lo expresaron en voz alta, que el mismo Dios pudo haber enviado la tormenta. Durante las crisis, las personas buscan formas de arreglárselas y, en la fase uno, Dios es un mecanismo para ir tirando. Esto es verdad dondequiera que esté en peligro la supervivencia. En el peor de los guetos que sufra el azote de la droga y el crimen callejero, siempre encontraremos la fe más intensa. Las situaciones más horribles extienden nuestras habilidades de ir tirando hasta más allá de sus límites —un ejemplo de ello serían las muertes al azar de niños tiroteados en las escuelas—. Para escapar completamente a la desesperación, las personas se proyectan más allá de la desesperanza, encontrando solaz en Dios, que quiere protegerlas.

¿Qué es la naturaleza del bien y del mal?
Dios es seguridad, confort, alimento, asilo y familia.
El mal es amenaza física y abandono.

Muchas personas anhelan un absoluto estándar para el bien y el mal, particularmente en una época en que los valores parecen desmoronarse. En la fase uno, da la sensación de que el bien y el mal están bien claros. Dios deriva de la seguridad y el mal deriva de estar en peligro. Una buena vida tiene recompensas físicas: alimento, ropas, asilo y una familia afectuosa, mientras que si llevamos una mala vida, estaremos solos y abandonados y seremos presa del peligro físico. ¿Pero esto realmente es así de claro?

Una vez más debemos tener en cuenta el drama de la familia. Los asistentes sociales saben muy bien que los niños que sufren abusos sienten un extraño deseo de defender a sus padres. Incluso después de años de palizas y crueldad emocional, puede ser casi imposible hacerlos testificar sobre el abuso. Su necesidad de tener un protector es muy fuerte, ya que podríamos decir que el amor y la crueldad están tan íntimamente relacionados que la psique no

puede separarlos. Si intentamos apartar al niño del entorno
abusivo, él teme profundamente que se le arrebate su fuente de amor. Esta confusión no termina en su vida adulta,
porque el viejo cerebro tiene una imperiosa necesidad de
seguridad; por ello tantas mujeres maltratadas defienden a
sus maridos y vuelven con ellos. El bien y el mal se con-
funden sin esperanza.

El Dios de la fase uno es igual de ambiguo. Hace veinte años leí una punzante fábula sobre una ciudad perfecta
en la que todo el mundo gozaba de buena salud y era feliz
y en la que el sol siempre brillaba. El único misterio en la
ciudad era que cada día unas cuantas personas se iban andando en silencio y sin dar explicaciones. Nadie podía
imaginarse por qué sucedía aquello. Aunque el fenómeno
no parecía tener fin. Finalmente se descubrió que un niño
había sido encerrado por sus padres en el sótano y allí lo
torturaban. Las personas que se marchaban conocían el secreto y para ellas la perfección había terminado. Una inmensa mayoría no lo sabía, y los que sí lo sabían volvían
las cabezas en otra dirección.

Las fábulas pueden leerse de muchas maneras, pero
ésta dice alguna cosa sobre la fase uno de Dios. Incluso si
es adorado como un padre benigno que nunca ha hecho
caer culpa sobre nosotros, su bondad está corrompida por
el sufrimiento. Un padre que proporciona mucho amor y
generosidad se consideraría un buen padre siempre que no
torturara a su hijo. Cualquiera que se tenga a sí mismo
como hijo de Dios debe considerar este problema que la
mayor parte del tiempo, como ocurre en la fábula, puede
permanecer oculto. La necesidad de seguridad es demasiado grande y, además, no podemos enfrentarnos con muchas cosas al mismo tiempo.

¿Cómo encontraré a Dios?
Por medio del temor y la devoción amorosa.

Si el Dios de la fase uno otorga con una mano y castiga con la otra, entonces no puede ser conocido de una sola manera, ya que entran en juego el temor y el amor. Para cada una de las exhortaciones bíblicas a «ama al Señor tu Dios con todo tu corazón, toda tu fuerza y toda tu alma», tenemos una contrapartida. La exhortación de temer a Dios es expresamente mencionada en todos los credos, incluso aquellos supuestamente basados en el amor. (Jesús habla muy abiertamente de los que hacen el mal, que serán «expulsados al exterior con lamentos y con rechinar de dientes».)

Lo que esto significa en un sentido más profundo es que no se alienta esta ambivalencia. Una paz así reina en una familia en la que se dice sencillamente a los niños que deben amar a sus padres pero sienten también en secreto rabia, odio y celos hacia ellos. La emoción «oficial» es sólo positiva, y un extraño llamaría a esto falsa paz, aunque para los de la casa funciona perfectamente. De todos modos, ¿ha desaparecido realmente la parte negativa? Hace falta una gran transformación antes de que podamos vivir con ambivalencia y su mezcla constante de claro y oscuro, amor y odio, que es el camino que no se toma en la fase uno.

Un amigo me contó una historia muy conmovedora del día en que se convirtió en adulto. Él era un niño protegido, incluso mimado, cuyos padres eran muy reservados. Nunca los había visto estar en desacuerdo y eran muy cuidadosos en no traspasar los límites entre lo que los adultos de la familia hablaban entre ellos y lo que se le decía a los niños. Esto es psicológicamente saludable y mi amigo recuerda una infancia casi idílica, sin ansiedades ni conflictos.

Una noche, cuando tenía unos diez años, se despertó (era ya tarde) y oyó fuertes ruidos provenientes del piso inferior. Convencido de que se estaba cometiendo un crimen sintió un escalofrío de temor. Al cabo de un momento, se dio cuenta de que sus padres estaban discutiendo a gritos. Muy consternado saltó de la cama y bajó las escaleras, entró en la cocina y vio a sus padres gritándose. «¡No le pongas una mano encima o te mataré!», dijo dirigiéndose a su padre. Los padres quedaron desconcertados e hicieron todo lo posible por calmar al muchacho, diciéndole que no había habido violencia, que sólo se trataba de un pequeño desacuerdo. Sin embargo, aunque había entendido la situación, algo muy profundo había cambiado para él y ya no pudo creer en un mundo perfecto.

En él había nacido la mezcla de amor y de ira, de paz y de violencia, con la que todos tenemos que vivir. En lugar de certeza, ahora había ambigüedad, porque las personas en las que había confiado le habían mostrado que poseían un lado oscuro. Intrínsecamente, esto es también verdad para todos nosotros y, por extensión, para Dios.

Cada uno de nosotros debe enfrentarse con este conflicto, pero todos lo resolvemos de formas distintas. Algunos niños intentan preservar la inocencia negando que exista su opuesto y se vuelven pensadores idealistas e ilusionados, mostrando una fuerte vena de negación cuando sucede algo «negativo» y sintiéndose ansiosos hasta que la situación vuelve a ser «positiva». Otros niños toman partido, asignando todos los rasgos que les provocan ansiedad a uno de los padres, el malo, mientras que etiquetan al otro como siempre bueno. Estas dos tácticas caen dentro de la categoría de los mecanismos de supervivencia. Por lo tanto no debe extrañar que estos mecanismos influyan tanto en las creencias religiosas en la fase uno.

La solución del buen padre y del mal padre toma la forma de una batalla cósmica entre Dios y Satán. En el Antiguo Testamento hay pruebas suficientes de que Jehová es lo bastante testarudo y cruel para asumir él mismo el papel de mal padre. Incluso un hombre de titánica honradez como Moisés queda privado al final de entrar en la tierra prometida. Por mucho temor y amor que mostremos hacia él, incluso aunque mezclemos estos sentimientos, no satisfaremos a este Dios porque su capricho no conoce límites.

Sin embargo, si esta descripción es inaceptable, tiene que haber un adversario (el sentido literal de la palabra Satán) para cargar con la culpa de Dios. Satán aparece en el Viejo Testamento como un ladrón de almas tentador e impostor y como el ángel caído Lucifer que, orgulloso, intentó usurpar la autoridad de Dios y tuvo que ser arrojado al infierno. Podríamos decir que es la luz descarriada, pero ni una sola vez es descrito como con aspecto de Dios. La división entre ambos nos hace el panorama más sencillo, de la misma forma que lo es para un niño que ha decidido que uno de los padres tiene que ser el bueno y el otro el malo.

La otra estrategia de supervivencia, que implica negar la negación buscando siempre ser positivo, es muy común en religión. Tiene que pasarse por alto mucho daño para hacer a Dios totalmente benigno, aunque muchas personas consiguen hacerlo. En el drama de la familia, si hay más de un hijo, se fijan las interpretaciones: uno de los hijos estará absolutamente seguro de que nunca hubo abuso o conflicto, mientras que otro estará seguro de que fue una cosa habitual. El poder de interpretación va ligado a la conciencia, ya que las cosas no pueden existir si no somos conscientes de ellas, sin importar lo reales que puedan ser para los demás. En términos religiosos, algunos creyentes están contentos de amar a Dios y temerle al mismo tiempo. Esta dualidad no implica en ningún caso condenación alguna de la deidad, que es todavía «perfecta» (en el sentido de que siempre tiene razón), porque aquellos a los que castiga están equivocados.

En este caso, la fe depende de un sistema de valores predestinado. Si contraigo alguna enfermedad, es que he cometido algún pecado, incluso si no tengo conciencia de ello.

Lo que debo hacer es mirar profundamente dentro de mí hasta que encuentre el defecto y entonces veré el perfecto juicio que Dios ha obrado. Sin embargo, a alguien que esté fuera del sistema le puede parecer como si un niño maltratado tuviera que convencerse, a través de una lógica retorcida, de que debe ser malo para que el padre cruel tenga razón. En la fase uno, Dios tiene que tener razón. Si no la tuviera, el mundo sería demasiado peligroso para vivir en él.

¿Cuál es mi reto en la vida?
Sobrevivir, proteger y mantener.

Cada una de las fases de Dios implica un reto en la vida, que puede ser expresado en términos de las más altas aspiraciones. Dios existe para inspirarnos, y esto lo expresamos por medio de las aspiraciones que nos imponemos a nosotros mismos. Una aspiración es el límite de lo posible. En la fase uno, el límite viene dado por circunstancias físicas. Si estamos rodeados por amenazas, sobrevivir es una gran aspiración, como en el caso de un naufragio, una guerra, hambre o una familia que proporcione malos tratos. Sin embargo, cada fase de Dios debe dar aplicación a toda la gama de capacidades humanas ya que, incluso en la peor de las situaciones, una persona aspira a algo más que a ir tirando.

Podríamos pensar que el siguiente paso sería escapar. Sin embargo, en la fase uno, la escapatoria está bloqueada por el principio de realidad; un niño no puede escapar de su familia, del mismo modo que las víctimas del hambre no pueden escapar de la sequía. Por lo tanto, la mente se orienta hacia la imitación de Dios y, como Dios es un protector, intentamos proteger las cosas más valiosas de la vida. Los protectores toman muchas formas, de policías que defienden la ley, de bomberos que velan por la seguridad, o de asistentes sociales que trabajan a favor de los desvalidos. En otras palabras, la fase uno es la más social de los siete mundos que examinaremos porque en ella aprendemos a ser responsables y cuidadosos.

La recompensa por aprender a proteger a los demás es que éstos nos dan su amor y respeto. Démonos cuenta de cómo se enfurecen los agentes de policía si se mofan de ellos las mismas personas a las que han jurado defender, cosa que ocurre en los disturbios, las manifestaciones políticas y en los barrios divididos por problemas raciales ya que el protector anhela respeto, pero también es inflexible por lo que a las normas y leyes se refiere. Al ser el guardián, ve peligro en todas partes y lleva a cabo su función de mantener a la gente a raya «por su propio bien». Esto es esencialmente un sentimiento paternal y suele ocurrir que los agentes de policía sean paternales en un sentido positivo y también en un sentido negativo. Pueden perdonar infracciones cuando la persona no ha actuado con alevosía, pero también son propensos a administrar la justicia con contundencia cuando alguien no muestra remordimiento. El desafío total es la peor respuesta que le podemos dar al protector, puesto que entonces cuenta con la justificación necesaria para aplicarnos la ley al pie de la letra. La autoridad divina puede ser muy cruel incluso con el pueblo escogido, pero para los que están fuera de la ley, y esto quiere decir para cualquiera con una religión diferente, no tiene piedad.

¿Cuál es mi mayor fuerza?
El coraje.

¿Cuál es mi mayor obstáculo?
Miedo a perder, abandono.

No es difícil imaginar lo que hay que hacer para sobrevivir en este mundo tan duro y el coraje que tenemos que demostrar frente a la adversidad. El Antiguo Testamento es un mundo de héroes, como Sansón y como David, que luchan para vencer a sus enemigos. Sus victorias son las pruebas de que Dios les favorecía. Pero como veíamos, no existe lucha, por grande que ésta sea, que apacigüe totalmente a este Dios. El coraje de luchar tiene que convertirse a veces en el coraje de oponérsele.

Al considerar esto a escala familiar, caemos en un círculo vicioso. Si tememos a nuestro padre por su carácter violento e impredecible, la perspectiva de enfrentarnos con él suscitará aún más temor y nos hará guardar silencio. Desdichadamente, callar no hace más que aumentar el temor, porque éste no se ve liberado. La única forma de seguir adelante es vencer el obstáculo, que es real en cada una de las fases de Dios. Como ocurre en el ámbito familiar, el devoto de un Dios aterrador no podrá pasar a una fase superior hasta que se diga: «Estoy cansado de tener miedo. Si tengo que esconderme de tu ira, entonces no eres mi Dios.»

En términos sociales, vemos esta reacción en las rebeliones contra las autoridades. Un policía que decide testificar contra compañeros del cuerpo corruptos pisa terreno pantanoso. Desde un punto de vista es un traidor; desde el otro, es una persona con conciencia. ¿Cuál es la perspectiva correcta? Esto depende de donde esté uno situado. Las personas que tienen que preservar el sistema, como la corrupción es inevitable, deben decidir cuánto mal pueden tolerar en nombre del bien común. Cada día los padres y las madres toman decisiones como ésta sobre el mal comportamiento de sus hijos, del mismo modo que la policía lo hace respecto al comportamiento de los ciudadanos y ciudadanas frente a la ley. Pero otras personas miran el mismo sistema y piensan que hacer el bien no es consecuente con la infracción de las normas que se deben respetar. Los padres no pueden enseñar a ser sinceros siendo mentirosos al mismo tiempo y los policías no pueden aceptar sobornos al mismo tiempo que arrestan a estafadores.

En todo esto no hay una línea definida. Tal y como lo demuestran las organizaciones religiosas, es posible vivir mucho tiempo con un Dios iracundo, celoso e injusto, incluso si suponemos que es el juez supremo. Ninguno de los lados de la línea es mejor que el otro y al final debemos aprender a vivir con ambivalencia.

La importante cuestión psicológica es ¿con cuánto temor estamos dispuestos a convivir? Cuando este obstáculo está salvado, cuando la integridad personal es más importante que ser aceptado dentro del sistema, empieza una nueva fase. De ahí el entusiasmo demostrado por muchos manifestantes contra la guerra. Para ellos, manifestarse contra las autoridades marca un renacimiento de la moralidad que es guiado por el principio más que por fuerzas exteriores. Traslademos ahora esto a una guerra interna, con una voz interior instándonos a la rebelión y la otra amenazándonos con el castigo por infringir la ley, y tendremos el drama central de la fase uno.

¿Cuál es mi mayor tentación?
La tiranía.

Al leer la historia de Adán y Eva podemos pensar que los hijos de Dios fueron tentados al pecado, pero para mí ésta no es más que la versión oficial. El guardián quiere que obedezcamos y, por lo tanto, tomará como una desobediencia un acto incorrecto. La tentación real está al lado de Dios, del mismo modo que ocurre con cualquier protector que actúe en su nombre. La tentación de Dios es de volvernos tiranos. La tiranía es el deber de protección llevado demasiado lejos. Existe en familias en las que los padres no son capaces de equilibrar las normas con la libertad y en sistemas legales donde se ha olvidado la misericordia.

El deseo de gobernar es tan seductor que no necesitaremos ahondar mucho en esta tentación concreta. Es más interesante preguntar cómo escapar a ella. La mayoría de las veces, el tirano tiene que ser depuesto por la fuerza y en algunas sociedades, como en algunas familias, esto se hace por medio de la violencia. Los niños se rebelan contra la autoridad matándola, de forma simbólica, desde luego, con su comportamiento imprudente de adolescentes, bebiendo en exceso y conduciendo de forma temeraria, por ejemplo. Pero hay un mecanismo para escapar a la tentación con poca violencia, que es encontrar la necesidad de tenerla. En las películas de la mafia, los gángsters se constituyen en una banda de protección y, con el pretexto de alejar el peligro de los dueños de tiendas y restaurantes, les venden seguridad en forma de su propia protección. Este planteamiento, sin embargo, sólo funciona con una mentira de por medio, ya que la violencia que se evita viene de los mismos gángsters, que son al mismo tiempo la amenaza y la seguridad. En términos espirituales, la protección de Dios sólo se evalúa si negamos que él es el origen de la amenaza. En definitiva, no hay nada fuera de la deidad, por lo que pedirle protección contra tormentas, hambre, enfermedades e infortunio es lo mismo que pedírsela a su autor.

Leí un caso psiquiátrico en el cual el padre estaba muy preocupado por su hija de tres años que no dormía bien y sufría brotes de grave ansiedad. El padre se sentaba con ella cada noche y le leía cuentos intentando ofrecerle tranquilidad.

—Le leo el cuento de la Caperucita Roja y del lobo feroz —le dijo al médico—. Si se asusta, le digo que no hay nada por lo que preocuparse, que yo estoy allí para protegerla.

—O sea, ¿usted no puede entender por qué está tan asustada? —le hizo notar el médico.

—No —dijo el padre—. No puedo ser más tranquilizador.

—¡Claro que sí! Pregúntese por qué escoge cuentos que la asustan si ella se asusta tanto al escucharlos.

La respuesta en este caso es que el padre estaba cegado por su necesidad de ser tranquilizador, una necesidad arraigada en el pasado, porque había tenido un padre ausente que no se ocupaba de él para calmar sus temores infantiles. Esta anécdota es muy ilustrativa, porque plantea la cuestión central de la fase uno: *¿Por qué Dios ha tenido que hacer un mundo tan aterrador?* ¿Fue solamente por una tentación de tiranizarnos? La respuesta no está en Dios sino en la interpretación que hacemos de él. Para salir de la fase uno tenemos que llegar a una nueva interpretación de todos los aspectos que han sido tratados hasta este momento: ¿quién es Dios?, ¿qué clase de mundo ha creado?, ¿quién soy yo?, ¿de qué modo encajo en todo esto? En la fase dos tenemos que superar el problema de la supervivencia. Tenemos mucha menos necesidad de tener miedo, y por primera vez vemos la influencia emergente del nuevo cerebro. Incluso de este modo, de la misma manera que el cerebro reptiliano está encerrado dentro del cráneo y no queda inhabilitado por el intelecto o anulado por pensamientos más elevados, el Dios de la fase uno es un legado permanente que cualquiera confronta antes de alcanzar su crecimiento interior.

FASE DOS:
EL DIOS TODOPODEROSO
(Respuesta reactiva)

En la fase uno hablamos de supervivencia y en la fase dos hablaremos de poder. No hay duda de que Dios tiene todo el poder, que guarda celosamente. Al principio de la

era científica, cuando se habían descubierto los secretos de
la electricidad y se había hecho la tabla de los elementos,
muchos se preocupaban por si era un sacrilegio mirar tan
de cerca cómo trabajaba Dios. El poder no sólo era suyo,
sino que lo era legítimamente y nuestro lugar estaba en la
obediencia, un punto de vista que tiene sentido si consideramos el cielo como la meta de la vida. ¿Quién podría con-
denarse sólo por el hecho de saber cómo funciona el alum-
brado eléctrico?

Sin embargo, Freud señala que el poder es irresistible,
que es uno de los bienes primarios de la vida, junto con el
dinero y el amor de las mujeres (el punto de vista de Freud
era indiscutiblemente masculino). Si el dilema de Hamlet
está arraigado en la fase uno, el héroe de la fase dos es
Macbeth, que cree conveniente asesinar al rey, su padre
simbólico, pero debe luchar con los demonios de la ambición. En el primer acto de *Macbeth*, cuando encuentra a
las tres brujas en un brezo, éstas predicen que le llegará
cada vez más poder, hasta convertirse en rey. Pero esto es
más que una predicción, ya que el poder es la maldición
de Macbeth. Inflama su culpabilidad, le fuerza a abandonar el amor, le hace vivir en las sombras de la noche, in-
somne y con miedo a sufrir una conspiración y, al final, le
hace volverse loco. El tipo de Dios implicado en el camino
hacia el poder es peligroso, pero es más civilizado que el
Dios de la fase uno. Al describir a este nuevo Dios, diríamos que es:

Soberano
Omnipotente
Justo
Quien responde a las plegarias
Imparcial
Racional
Organizado según unas normas

Comparado con el Dios de la fase uno, esta versión es mucho más social. El Todopoderoso es adorado por aquellos que han formado una sociedad estable, una sociedad que necesita leyes y un gobierno. No es tan testarudo como su predecesor; todavía reparte castigo pero se puede entender por qué. Es como el malhechor que desobedece la ley, cosa que sabe de antemano que no debe hacer. La justicia no es tan severa; los reyes y los jueces que toman su poder de Dios lo hacen con el sentido de ser justos, y administran el poder, o al menos es lo que se dicen a sí mismos. Como sucedió con Macbeth, los que ejercen el poder quedan atrapados en ambiciones que son irresistibles.

El drama del poder está basado en la respuesta reactiva, que es una necesidad biológica de satisfacer las demandas del ego. Esta respuesta no ha sido bien estudiada, aunque podemos suponer que está asociada con el cerebro medio, que se halla a medio camino de las más antiguas estructuras animales del viejo cerebro y la racionalidad del córtex cerebral. Esta región es de sombras y durante décadas nadie creyó realmente que el ego, en el sentido de nuestra sensación de identidad y personalidad, era innato. Luego, los estudios en el desarrollo del niño hechos por Jerome Kagan y otros investigadores empezaron a demostrar que los niños no aprenden simplemente a tener su identidad personal. Casi desde el mismo nacimiento algunos recién nacidos son extrovertidos y exigentes en sus necesidades, atrevidos y curiosos para con el mundo exterior, mientras que otros son introvertidos, callados, no son exigentes y se muestran tímidos a la hora de explorar su entorno. Estos rasgos persisten y se expanden durante toda la infancia y, de hecho, perduran durante toda la vida, lo que implica que la respuesta del ego está integrada en nosotros.

El lema de la respuesta reactiva es «más para mí», y cuando se aplica de forma extrema lleva a la corrupción, ya que eventualmente este insaciable apetito nos hace invadir los deseos de los demás. Pero en términos biológicos, el ansia de poseer más es esencial. Un niño recién nacido muestra una falta total de disciplina y control. Los psiquiatras infantiles creen que, al principio, todos los límites son fluidos. El niño forma parte de un mundo como un útero en el que las paredes, la cuna, la manta e incluso los brazos de la madre son todavía parte de una entidad no diferenciada y amorfa. Tomar este borrón de sensaciones y descubrir dónde empieza el yo es la primera tarea del crecimiento.

Al principio, el nacimiento del ego es primitivo. Cuando un niño toca una estufa caliente y se aparta muy alterado, recuerda el dolor no sólo como una falta de confort sino como una cosa que «yo» no quiero. Este sentido del ego es tan primario que olvidamos que es como no tenerlo. ¿Hubo un tiempo en el que veía cómo mi madre me sonreía y yo tenía la sensación de que sus emociones eran mías? Aparentemente no, y sin ser capaz de pensar o reflexionar, la semilla del ego vino a este mundo con nosotros. Yo sentía la necesidad, el deseo, el dolor y el placer como «míos», y me quedé de aquella manera creciendo sólo en intensidad.

Tampoco encontramos dioses altruistas en la mitología mundial. El primer mandamiento dado a Moisés es «No antepondrás ningún otro Dios a mí». En el Antiguo Testamento, Jehová sobrevive a todos sus competidores, y no tenemos testimonios de demasiada competencia. Sin embargo, en otros sistemas, como el griego o el hindú, la lucha por el poder era constante y tenemos la sensación de que Zeus y Shiva tuvieron que tener los ojos muy abiertos para poder quedarse en lo más alto del panteón. El Dios judaico es un vencedor sorprendente, pues emerge de una nación pequeña y conquistada, que tenía diez de sus doce tribus borradas de la faz de la tierra por poderosos enemigos. A pesar de todo, los hebreos subyugados fueron capaces de mirar más allá de su situación y proyectaban un Dios estable e inconmovible que no pudiera ser afectado por ningún poder de la tierra, es decir, el primer Dios Todo-poderoso que sobreviviría a todos sus contendientes.

Jehová triunfó porque ejemplificó un mundo que evolucionaba rápidamente, el mundo de la competencia y de la ambición. El poder en bruto es violento, mientras que el poder conseguido a través de la ambición es sutil. A nivel de la supervivencia, conseguimos el alimento que necesitamos robándolo a los demás. Asimismo el sexo está relacionado con la rapiña o el robo de mujeres de otra tribu. Sin embargo, el Dios de la fase dos no tolera el pillaje; él se encuentra en un mundo jerárquico en el cual podemos apelar al rey o al juez para que decida de quién son las cosechas y cuál es la esposa legítima. La lucha por implantar leyes para dirimir las diferencias podría dividir la fase uno de la dos, aunque siempre existe la amenaza de la reversión. El poder nos hace adictos a coger lo que queramos y nos expone a la tentación de pisotear las necesidades de otras personas de acuerdo con la norma de que el poder da derechos. Para evitar esto tenemos a un nuevo Dios, un juez omnipotente, que amenaza incluso al rey más poderoso con un castigo justo si va demasiado lejos.

¿Quién soy?
Ego, personalidad.

Todos los padres están informados sobre la fase de la vida de un niño asociada al «terrible dos», cuando empieza a tener fuerza. El niño de dos años que se enrabieta, se pone mimoso, halaga para conseguir lo que quiere y manipula cualquier situación para verificar los límites de su ego. Lo primero que aprendemos de niños son las habilidades básicas de coordinación corporal, pero después el siguiente paso es descubrir hasta qué punto el yo, el mi y el mío nos afectan. Los buenos padres, de tan exasperados como están, no sofocan esta repentina fascinación por el poder, y sin saber dónde están los límites, el ego o bien puede quedar anulado como consecuencia de la sumisión o perdido en fantasías grandiosas.

Desde los primeros días, el ego descubre que hacer que las cosas vayan por sí mismas no es automático. Los padres dicen que no; además, tienen sus propias vidas, lo que significa que el niño no puede mantener en todo momento su atención. Estos descubrimientos son sorprendentes, pero una vez se adapta a ellos, el niño pequeño se prepara para las sorpresas que están por venir —por ejemplo, la aparición de otros niños que querrán robar el amor y la atención que habían sido suyos por derecho—. Este concurso de egos crea un drama de fase dos.

Si sabemos que somos competitivos y ambiciosos, se sobreentiende que en alguna medida hemos dado nuestra lealtad al Dios de esta fase. La sociedad premia la posesión de estas características hasta el punto de que pasa por alto sus orígenes. Imaginemos que estamos compitiendo con nuestro hermano mayor por conseguir la misma posición en un equipo de la Liga junior de baloncesto. Cuando llega el momento en que el entrenador debe tomar la decisión, nuestros sentimientos son los de un devoto delante del Dios Todopoderoso:

- Tendremos que respetar la decisión del entrenador. El Todopoderoso es *soberano*.
- Incluso si queremos resistirnos, los adultos tienen todo el poder. El Todopoderoso es *omnipotente*.
- Tenemos que creer que si jugamos lo mejor que sabemos la decisión del entrenador nos será favorable. El Todopoderoso es *justo*.
- Debemos tener esperanza en que el entrenador sepa cuánto deseamos jugar en el equipo. El Todopoderoso *escucha las plegarias*.

- Se supone que el entrenador sabe perfectamente lo que está haciendo y es capaz de juzgar quién es el mejor. El Todopoderoso es *imparcial y racional*.
- Tenemos que estudiar las reglas del baloncesto y respetarlas. No es cuestión de pegarnos con nuestro hermano por ganar una plaza en el equipo. El Todopoderoso *establece las normas y las leyes*.

Esta psicología no es una mera proyección; el mismo tipo de pensamiento se adapta a la manera de hacer de la sociedad. Por ello el ego forma un puente que va desde la familia, donde se satisfacen nuestras necesidades y caprichos, hasta la escuela, donde las normas predominan sobre nuestros caprichos y se tiene en cuenta a otros muchos niños.

El ego está siempre tentado a volver al paraíso de la infancia en el cual la comida y el amor llegaban automáticamente y sin competición. Esta fantasía aflora en adultos que creen que merecen todo lo que han ganado, sin que importen los medios. Cuando le preguntaron a John D. Rockefeller de dónde provenía su inmensa fortuna, dio aquella famosa respuesta de «Dios me la dio». En la fase dos es esencial sentir esta conexión porque, de otro modo estaríamos compitiendo con el Todopoderoso. En el Génesis, después que Dios ha creado al primer hombre y a la primera mujer en el sexto día, dice:

> Sed fecundos y multiplicaos, poblad la tierra y sometedla, gobernad sobre los peces del mar, sobre las aves del cielo y sobre toda cosa viva que se mueva sobre la tierra.

Cuando se entregó el poder, había varias notables características. La primera es que fue entregado tanto al hombre como a la mujer. Esta pareja original precede a Adán y a Eva, y sigue siendo un misterio por qué aquellos que escribieron el libro de Moisés convocaron la creación de seres humanos por segunda vez, en una versión más sexista. La segunda es que no hay insinuación de agresión o violencia. Dios da a los humanos plantas para comer sin ninguna indicación de que deban matar para comer. Finalmente, Dios miró su obra «y vio que era buena», lo que significa que no entendía que habría competencia entre él y la humanidad a la que iba a gobernar. En generaciones futuras, el mantenimiento de la paz dependería a menudo de envolver a un monarca con el aura del gobierno dada por Dios. (Macbeth debe sus peores problemas no al hecho de haber cometido asesinato, sino a que se hizo con la corona de forma ilegal, contra el divino derecho de los reyes.)

Para mí, la fantasía de tenerlo todo no es siempre cierta, porque no es el momento de que el dócil herede la tierra.

La fase dos está dominada por un Dios que justifica la fuerza y la competencia, sin pensar ni por un momento que es posible perder.

¿Cómo encajo en esto?
Gano.

El tema de la fase dos puede resumirse como «Ganar es propio de la divinidad». El Todopoderoso aprueba la realización. La ética de trabajo protestante selló esta aprobación en forma de un dogma, muy simple y sin complicaciones teológicas: aquellos que trabajan más tienen una recompensa mayor. Pero cabe preguntarse si esta creencia procede de la percepción espiritual, o bien se debe a que en nuestro mundo deben trabajar para ganarse la aprobación de Dios. Cualquier respuesta que demos tiene que ser circular, ya que la situación humana está siempre proyectada a Dios, sólo para volver como verdad espiritual.

En la fase uno, la caída ocasiona la maldición de tener que trabajar hasta que volvamos al polvo del que procedemos. En la fase dos parece contradictorio que el trabajo sea glorificado, aunque es exactamente del modo en que funciona el crecimiento interior. Se plantea un determinado problema que no puede ser resuelto en una fase anterior y que luego se soluciona encontrando una nueva forma de enfocarlo. En otras palabras, cada fase implica un cambio de perspectiva o incluso una nueva cosmovisión.

En la Biblia hay una clara evidencia que apoya la noción de que Dios aprueba el trabajo, la competencia y el éxito. Ninguno de los reyes de Israel fue castigado por ir a la guerra; Josué no hubiera podido hacer caer las murallas de Jericó haciendo sonar cuernos de cabra si Dios no le hubiera ayudado; un guerrero de Dios está al lado de David cuando lucha contra los filisteos en un combate absolutamente desigual. De hecho, la mayoría de victorias del Antiguo Testamento se consiguió gracias a milagros o a la bendición de Dios.

Por otra parte, Jesús se opone inflexiblemente a la guerra y, en general, al trabajo; no tiene consideración alguna por el dinero, e incluso promete, o por lo menos así lo entendieron los discípulos, que sólo tendremos que esperar la liberación, y ello significaba, entre otras cosas, la liberación del trabajo. En el sermón de la montaña dice que Dios es quien debe administrar todo lo que necesitamos para vivir. Una sola mirada demuestra este aspecto más allá de toda duda:

En lugar de atesorar riquezas en este mundo, donde la herrumbre y la polilla las destruyen y los ladrones pueden robarlas, atesoradlas en el cielo...

Ningún siervo puede servir a dos amos... No podéis servir a Dios y al dinero.

Mirad las flores del campo. No trabajan ni tejen vestidos, pero yo os digo que ni Salomón en toda su gloria iba vestido como ellas.

Estos discursos resultaban muy perturbadores en la época. En primer lugar quitaban poder a los ricos. A un hombre rico que estaba preocupado por la salud de su alma, Jesús le dijo explícitamente que si no daba su dinero tenía tantas posibilidades de entrar en el cielo como un camello de pasar por el ojo de una aguja; absolutamente ninguna.

Incluso si ignoramos la letra de cuanto aquí se dice —la sociedad ha encontrado incontables formas de servir a Dios y al dinero al mismo tiempo—, vemos que Jesús sostiene un punto de vista completamente distinto de todos cuantos le rodeaban. No equipara el poder con los logros materiales, el trabajo, la planificación, el ahorro o la acumulación. Si al ego le quitamos todas esas cosas se colapsa, porque todo ello es necesario para ser más próspero y ganar un salario y también para poder diferenciar. Éstos eran los objetivos que Jesús no quería evitar; por tanto, su rechazo del poder es perfectamente lógico, porque quería que los lobos humanos yacieran con las ovejas.

Sin embargo, esto plantea un gran conflicto para todos aquellos que seguimos las exigencias de nuestro ego, que queremos tener la sensación de que podemos ser buenos y al mismo tiempo ganar. En la fase dos es inevitable algún tipo de ética del trabajo, aunque siempre estaremos obsesionados por el miedo de que Dios realmente no apruebe aquello que la sociedad recompensa tan generosamente.

¿Cómo encontraré a Dios?
Temor y obediencia.

La fase dos está mucho menos paralizada por el temor a Dios que la fase uno, pero la emoción más cercana al respeto, el miedo, está presente. El Dios más primitivo podía fulminarnos con la descarga de un rayo y dejar que los supervivientes quedasen pensando qué es lo que habían hecho para ofenderle. Pero este nuevo Dios castiga por los mandamientos y, en términos generales, sus mandamientos tienen sentido. Todas las sociedades prohíben el asesinato, el robo, la mentira, y desear los bienes que pertenecen a otras personas, aunque el Todopoderoso no tiene que justificarse ya que, como decían los padres medievales de la Iglesia, Dios no tiene que justificar sus medios al hombre. Es posible que cambie su actitud, pero mientras que la deidad inspire respeto, el camino a ella es a través de la obediencia ciega.

Cada fase de Dios contiene cuestiones ocultas y dudas. En este caso la cuestión oculta es si Dios puede realmente hacer bien en sus amenazas. El Todopoderoso tiene que asegurarse de que nadie está tentado por descubrir qué significa que él tenga que exhibir su fuerza. El justo debe recibir una recompensa tangible y el pecador debe sentir su ira. El salmo 101 afirma que se ha hecho un pacto entre Dios y el creyente:

La gracia y la justicia cantar quiero;
a ti, Señor, cantaré un himno.

Marcharé por camino irreprochable:
¿cuándo vendrás a mí?
Caminaré con corazón sencillo en medio de mi casa.
Jamás pondré delante de mis ojos cosa injusta.
Al prevaricador yo lo aborrezco, nunca tendría que ver
[conmigo.

Aparte de este juramento de lealtad, el salmo da una relación de todo aquello que no será tolerado: pensamientos tortuosos, murmuraciones, el orgullo y la pompa y, en general, la iniquidad.

Recuerdo que, cuando tenía tres años, recibí una lección del poder de Dios. Mis padres habían contratado a una niñera, un aya, para que me cuidara, porque mi madre estaba muy ocupada con mi hermano pequeño. Mi aya era de Goa, una parte de la India profundamente cristiana, con una fuerte influencia europea, y su nombre era Mary da Silva. Cada día Mary me llevaba al parque en mi cochecito y al cabo de aproximadamente una hora me sacaba de él y me dejaba en el suelo. Entonces trazaba un círculo alrededor de mí con una tiza y me decía con voz solemne que si me aventuraba más allá del círculo, la diosa Kali me comería el corazón y luego escupiría la sangre. Naturalmente, con estas perspectivas nunca me atreví a acercarme siquiera a los límites del círculo.

Todos nosotros somos como vacas que no atraviesan una carretera que tenga tendida una valla para ganado por miedo a dejar las pezuñas en ella. Los rancheros engañan a los animales con un truco muy sencillo pintando la silueta de una valla para ganado en el suelo. Con sólo verla, las vacas no pasan. Las leyes de Dios podrían ser como un fantasma; por miedo a lastimarnos, nos apartamos de la desobediencia, aunque nunca hayamos experimentado el castigo divino en la vida real. Tomamos las desgracias ordinarias —enfermedades, reveses de fortuna y pérdida de seres queridos— como provenientes de Dios.

¿Cuál es la naturaleza del bien y del mal?
El bien es tener aquello que deseas.
El mal es cualquier obstáculo que impide
tener aquello que deseas.

La obediencia no es un fin en sí misma. El creyente espera una recompensa por obedecer las leyes de Dios. En la fase dos, esto toma la forma de tener aquello que deseas. Dios nos permite cumplir nuestros deseos y nos hace sentir justos en el trato. En su papel de Todopoderoso, la deidad empieza a responder a las plegarias. En este sistema de valores, los ricos pueden revestirse de virtud, mientras que los pobres son moralmente sospechosos y parecen avergonzados. (Para que nadie suponga que esto es una tradición bíblica o tiene que ver con la ética de trabajo protestante, diremos que en la China mercantil el éxito como medida de bondad ha sido corriente durante siglos. Solamente las sectas budistas que más se niegan a sí mismas han escapado a la ecuación del bienestar material y el favor de Dios.)

Medir el bien y el mal de acuerdo con recompensas parece simple pero tiene su trampa. Como todo niño descubre con gran consternación cuando empieza en preescolar, los otros quieren lo mismo que nosotros y algunas veces no hay suficiente para todos. Las reglas sociales prohíben robar, pegar y escapar y, por tanto, el ego tiene que imaginar cómo agrandar el yo y al mismo tiempo seguir siendo bueno. La pura honestidad y la cooperación emergen raramente como solución.

Como resultado de esto nace la manipulación, cuyo objetivo es obtener lo que deseas pero sin quedar mal en el proceso. Si yo deseo tu juguete y me deshago en halagos para que me lo des, entonces nadie, ni mi conciencia, podrá acusarme de robar. Este cálculo es muy importante cuando nos sentimos culpables, y más si tememos que Dios nos esté vigilando y apuntándolo todo. Por extraño que pueda parecer los manipuladores están motivados por la conciencia. Su capacidad de decir la verdad partiendo de una base no completamente incorrecta marca la diferencia entre lo que separa a un manipulador de un criminal o de un matón.

¿Son éstos simplemente el tipo de atajos que todos estamos tentados a utilizar para hacer lo que queramos? Leyendo el Antiguo Testamento advertimos que el mismo Dios es un manipulador. Después de destruir el mundo con una inundación hace un pacto con Noé que le impide volver a utilizar la fuerza totalitaria. Posteriormente es más sutil, elogia a los que se atienen a la ley, deja de mostrarse iracundo y envía una inacabable lista de profetas para atacar el pecado con sus predicaciones a fin de hacer estremecer a los culpables. Nosotros utilizamos las mismas tácticas en la sociedad, nos convencemos de que lo mejor es lo que la mayoría cree que es bueno, mientras disfrazamos los males que se hacen al bando de los equivocados (pacifistas, radicales, comunistas, etc.) que se niegan a entrar en razón.

¿Cuál es mi reto en la vida?
Máxima realización.

La fase dos no es sólo cuestión de poder puro, sino que aporta un sentido de optimismo a la vida. El mundo existe para ser explorado y conquistado. Si observamos cómo el yo, el mi y el mío toman posesión en un niño de dos años, el sentido de goce es inevitable. El ego nos da fuerza, aunque sus lecciones son a menudo dolorosas.

La doctrina budista de la muerte del ego como vía de iluminación es algo que la mayoría de las personas no puede aceptar. La muerte del ego está basada en un buen argumento, que funciona del modo siguiente: cuanto más centremos nuestras vidas en el yo, el mi y el mío, más inseguros nos volveremos. El ego desea adquirir cada vez más y tiene un apetito insaciable por el placer, el poder, el sexo y el dinero. Pero tener cada vez más no hace feliz a nadie, sino que conduce al aislamiento, porque estamos obteniendo nuestra parte a costa de otra persona. Nos hace temer el perder algo o, lo que es peor, nos identifica con el aspecto exterior y todo ello sólo puede tener como desenlace dejarnos vacíos por dentro. A nivel más profundo, el placer nunca puede ser el camino hacia Dios porque quedamos atrapados en el ciclo de la dualidad (buscar placer y evitar el dolor), mientras que Dios está por encima de todo lo opuesto.

Por muy convincentes que puedan sonar los argumentos de la muerte del ego, pocas personas sacrificarían de buen grado las necesidades del yo, el mi y el mío. En la fase dos esto es especialmente cierto porque Dios da su bendición a aquellos que consiguen algo.

Una vez fui consultado por un ejecutivo retirado que estaba seguro de que tenía un problema hormonal. Yo le pregunté por los síntomas.

—¿Por dónde quiere que empiece? —se quejó—. He perdido toda mi energía. La mitad de los días no quiero levantarme de la cama por la mañana. Permanezco sentado en un sillón durante horas. Me siento muy triste y me pregunto si la vida tiene sentido.

Aparentemente se trataba de un caso de depresión, causada probablemente por la reciente jubilación. Médicamente está muy bien documentado que un retiro repentino puede ser peligroso. Hombres sin historial alguno de ataques de corazón o de cáncer pueden morir inesperadamente de estas enfermedades; un estudio descubrió que la esperanza media de vida de los ejecutivos retirados era de promedio de sólo treinta y tres meses.

Le hice las pruebas necesarias, pero tal como había sospechado no tenía ningún desarreglo en el sistema endocrino. La siguiente vez que le visité, le dije:

—¿Querría hacer una cosa muy sencilla? Cierre los ojos y siéntese en silencio durante diez minutos. No mire el reloj, yo le esperaré.

Aunque un poco receloso, hizo lo que le pedí. Transcurrieron los diez minutos, aunque los últimos cinco fueron difíciles a juzgar por sus movimientos nerviosos. Al abrir los ojos, exclamó:

—¿Por qué me ha hecho esto? ¡Qué inútil puede ser todo!

—Parecía cada vez más nervioso —le hice notar.

—Estaba a punto de saltar de la silla —dijo.

—O sea que su problema no es la falta de energía. —Mi observación le cogió desprevenido y se quedó perplejo—. No creo que padezca ninguna alteración hormonal, ni de metabolismo. Tampoco creo que sufra una depresión —dije—. Usted se ha pasado años organizando su vida: llevando un negocio, dirigiendo un gran equipo de trabajo y todas estas cosas.

—Es verdad, y lo echo de menos más de lo que se puede imaginar —murmuró.

—Entiendo. Y ahora que ya no tiene proyección exterior, no sabe qué hacer. Usted casi no ha prestado atención a su vida interior. El problema no es de falta de energía sino de caos. Su mente estaba entrenada para disponerlo todo alrededor de usted sin prestar atención a la organización de su vida interior.

Aquel hombre había dedicado su vida a los valores de la fase dos y el reto con el que ahora se enfrentaba era el de expandirse, no hacia afuera, sino hacia adentro. En la fase dos el ego está tan volcado en los logros que ignora la amenaza del vacío. El poder *per se* no tiene significado y el reto de obtener más y más poder, juntamente con sus símbolos que son el dinero y el estatus, deja un gran vacío de significado. Por ello en esta fase Dios nos pide la lealtad absoluta, para evitar que los leales miren muy a fondo dentro de sí. Debe quedar claro que esto no es una petición hecha por el Todopoderoso, sino que es otra proyección. El ejecutivo retirado de mi anécdota tenía que decidir si empezaba a cultivar su vida interior o ponía en marcha algún negocio que le diera una nueva proyección externa. Lo más fácil para él era la segunda opción; lo más difícil era arreglar el desorden de su vida interior. Ésta es la elección que nos lleva a todos de la fase dos a la fase tres.

¿Cuál es mi mayor fuerza?
Los logros.

¿Cuál es mi mayor obstáculo?
La culpa, la victimización.

Cualquier persona que encuentre satisfacción en ser un trabajador hábil y con éxito hallará en la fase dos un lugar muy tentador para descansar del viaje espiritual. A menudo los que pasan a un nivel superior es porque han tenido algún gran fracaso en sus vidas, lo cual no quiere decir que el fracaso valga la pena espiritualmente, sino que tiene sus propios peligros, principalmente que nos veremos a nosotros mismos como víctimas, algo que impide el progreso espiritual. Pero el fracaso plantea cuestiones sobre algunas creencias básicas de la fase dos. Si trabajamos mucho, ¿cómo es que Dios no nos recompensa? ¿Le falta poder para concedernos la fortuna que nos merecemos o es que nos ha olvidado completamente? Mientras surjan estas dudas, el Dios de la fase dos será la deidad perfecta para un mercado competitivo de economía de mercado. Alguien se ha referido cínicamente a él como el Dios de ganar y gastar, sin embargo, tenemos aún el problema de la culpa.

Un amigo me dijo: «Provengo de una pequeña ciudad del Medio Oeste y fui el único estudiante de mi instituto que pudo entrar en la Ivy League*, lo que para mí ha sido el premio más valorado.

»Hace un mes, salía del trabajo en el bufete de abogados para ir a un nuevo restaurante. Era tarde y un mendigo sin hogar había escogido un rincón de la entrada del edificio para pasar la noche. Como estaba bloqueando la puerta

* La Ivy League es un grupo de ocho universidades privadas de Nueva Inglaterra, de gran prestigio. (*N. del T.*)

tuve que pasar por encima de su cuerpo para llegar al taxi. Yo ya había visto mendigos, pero era la primera vez que pasaba literalmente por encima de uno.

»Durante todo el trayecto por la ciudad no pude apartar de mí aquella imagen y entonces recordé el primer mes que estuve en la Universidad, veinte años atrás. Paseaba por un barrio de Boston conocido como la Zona de Combate —que era donde se hallaba la mayoría de bares y librerías— y me sentía asustado e intrigado al mismo tiempo. Cuando ya me iba a ir, una persona que caminaba delante de mí sufrió un ataque epiléptico y cayó al suelo. Algunos corrieron a llamar a una ambulancia pero yo seguí andando. Veinte años después, sentado en ese taxi, volví a sentir los antiguos remordimientos. El mendigo de la puerta de mi edificio no era la primera persona por la que pasaba por encima.»

A pesar de las recompensas externas, la fase dos está asociada con el nacimiento de la culpa. Es una forma de sentencia que no precisa de una autoridad visible excepto al principio, porque alguien tiene que establecer las normas y definir lo que está bien y lo que está mal. Después, el respeto de la ley hará que ésta se cumpla. Si trasladamos este proceso a la familia, los orígenes de la culpa pueden encontrarse de la misma forma. Un niño de dos años que intente robar una galleta recibirá una regañina de su madre, que le dirá que lo que hace está mal. En ese momento, tomar una galleta no es robar, el niño sólo hace lo que su ego le dicta.

Si el niño repite de nuevo el mismo acto ya se convierte en robo, porque rompe un mandato, cosa que en la mayoría de las familias es objeto de un castigo. En este momento es cuando el niño está atrapado entre dos fuerzas, el placer de hacer lo que quiere y el dolor de ser castigado. Para poder desarrollar su conciencia, estas dos fuerzas tienen que estar más o menos igualadas, pues así el niño puede establecer sus propios límites. Tomará una galleta cuando «esté bien hacerlo» (se lo haya permitido su madre) y no la cogerá cuando «no esté bien» (le produce culpabilidad por medio de un cargo de conciencia).

Freud llamaba a esto el desarrollo del superego, nuestro regidor interno. *Super* significa por encima, lo que quiere decir que el superego contempla al ego desde arriba, con la amenaza del castigo siempre a punto, cosa que hace extremadamente difícil aprender a modificar la aspereza del superego. Del mismo modo que algunos creyentes nunca considerarán que Dios puede relajar las normas de vez en cuando, los neuróticos no saben contemplar la realidad con perspectiva. Se sienten tremendamente culpables por pequeñas infracciones, desarrollan rígidos límites emocionales y les es difícil perdonar a los demás. Poseen una escasa autoestima. La fase dos aporta el bienestar de las leyes claramente establecidas, pero nos atrapa porque dotamos a las normas y los límites de demasiado valor en detrimento del crecimiento interior.

¿Cuál es mi mayor tentación?
La adicción.

No es una coincidencia que una sociedad tan próspera y privilegiada sea tan propensa a las adicciones más desenfrenadas.[1] La fase dos está basada en el placer y cuando el placer se hace obsesivo, el resultado es la adicción. Si una fuente de placer nos llena realmente se cumple un círculo natural que empieza con el deseo y termina en la saciedad. La adicción nunca cierra este círculo.

La fase dos también se basa en el poder, y éste es notablemente egoísta. La excusa de un padre amoroso al que le es imposible dejar que su hijo obre libremente podría ser: «Te quiero demasiado, y no quiero que crezcas.» Aunque el motivo no expresado tiene su origen en el padre mismo: anhelo el placer que me produce el hecho de que sigas siendo un niño. El Dios de la fase dos es celoso de su poder sobre nosotros porque, como es adicto al control, ello le produce placer. Y al igual que ocurre con cualquier adicción humana, la implicación es que Dios no está satisfecho, aun a pesar del control que pueda ejercer.

Los psiquiatras ven cada día a personas que se quejan del desorden emocional de sus vidas y que, sin embargo, son adictas al drama. No pueden sobrevivir fuera de la danza odio-amor, crean tensiones, fomentan la desconfianza y nunca se las arreglan del todo bien solos. Otras adicciones se basan también en el comportamiento, como la necesidad de que algo vaya mal en nuestras vidas (o de crearlo si no existe), la obsesión por las cosas que no funcionan bien, que es la adicción del «y si no» y, finalmente, la compulsión de ser perfecto a toda costa.

La última de las adicciones toma una forma secular en personas que anhelan la familia perfecta, el hogar perfecto y la profesión perfecta. Incluso no ven la ironía de que esta perfección está muerta y que sólo puede ser comprada al precio de matar nuestra innata espontaneidad que, por su naturaleza, nunca puede ser controlada. Sin embargo, existe un estado espiritual correspondiente que tiende a complacer a Dios a través de una vida sin tacha. En el salmo 101 el creyente hace promesas que nadie podría cumplir:

> *Lejos de mí estarán perversos pensamientos:*
> *yo no quiero saber de lo que es malo.*

Este absolutismo ya es de por sí una adicción. Es aquí, en la fase dos, donde nace el fanatismo.

El fanático queda atrapado en una autocontradicción. Mientras que un creyente ortodoxo puede sentirse satisfecho si obedece la ley hasta el último detalle, el fanático debe purificar sus mismos pensamientos. El control total sobre la mente es inalcanzable, pero esto no le priva de imponer una estricta vigilancia a los «pensamientos perversos». Los fanáticos están también obsesionados por la pureza de otras personas, y mantienen una interminable búsqueda policial de la imperfección humana.

Éste es el destino que les espera a aquellos que se quedan encallados en la fase dos: pierden la perspectiva de la meta real de la vida espiritual para liberar a los humanos y permitirles vivir en la inocencia y el amor. Esta pérdida no puede ser reemplazada hasta que el devoto deja de sentirse tan preocupado por la ley. Para conseguirlo debe encontrar una vida interior, pero nunca lo conseguirá mientras sus deseos sean hacer de policía. La vigilancia acaba por matar la espontaneidad. Cuando una persona empieza a ver que la vida es algo más que ser perfectos, los malos deseos anteriores despiertan de nuevo en sus mentes, sólo que esta vez son vistos como naturales, no como perversos, y se abre el camino hacia la fase tres. Llega como una fuente de asombro cuando, haciendo una introspección, se rompe la idea de yo, mi, mío y termina con sus anhelos.

FASE TRES:
EL DIOS DE PAZ
(Respuesta de la conciencia en reposo)

Nadie puede decir que el Dios de las fases uno y dos esté muy interesado por la paz. Ya sea desencadenando inundaciones o incitando a la guerra, al Dios que hemos visto hasta ahora le gusta la lucha. Pero lazos tan poderosos como el miedo y el respeto empiezan a desgastarse. «Creemos que hemos sido creados para servir a Dios —me hizo notar en una ocasión un gurú indio—, pero en realidad Dios ha sido creado para servirnos.» La sospecha de que esto puede ser verdad nos conduce a la fase tres, pues hasta ahora el balance ha sido a favor de Dios, puesto que obedecerle ha tenido más importancia que nuestras propias necesidades.

La balanza empieza a desequilibrarse cuando nos damos cuenta de que podemos satisfacer nuestras propias necesidades y no hace falta que ningún Dios de «allá arriba» nos traiga paz y prudencia, porque el córtex cerebral ya tiene un mecanismo para ambas cosas. Cuando una persona ya no se centra en actividades exteriores, cierra los ojos y se relaja, se altera automáticamente la actividad cerebral. El dominio de los ritmos de las ondas alfa nos señala un estado de descanso que está consciente al mismo tiempo. El cerebro no piensa pero al mismo tiempo tampoco duerme. En lugar de ello hay un nuevo estado de alerta que no necesita de pensamientos para llenar el silencio. Al mismo tiempo, el cuerpo experimenta los correspondientes cambios: desciende la presión sanguínea y el ritmo cardíaco y hay un menor consumo de oxígeno.

Estos cambios no parecen demasiado impresionantes vistos en términos técnicos, pero el efecto subjetivo puede ser espectacular: la paz sustituye la caótica actividad de la mente y cesa el desorden interior. El salmo declara: «Ponte en comunicación con tu propio corazón en la cama y queda en silencio.» Y aún más explícitamente: «Permanece en silencio y sabrás que yo soy Dios.» Éste es el Dios de la fase tres, que puede describirse como:

Desapegado
Calmado
Ofrece consolación
Poco exigente
Conciliador
Silencioso
Meditativo

Apenas parece posible que esta deidad no violenta surja de la fase dos, pero es que no es éste su origen. La fase tres supera al Dios testarudo y exigente que se impuso, del mismo modo que el nuevo cerebro supera al viejo. Sólo al descubrir que la paz está dentro, el devoto encuentra un sitio que la venganza y el justo castigo de Dios no pueden tocar. En esencia, la mente hace una introspección para percibirse a sí misma. En todas las tradiciones, esto forma la base de la contemplación y la meditación.

La primera investigación seria de la conciencia en reposo se hizo con el estudio de la meditación por mantra (específicamente la meditación trascendental) en los años sesenta y setenta. Hasta entonces Occidente no le había prestado demasiada atención científica a la meditación. No se le había ocurrido a nadie que si la meditación era auténtica debían acompañarla algunas alteraciones del sistema nervioso. Sin embargo, experimentos anteriores hechos en la Fundación Menninger habían permitido constatar que algunos yoguis son capaces de reducir su ritmo cardíaco y permanecer casi sin respirar. Fisiológicamente, deberían estar a las puertas de la muerte, pero en lugar de ello informaron sentir una intensa paz interior, un éxtasis y una unidad con Dios. El fenómeno ya no era una simple curiosidad oriental.

En diciembre de 1577, un monje español de Ávila fue secuestrado a medianoche. Fue llevado a Toledo y arrojado a una prisión eclesial. Sus captores no eran bandidos sino su propia orden carmelita, contra la que él había cometido la grave ofensa de tomar el bando equivocado en una feroz discusión teológica. El monje, que era consejero en un convento de monjas carmelitas, les había dado permiso para elegir a su propia líder en lugar de dejar la elección al obispo.

Desde nuestra perspectiva moderna, esta discusión carece totalmente de sentido, pero los superiores del monje estaban seriamente disgustados. El monje sufrió una tortura horrenda. Su calabozo, que carecía de iluminación, «era en realidad un pequeño armario que no le permitía ni estar de pie. Cada día era llevado a la rectoría, donde se le daba pan, agua y sobras de sardinas en el suelo. Luego era objeto de la disciplina circular: le arrodillaban en el suelo, y los monjes andaban alrededor de él azotándole la espalda desnuda con látigos de cuero. Primero esto se hacía diariamente y luego sólo los viernes, pero fue torturado con tanto celo que quedó tullido el resto de su vida».

Al monje torturado lo conocemos como un santo, se trata de san Juan de la Cruz, cuya poesía mística más inspirada fue escrita exactamente en aquella época. Mientras estaba prisionero en su oscuro armario, a san Juan le traía tan sin cuidado la rigurosa experiencia por la que atravesaba que lo único que imploraba era una pluma y papel para así describir sus experiencias interiores extáticas, sintiendo una especial alegría al estar en comunión con Dios en un lugar que el mundo no podía tocar:

> En una noche oscura,
> con ansias en amores inflamada,
> ¡oh, dichosa ventura!
> salí sin ser notada,
> estando esa mi casa sosegada.

Estas primeras líneas de «Noche oscura» describen cómo el alma salía del cuerpo, lo que transportaba al poeta desde el dolor al gozo. Pero para que esto suceda, el cerebro tiene que encontrar una forma de separar la percepción interior de la exterior. En medicina tenemos ejemplos de pacientes que parecen notablemente inmunes al dolor. En casos de psicosis avanzadas, una persona en estado catatónico está rígido y no responde a la estimulación. No hay señal de reacción al dolor, como los pacientes cuyos nervios están muertos. Se sabe que algunos esquizofrénicos crónicos se han cortado con cuchillos o se han quemado los brazos con cigarrillos encendidos sin dar muestras de dolor.

Sin embargo, no podemos poner en el mismo grupo a un gran poeta y santo y a los enfermos mentales. En el caso de san Juan de la Cruz, había una necesidad urgente de separarse de sus torturadores. Tenía que encontrar una ruta de escape, y esto fue quizá el detonador psicológico de su éxtasis. En su poesía se abandona a su amor secreto, Cristo, que le acaricia y le da consuelo:

> *... y todos mis sentidos suspendía.*
>
> *Quédeme y olvídeme,*
> *el rostro recliné sobre el Amado,*
> *cesó todo, y dejéme,*
> *dejando mi cuidado*
> *entre las azucenas olvidado.*

San Juan describe con palabras escogidas con gran precisión la transición desde el nivel material en el que están atrapados nuestros cuerpos hasta el nivel cuántico, que no tiene nada que ver con el dolor físico y el sufrimiento. Aun por debajo de la belleza espiritual de la experiencia, su base es la respuesta de la conciencia en reposo.

Para ponernos en una situación comparable, imaginemos que somos corredores de maratón, una carrera que pone a prueba los límites de sufrimiento y dolor del cuerpo; en un punto determinado, los corredores de larga distancia entran en «la zona», un lugar que trasciende el sufrimiento físico.

- El corredor ya no siente dolor como parte de su experiencia. El Dios de paz es *desapegado*.

- El corredor de fondo ya no lucha o se esfuerza. El Dios de paz es *calmado*.
- En «la zona» nos sentimos inmunes al dolor. El Dios de paz *ofrece consolación*.
- Ganar o perder ya no es la fuerza motivadora. El Dios de paz es *poco exigente*.
- No hace falta luchar; nos abandonaremos en «la zona». El Dios de paz es *conciliador*.
- La mente del corredor permanece en silencio. El Dios de paz es *silencioso*.
- En «la zona», el corredor se expande más allá de los límites del cuerpo, tocando el todo y el uno de todas las cosas. El Dios de paz es *meditativo*.

He oído que hay jugadores profesionales de fútbol que declaran que, en determinado momento del partido, se abandonan al juego y se sienten como si se movieran con pasos de danza. En lugar de utilizar toda su voluntad para cortar un pase a un contrario, se ven a sí mismos corriendo hacia adelante y cruzándose con el balón como por casualidad. El Dios de paz no se encuentra buceando en el interior, porque es él mismo el que emerge de dentro cuando llega la hora.

¿Quién soy?
Un testigo silencioso.

El Dios de la fase tres es un Dios de paz porque nos muestra el camino de la lucha. No hay paz en el mundo exterior que no sea gobernada por la lucha. Los que intentan controlar su entorno, y estoy pensando en perfeccionistas y personas atrapadas en un comportamiento obsesivo, han rehusado la invitación a encontrar una solución interior.

«Fui criado sin ningún tipo de sentimiento religioso —me explicó un hombre—. Tuve una niñez sin problemas y así continuó durante años. Me planteé algunas metas inmensas para conseguirlas por mi propio esfuerzo: una profesión importante, una esposa, hijos, la jubilación a los cincuenta años, en fin, todo.»

Este hombre había gozado de una buena situación económica y para él un empleo no era importante si no era director ejecutivo. Consiguió esta meta: cuando tenía unos treinta años ya dirigía una empresa suministradora de equipos en Chicago. Todo iba sobre ruedas hasta el desgraciado partido de frontenis.

«No me estaba esforzando excesivamente ni jugando más fuerte que de costumbre, pero seguramente hice algo, porque sentí un fuerte chasquido y caí al suelo. Me di cuenta inmediatamente de que me había roto el tendón de Aquiles, pero lo que sucedía era muy extraño.» En lugar de sentir un vivísimo dolor, se sintió extremadamente calmado y desapegado. «Aquello le podía haber sucedido a cualquiera. Yo seguía en el suelo mientras llamaron a una ambulancia, pero mi mente estaba flotando más allá, en alguna parte.»

La sensación que tuvo en aquel momento fue de una calma dulce, incluso arrobada. Este hombre, le llamaremos Tomás, nunca había experimentado algo parecido, y ese estado persistió incluso cuando el tobillo empezó a hincharse y a dolerle. Mientras Tomás estuvo hospitalizado se dio cuenta de que esta paz nueva que experimentaba iba gradualmente disminuyendo. Se sorprendió a sí mismo preguntándose si había tenido alguna experiencia espiritual, pero después de un intenso estudio de las Escrituras Tomás no era capaz de señalar con el dedo un pasaje concreto que pudiera corresponder con lo que le había sucedido.

Es bastante común que las personas irrumpan en la fase tres de esta forma tan abrupta. En lugar de una mente activa y llena de emociones, encuentran un testigo silencioso. Las interpretaciones difieren en gran manera y algunas personas van inmediatamente a la religión, e igualan esta paz con Dios, Cristo o Buda; otros lo atribuyen simplemente al desapego. Una persona me explicaba: «Yo estaba siempre dentro de la película, pero ahora estoy entre los espectadores mirándola.»

Desde el punto de vista médico, sabemos que el cerebro puede escoger la cancelación de la conciencia del dolor. Hasta el descubrimiento de las endorfinas, la versión de la morfina del propio cerebro, no había explicación biológica para la autoanestesia. Sin embargo, las endorfinas no son suficientes para explicar las experiencias extáticas de san Juan o la calma interior del hombre que se rompió el tendón de Aquiles. Si examinamos los mecanismos de que dispone el cuerpo para atenuar el dolor queda claro que el cerebro no se da a sí mismo una simple inyección de opiáceos cuando hay dolor. Hay muchas situaciones en las que el dolor no puede ser superado ni total ni parcialmente y algunas veces hay que engañar al cerebro para que reaccione. Si tomamos el ejemplo de personas que sufren un dolor intratable, hay un cierto número de ellas que obtienen alivio si les inyectan una solución salina diciéndoles que es un poderoso narcótico. Todo el tratamiento es puramente psicológico, sólo es cuestión de cambiar la interpretación que le dé cada persona. Recordemos también las famosas «operaciones espectáculo» en el régimen maoísta, en las que los pacientes estaban despiertos y alegres durante las apendicectomías, charlando y bebiendo té, sin otra anestesia que la acupuntura. Sin embargo, aunque se intentó reproducir el hecho fuera de China, los resultados no fueron nada fiables, porque la diferencia en la percepción era muy diferente entre las creencias de Oriente y el escepticismo de Occidente.

Entre el dolor y el cerebro interviene algo que decide la proporción de dolor que se va a sufrir, pero lo sorprendente es que este centro de decisiones puede controlar la respuesta de nuestro cuerpo. El interruptor del dolor se activa mentalmente, y es tan normal no sentir ningún dolor como sentir mucho. Para alguien que ha entrado en la fase tres, este centro de decisiones no es un misterio, sino que es la presencia de Dios que nos aporta paz, y el alivio del dolor es más que físico, porque incluye el dolor del alma atrapada en el desorden. Si hacemos una introspección, el devoto ha encontrado la forma de eliminar este dolor.

¿Cómo encajo en esto?
Permanezco centrado en mí mismo.

Un Dios peligroso sólo era adecuado para un mundo peligroso. El Dios de la paz ya no es peligroso porque ha creado un mundo de soledad interior y de reflexión. Cuando hacemos una introspección, ¿en qué nos reflejamos? El mundo interior parece un paisaje que conocemos muy bien: está lleno de pensamientos y de memorias, ambiciones y deseos. Si nos concentramos en estos hechos que pasan como un rayo en el fluir de la conciencia, el mundo interior no es un misterio. Puede ser complejo porque nuestros pensamientos son variados y provienen de muchos lugares, pero una mente llena de pensamientos no es un enigma.

Alguien que ha llegado a la fase tres se refleja en algo muy distinto que un terapeuta llamaría el núcleo o el centro de una persona. En el centro de la mente no hay acontecimientos, sino que somos simplemente nosotros mismos esperando que ocurran los pensamientos. Toda la cuestión de «permanecer centrado» es que no nos saquen del equilibrio para seguir siendo nosotros mismos en medio del caos exterior. (Recordemos al jugador de fútbol americano que está tan concentrado que el juego se desarrolla por sí mismo y él se dirige a bloquear un balón como si estuviera programado.)

En muchos aspectos, encontrar nuestro centro es el gran don de la fase tres, y el Dios de paz existe para asegurar a sus adoradores que hay un lugar en el que refugiarnos del miedo y de la confusión. «Así que me acuesto en paz y duermo —dice el salmo 4— pues tú sólo, Señor, en tu seguridad me das firmeza.» La ausencia de paz en el mundo nunca se aparta de las mentes de aquellos que escribieron las Escrituras. Parte de la lucha se halla implicada en nuestro modo de vida, pero en gran medida es lucha política. Los ángeles que saludaron a los pastores con el anuncio del nacimiento de Cristo mencionaban la promesa de paz en el mundo y buena voluntad para los hombres, con lo que daban a entender que la función del Mesías sería terminar para siempre con la turbulenta historia del pueblo escogido.

El problema no se solucionaba con un Dios guerrero, ni promulgando incontables leyes, y el Dios de paz no puede en modo alguno imponer el fin a las disensiones y las luchas. O bien debe cambiar la naturaleza humana o debe desvelarnos un nuevo aspecto que trascienda la violencia. El nuevo aspecto de la fase tres consiste en estar centrado, porque si encontramos paz en nuestro interior el aspecto de la violencia queda resuelto, al menos para nosotros. Tengo un amigo muy influenciado por el budismo que va incluso más lejos y dice que si podemos encontrar un punto absolutamente inmóvil en nuestro centro entonces estamos en el centro de todo el universo.

«A veces, mientras conducimos por una autopista, tenemos la sensación de que no nos movemos. El punto de vista se invierte y permanecemos inmóviles, mientras que la carretera y el paisaje son los que se mueven. Lo mismo sucede cuando hacemos jogging; todo parece moverse, discurriendo alrededor de nosotros mientras nosotros permanecemos inmóviles.» Son muchas las personas que podrían vivir fácilmente esta experiencia que es de la mayor importancia. «Este punto inmóvil que jamás se mueve es el testigo silencioso o, por lo menos, está todo lo cerca de lo que la mayoría de nosotros puede alcanzar. Una vez que lo encontramos, nos damos cuenta de que no tenemos que perdernos en la inacabable actividad que se desarrolla a nuestro alrededor, sino que vernos a nosotros mismos en el centro de todo es perfectamente legítimo.»

En Oriente se ha trabajado mucho con este argumento. El budismo, por ejemplo, no cree que la personalidad sea real. Todas las etiquetas que podamos colgarnos a nosotros mismos son sólo una multitud de pájaros distintos que están posados en la misma rama. El que yo tenga algo más de cincuenta años, sea hindú, médico de profesión, casado y con dos hijos no describe el yo real. Estas características han escogido posarse juntas y formar la ilusión de una identidad. ¿Cómo llegaron a encontrar la misma rama? El budismo diría que yo las elegí por medio de la atracción y la repulsión. En esta vida, yo preferí ser varón antes que mujer, oriental antes que occidental, casado antes que soltero y así sucesivamente. Escoger esto en lugar de aquello es totalmente arbitrario. Para cada una de las opciones, su opuesto sería perfectamente válido. Sin embargo, debido a las tendencias de mi pasado (en India diríamos mis vidas anteriores, pero no es necesario) he hecho mi elección personal y yo estoy tan unido a estas preferencias que llego a pensar que forman mi yo. Mi ego mira la casa, el coche, la familia, la profesión y las posesiones y dice: «Yo soy estas cosas.»

Pero en el budismo nada de esto es verdad. En cualquier momento, los pájaros posados en la rama pueden volar, y de hecho esto sucederá cuando yo muera. Si mi alma sobrevive (Buda no se hizo responsable de lo que pudiera pasar después de la muerte), mis opciones se disolverán en el viento una vez que abandone este cuerpo. Por lo tanto,

¿quién soy yo si no soy estos millones de opciones que se aferran a mí como si fueran un abrigo pegajoso? No soy nada excepto el silencioso punto de conciencia que se halla en mi centro, lo único que permanecerá aunque eliminemos todas las experiencias que yo haya podido tener. Por lo tanto, vernos como un punto sin movimiento cuando conducimos por la autopista se convierte en una valiosa experiencia, porque estamos más cerca de descubrir quiénes somos realmente.

¿Cómo encontraré a Dios?
Meditación, contemplación silenciosa.

La fase tres sirve para centrarnos en nosotros mismos. El Antiguo Testamento afirma claramente que el camino hacia la paz pasa por la confianza en Dios como poder exterior, siendo como es siempre él el foco de atención. Los versos que tratan de este tema dicen: «Tendrán gran paz aquellos que aman sus leyes» y «Mantendrás en perfecta paz a aquel cuya mente está fija en ti, porque él pone su confianza en ti.» Abandonar la confianza en Dios para mirarnos a nosotros mismos podría ser muy peligroso, e incluso podría ser una herejía. Después de la caída, el pecado separó al hombre y a Dios. La deidad está «allá arriba» en su cielo, mientras que nosotros estamos «aquí abajo», en la tierra, lugar de lágrimas y lucha. Así, me permito rogar a Dios, le pido que me ayude y me consuele, pero él decide si debe o no responder mis ruegos. Yo no puedo mantenerme conectado a él permanentemente porque mi imperfección y las leyes de Dios lo prohíben.

Sin embargo, hay indicios de que podemos arriesgarnos a hacer un enfoque diferente. En la Biblia encontramos versos como «Buscad el reino del cielo en vuestro interior».

El significado de ir a nuestro interior, principalmente en la meditación y en contemplación silenciosa no está muy alejado de la plegaria. Si es verdad que «poseerás tu alma en silencio», entonces ¿cómo va Dios a preocuparse de la forma en que lo encuentre?

Los argumentos religiosos se vuelven secundarios una vez que nos damos cuenta de que detrás de la conciencia en reposo hay una respuesta biológica.

Los orígenes orientales son innegables. La tradición hindú, interiorizando, empieza una búsqueda espiritual que terminará eventualmente en la iluminación. El doctor Herbert Benson de Harvard, que desempeñó un papel importante en la popularización de la meditación sin religión, basó su «respuesta de relajación» en los principios de la meditación trascendental, sin sus implicaciones espirituales. Eliminó el mantra sustituyéndolo por una palabra neutra (él sugería la palabra *uno*) que debía repetirse mentalmente mientras se iba inspirando y espirando lentamente. Otros, entre los que me cuento yo mismo, no hemos estado de acuerdo con este enfoque y hemos basado el nuestro en el valor central del mantra como el significado de desplegar los niveles espirituales más profundos dentro de la mente. Para nosotros la palabra recitada tiene que estar conectada con Dios.

Las propiedades espirituales de los mantras tienen dos bases. Algunos hindúes ortodoxos dirían que cada mantra es una versión del nombre de Dios, mientras que otros pretenden que la vibración es la clave del mantra, cosa que queda muy cerca de la física cuántica. La palabra *vibración* significa la frecuencia de la actividad cerebral en el córtex. El mantra forma un bucle de retroalimentación mientras el cerebro produce el sonido, lo escucha y luego responde con un nivel de atención más profundo. El misticismo no tiene nada que ver con todo esto. Cualquier persona puede utilizar cualquiera de sus cinco sentidos para entrar en un bucle de retroalimentación. En los antiguos *Shiva Sutras* se describen más de cien maneras de trascender, entre las cuales encontramos mirar al azul del cielo y luego mirar incluso más allá, o mirar la belleza de una mujer y tratar de encontrar qué hay detrás de esa belleza. La finalidad de todo esto es ir más allá de los sentidos para encontrar su origen. (La idea que tenemos de los budistas mirándose fijamente al ombligo es una distorsión de la práctica de concentrar la mente en un único punto y se imagina que el ombligo es este punto. En algunas tradiciones sirve también como foco de energía que se supone que tiene un significado espiritual.)

En todos los casos, el origen es el mejor estado de actividad cerebral. La teoría es que la actividad mental contiene sus propios mecanismos para hacerse más y más refinada hasta que se percibe el completo silencio.

Se considera que el silencio es importante porque es el origen de la mente; del mismo modo, el mantra va creciendo de modo imperceptible, puede desvanecerse por completo y, en este punto, nuestra conciencia cruza los límites cuánticos. Por primera vez en nuestras fases de crecimiento interior, abandonamos el plano material y nos encontramos en la región en que la actividad espiritual impone sus propias leyes.

Persiste el argumento de que no sucede nada de esto, y que un cerebro aprendiendo a calmarse puede ser confortable pero no es espiritual. Esta objeción puede ser resuelta si nos damos cuenta de que no hay ningún desacuerdo fundamental en seguir adelante. El córtex cerebral produce pensamientos utilizando energía en forma de fotones; su interacción tiene lugar a nivel cuántico, lo que significa que para cada uno de los pensamientos podemos remontarnos hasta su origen al nivel más profundo. No hay pensamientos «espirituales» que existan aparte por sí mismos, pero los pensamientos ordinarios no cruzan la frontera

cuántica (tal y como muestra la técnica no espiritual de
Benson). Seguimos en el nivel material porque nos centra-
mos en lo que significa el pensamiento. Nuestra atención
es atraída hacia afuera más que hacia adentro.

Un mantra, como también lo es la palabra neutral de
Benson, *uno*, tiene poco o ningún significado para dis-
traernos y, por tanto, es un vehículo más fácil para ir hacia
adentro que la plegaria o la contemplación verbal (en estos
últimos casos tomamos un aspecto de Dios para pensar y
explayarse en él).

No hay duda de que nos resistimos a la noción de que
Dios es un fenómeno interno. La inmensa mayoría de los
fieles de este mundo están firmemente comprometidos con
las fases uno y dos, y creen en un Dios que está «allá arriba» o, de una u otra forma, fuera de nosotros. Y el problema es complicado por el hecho de que ir hacia adentro no
es una revelación sino que sólo es el principio. La mente en
silencio no ofrece destellos repentinos de percepción divina, aunque su importancia se manifiesta elocuentemente
en el documento medieval anónimo del siglo XIV conocido
como *La nube del desconocimiento*. El autor nos dice que
Dios, los ángeles y todos los santos sienten una gran com-
placencia cuando una persona empieza a hacer trabajo interior. Al principio, sin embargo, ninguno de ellos es aparente:

> Ya que, cuando empiezas, encuentras sólo oscuridad,
> como si fuera una nube de desconocimiento... Esta oscuri-
> dad y esta nube están entre tú y tu Dios, hagas lo que hagas.

El bloqueo adopta dos formas: no podemos ver a Dios
con la razón y el entendimiento de la mente ni tampoco
podemos sentirlo en «la dulzura de nuestro afecto». En
otras palabras, Dios no tiene presencia, ni emocionalmente
ni intelectualmente. La nube de desconocimiento es todo lo

que tenemos para continuar, y la única solución, según nos informa el autor anónimo, es la perseverancia. El trabajo interior debe continuar. El autor nos informa de que cualquier pensamiento de la mente nos separa de Dios, porque el pensamiento vierte luz sobre su objeto. El foco de atención es como «el ojo de un arquero fijado en el blanco al que va a disparar». Incluso aunque la nube de desconocimiento nos desconcierte, está realmente más cerca de Dios que un pensamiento sobre Dios y su maravillosa creación. Se nos recomienda ir a una «nube de desconocimiento» sobre cualquier cosa que no sea el silencio del mundo interior.

Durante siglos, este documento nos ha parecido completamente místico, pero tiene sentido en cuanto nos damos cuenta de que recomienda la respuesta de la conciencia en reposo, que no contiene pensamientos. El autor ahonda lo suficiente como para encontrar al Dios de la fase tres que está más allá de cualquier consideración material. Teniendo en cuenta el peso de clérigos, catedrales, capillas, reliquias sagradas y de leyes de la Iglesia en la época medieval este desconocido autor llevó a cabo un acto muy valiente, aunque hubiera sido igualmente valiente hoy en día porque todavía somos adictos a la vida volcada al exterior y la gente quiere un Dios que puedan ver y tocar y con el que puedan hablar.

Consideremos ahora lo radical de su planteamiento tal como el autor anónimo lo revela en el siguiente capítulo de su libro:

> En este trabajo de poco o de nada sirve pensar en la bondad y en los merecimientos de Dios, o en nuestra Señora, o en los santos y ángeles del cielo, o en el júbilo celestial... Es mucho mejor pensar en el ser desnudo de Dios.

Este «ser desnudo» es conciencia sin contenido, espíritu puro, que por supuesto no se desvela en pocas horas o en pocos días. Como en cada fase, en ésta hay que entrar para luego explorarla. Para alguien que ama la religión, al principio puede ser un lugar inhóspito, marcado por la pérdida de todos los rituales y comodidades de la fe organizada. El valor de la fase tres radica más en la promesa que en el cumplimiento, porque es un camino solitario. La promesa nos la hace nuestro autor anónimo que enfatiza una y otra vez que el deleite y el amor surgirán posiblemente del silencio. El trabajo interior se hace para un solo fin, sentir el amor de Dios, y no hay otra forma de alcanzarlo.

¿Cuál es la naturaleza del bien y del mal?
Dios es claridad, calma interior, y contacto con uno mismo. El mal es desorden interior y caos.

El lector puede haber llegado hasta aquí y preguntarse cuántas personas han evolucionado en la fase tres. Si miramos alrededor vemos sufrimientos y luchas tremendas. Incluso en sociedades prósperas, la fe predominante fomenta normalmente los valores de trabajo y de logros personales. «Nadie te da nada sin que des nada a cambio» y «Ayúdate y Dios te ayudará», dicen algunos refranes y dichos.

Cada fase del crecimiento interior tiene un coste importante y no hay ninguna fuerza exterior que nos tome por el cogote y nos deposite en un lugar más avanzado del viaje. También es verdad que las circunstancias externas no determinan la fe de cada uno. Recuerdo la conmoción que causó la llegada de Alexander Solzhenitsin por primera vez a Estados Unidos a primeros de los años setenta, cuando la guerra fría estaba en su punto más glacial. Todo el mundo esperaba que alabara la superioridad de Occidente con sus libertades individuales, en comparación con la desalmada represión que dejaba atrás en Rusia pero, aunque él mismo había sufrido terriblemente en los campos de prisioneros del Gulag durante dieciocho años después de haber escrito una carta contra Stalin, Solzhenitsin conmocionó a todo el mundo denunciando la vacuidad espiritual del consumismo americano y, como consecuencia de ello, sólo sobrevivió retirándose a la soledad de los bosques de Nueva Inglaterra, tan ignorado como Thoreau cuando hizo lo mismo ciento cincuenta años antes.

Este enfrentamiento de valores nos pone en la antesala de la fase tres. Dios y el mal ya no se miden por lo que sucede fuera de uno mismo sino que la brújula ha girado hacia el interior. Dios se mide por el hecho de seguir centrado en uno mismo, lo que da claridad y calma. El mal se mide por la perturbación que causa a la claridad y trae confusión, caos e incapacidad para ver la verdad.

La vida interior nunca puede ser una experiencia común. Hace cincuenta años el sociólogo David Riesman se dio cuenta de que la inmensa mayoría de personas están «orientadas hacia el exterior» y que una pequeña minoría está «orientada hacia el interior». La orientación hacia el exterior viene de lo que los demás piensan de nosotros. Si estamos orientados hacia el exterior, anhelamos la aprobación y nos acobardamos ante la desaprobación, plegándonos a las necesidades de conformidad y absorbiendo las opiniones imperantes como propias. La orientación hacia el interior está arraigada en la estabilidad de uno mismo, que no puede ser debilitada; una persona orientada hacia el interior no necesita la aprobación, y este desapego hace que le sea mucho más fácil objetar las opiniones imperantes. Pero el hecho de estar orientado hacia el interior no nos hace religiosos, sino que la religión de los que están orientados hacia el interior es la fase tres.

¿Cuál es mi reto en la vida?
Estar comprometido y desapegado al mismo tiempo.

Ahora ya estamos en mejor disposición para entender por qué Jesús quiso que sus discípulos «estuvieran en el mundo pero no fueran del mundo». Quería que estuvieran desapegados y al mismo tiempo comprometidos; desapegados en el sentido de que nadie pudiera arrebatarles las almas, y comprometidos en el sentido de que siguieran motivados por llevar una vida meritoria. Éste es el equilibrio de la fase tres que muchas personas encuentran difícil de llevar.

El autor de *La nube del desconocimiento* dice que el verdadero dilema no es ir hacia adentro, sino el rechazo de la sociedad y de sus valores. He aquí cómo el autor describe el trabajo espiritual:

> Ve que no estás de ningún modo dentro de ti y (para hablar brevemente) yo no deseo que estés fuera de ti mismo, o por encima, o a un lado, o en el otro.

La única posibilidad que nos deja es en ninguna parte, y ahí es precisamente donde el autor nos dice que debemos estar. Dios no puede estar contenido en la mente; no es nada comparado con la miríada de pensamientos y ambiciones, pero hay un secreto tremendo encerrado en este nada y en este ninguna parte:

> ¿Quién es el que lo llama nada? Seguramente es nuestro hombre exterior y no nuestro hombre interior. Nuestro hombre interior lo llama Todo, ya que le enseña a entender todas las cosas corporalmente y espiritualmente, sin ningún conocimiento especial de una cosa en sí misma.

Esto es una descripción notable del modo en que trabaja el silencio. En realidad, no estamos hablando del silencio de una mente vacía, ya que aquellos que alcanzan el silencio interior están también pensando de la forma ordinaria, sino del pensamiento que tiene lugar contra un fondo de no pensamientos. Nuestro autor lo compara con saber algo que no tiene que ser estudiado. La mente está llena de un tipo de conocimiento que podría hablarnos de todo, aunque no tiene palabras; por lo tanto buscamos este conocimiento en el fondo. Al principio, no parece que allí haya gran cosa; ésta es la fase de oscuridad y «de la nube del desconocimiento». Pero ha empezado la búsqueda, y si nos atenemos al plan y rechazamos las respuestas externas una y otra vez, y no abandonamos en nuestra creencia de que el objetivo es real, es muy posible que la búsqueda dé sus frutos.

Durante todo este tiempo, el trabajo interior es privado, pero la existencia externa debe continuar. De ahí el equilibrio al que Jesús se refería cuando decía que «estuvieran en el mundo pero no fueran del mundo». O bien del modo en que lo decimos nosotros, siendo desapegados y comprometidos al mismo tiempo.

¿Cuál es mi mayor fuerza?
La autonomía.

¿Cuál es mi mayor obstáculo?
El fatalismo.

Una vez que hemos explicado cómo debemos equilibrar nuestras vidas interior y exterior, surge la cuestión de cómo puede hacerse. En la fase tres, una persona puede sentirse autónoma, rompiendo con las presiones sociales para ser ella misma, aunque existe el riesgo del fatalismo, un sentimiento que, al ser libre, no es más que una forma de aislamiento sin esperanza alguna de influir en los demás. ¿De qué modo puede otra persona que no esté en su fase entender lo que significa? Todo esto suena como una paradoja y, una vez más, el autor de *La nube del desconocimiento* da en el clavo.

Señala que las personas mundanas, así como nuestros propios egos, aspiran a estar en todos los sitios, mientras que Dios no está en ninguna parte. Por tanto, aquellas personas dedicadas a la espiritualidad quedan relegadas a los márgenes de la sociedad, siendo los ejemplos más extremos los monjes y las monjas. La renuncia es casi una necesidad, porque el Dios interior no cuadra con todo esto.

Aunque todas las culturas dan importancia a sus santos, es evidente el peligro de orientarse hacia el interior por lo que a la sociedad se refiere. En 1918, mucho antes de que Inglaterra pudiera ver la importancia de Gandhi en el destino del Imperio británico, el conocido erudito Gilbert Murray hizo una manifestación profética: «Las personas que están en el poder deberían tener mucho cuidado con la forma de tratar con un hombre que no se preocupa en absoluto por el placer sensual, ni por las riquezas, ni por la comodidad, ni por promocionarse, sino que está sencillamente determinado a hacer lo que cree que es correcto. Es un enemigo peligroso e incómodo, porque su cuerpo, que siempre se puede conquistar, nos da muy poco punto de apoyo para acceder a su alma.»

Este punto de apoyo significa algo que se pueda arrebatar, que es lo que falta en la fase tres. Como Gandhi había renunciado a los adornos exteriores, no se le podía atacar por ninguno de los puntos habituales. Por eso, los que estaban en el poder no podían amenazarle con hacerle perder el empleo, o su vivienda, o su familia, ni tampoco con la prisión o la muerte (aunque probaron todos estos medios). Con esto no quiero decir que la fase tres es aquella a la que llegó Gandhi en su viaje espiritual, pero nos ilustra la cuestión de que el desapego hace impotente el uso del poder. El

Dios de paz no valora lo buenos que somos dándonos dinero o posición social, sino que nos valoramos a nosotros
mismos desde dentro y esto es equiparable a la bendición
de Dios. En esta fase de crecimiento interior, se nos revela
el poder de interiorizar; hay oscuridad y una nube de desconocimiento, pero la atracción hacia el espíritu es real.
Para todos los sacrificios exteriores parece que se ha ganado algo y lo que es ese algo se hace evidente más tarde; en
este momento hay un período de ajuste cuando la persona
se acomoda a un nuevo mundo tan distinto del de cada día.

¿Cuál es mi mayor tentación?
La introversión.

Me he tomado muchas molestias para dejar claro que
la fase tres no se refiere a convertirnos en introvertidos,
que es la gran tentación, concretamente para aquellos que
malinterpretan las palabras *profundizar* y *silencio interior*.
Las palabras lo pasan mal a nivel cuántico. No estamos hablando de silencio en el sentido de que no hay pensamientos y tampoco hablamos del interior de una persona como
aquello que es opuesto al exterior, sino que el ego tiene
tendencia a co-optar a cualquier cosa que sea espiritual y
convertirla a sus propios fines. Una persona que por naturaleza se acobarda ante el mundo puede usar como excusa
que la espiritualidad debería ser introspectiva, mientras
que otra persona que se sienta pesimista en general puede
encontrarse cómoda rehusando el mundo material.

Sin embargo, la introversión no es un estado espiritual. Detrás de ella hay todo tipo de suposiciones negativas
sobre el valor de la vida externa. El introvertido esconde su
luz bajo un cesto, cosa contra la que Jesús nos alerta. Conozco a un hombre que se define a sí mismo como un de-
sertor interno y su actitud básica es la de disgusto con el

mundo. Piensa que todos los políticos son corruptos, todos los negocios censurables, todas las ambiciones fútiles y todas las ataduras personales una trampa. No es necesario decir que puede ser muy agotador estar cerca de él, que se ve a sí mismo como un buen budista, casi modélico. Su camino de renuncia, tal como él lo ve, llega al nivel del rechazo, aunque ambas cosas son tan similares que es difícil no confundirlas.

La diferencia es que el rechazo involucra una gran parte de ego. El «yo» decide que «ellos» (otras personas, el mundo en general) son inoportunos. El ego tiene muchas razones para este rechazo y muchas parecen plausibles. Por otra parte, el objetivo de la espiritualidad es inclusivo, ya que Dios abraza toda la creación y no sólo la parte agradable. Si empezamos a rechazar esto o aquello, ¿cómo vamos a aceptarlo? La introversión lo rechaza todo excepto aquellos fragmentos de experiencia que pasan por las puertas colocadas por el ego.

La verdadera renuncia es muy distinta, y consiste en darse cuenta de que detrás de la máscara del mundo material hay realidad. El «nada y en ninguna parte» de Dios son reales, y en vista de esto nuestra atención es atraída por recompensas externas. Por lo tanto, el hombre más rico del mundo puede ejercer la renuncia si tiene las percepciones adecuadas, mientras que un monje codicioso y egoísta puede ser que no la ejerza, por muy enclaustrado que esté. Del mismo modo, una persona puede ser extremadamente activa y extrovertida y esto no va a afectar su búsqueda interna. Toda la cuestión en la fase tres tiene que ver con la fidelidad. ¿Damos nuestra fidelidad al mundo interior o al exterior? En este largo viaje, se nos plantearán muchos retos y no importarán las respuestas que demos verbalmente, porque las verdaderas respuestas saldrán del fuego de la experiencia.

FASE CUATRO:
El DIOS REDENTOR
(Respuesta intuitiva)

El cerebro sabe cómo ser activo y cómo estar en reposo. Entonces ¿por qué no termina aquí la cosa? ¿Adónde podría ir la mente cuando ha encontrado paz consigo misma? Las fases más elevadas de espiritualidad parecen misteriosas cuando están expresadas de esta forma, porque no hay ningún sitio adonde ir más allá del silencio. Tenemos que mirar qué silencio puede crecer en nuestro interior, y éste es la sabiduría.

Los psicólogos saben muy bien que la sabiduría es un fenómeno real. Si planteamos una batería de problemas a diversos sujetos en una amplia gama de edades, es perfectamente predecible que los de más edad darán respuestas más sabias que los jóvenes. Los problemas planteados pueden ser de cualquier tipo: decidir si hemos sido engañados en un trato de negocios, o cómo solucionar un incidente internacional que podría conducir a una guerra. Una respuesta sabia podría ser esperar a ver qué pasa antes de actuar de forma impulsiva, pedir consejo a diversas personas, o no hacer presuposiciones. No importa cuál es el problema, la sabiduría es una perspectiva aplicada a cualquier situación.

Del mismo modo que la fase tres contempla el nacimiento de un Dios de paz, la fase cuatro contempla el nacimiento de un Dios sabio que no desea actuar siguiendo sus impulsos vengativos, que ya no esgrime nuestros pecados contra nosotros y cuyas miras van más allá del bien y del mal. En el papel de Dios Redentor, empieza a considerar todas las sentencias que lastran la vida y, por lo tanto, su sabiduría crea el sentimiento de ser amado y mimado. En este aspecto, la soledad del mundo interior comienza a suavizarse. Las cualidades de Dios Redentor son todas positivas:

Comprensivo
Tolerante
Misericordioso
No crítico
Completo
Acogedor

Démonos cuenta de que ninguna de estas cualidades es el resultado de pensar y que, si las encontrásemos en una persona, las llamaríamos cualidades o carácter. La versión psicológica de la sabiduría es que nos interesa para nuestros fines. Para un psicólogo, la sabiduría tiene una relación directa con la edad y la experiencia, aunque hay también algo más profundo. Los maestros espirituales hablan de una misteriosa facultad conocida como la «segunda atención». La primera atención tiene relación con lo que estamos haciendo, y con los datos aportados por los cinco sentidos, y se expresa a sí misma como pensamientos y sentimientos. La segunda atención es diferente, ya que mira más allá de lo que estamos haciendo, algo así como ver la vida desde una perspectiva más profunda. Desde esta fuente se deriva la sabiduría y el Dios de la fase cuatro sólo aparecerá cuando se ha cultivado la segunda atención.

Conozco a un escritor ambicioso que tuvo un golpe de suerte inesperado con un libro que sorprendió a todo el mundo al llegar a ser un *best-seller*. En su euforia por los cientos de miles de dólares, decidió arriesgarlo todo en una compañía petrolera de alto riesgo. Sus amigos le hacían ver que la inmensa mayoría de oportunidades de este tipo pluman a sus inversores antes de que se llegue a descubrir una sola gota de petróleo, pero el escritor ni se inmutó y, sin tener experiencia ninguna, se lanzó a invertir, llegando al extremo de visitar los pozos de petróleo que le proponían y que estaban diseminados por todo el estado de Kansas.

Cuando le volví a encontrar en un acto editorial seis meses más tarde, parecía muy afligido porque todo su dinero se había evaporado. «Todo el mundo está muy amable conmigo —me dijo bastante turbado—. Mis amigos se aguantan las ganas que tienen de decirme que ya me lo habían advertido. Pero lo peor de todo esto no es ni perder el dinero ni la humillación que he sufrido. El problema es otro. Desde el principio, yo ya sabía que las inversiones no iban a funcionar y no tenía ni la menor duda de que estaba tomando una decisión terrible. Sin embargo, día tras día actuaba como un esquizofrénico, con una confianza ciega, por una parte, y sabiéndome destinado a fracasar, por otra.»

Esto es un ejemplo dramático del hecho de que vivimos en más de un nivel de realidad al mismo tiempo. La primera atención organiza la superficie de la vida, mientras que la segunda tiene relación con los niveles más profundos. Tanto la intuición como la sabiduría surgen de la segunda atención y, por lo tanto, no pueden compararse con el pensamiento ordinario. Nuestro hombre no prestó atención a su intuición y siguió adelante con su fatal proyecto, ignorando la parte subconsciente de sí mismo que ya sabía de antemano lo que sucedería. El Dios de la fase cuatro sólo entra en nuestras vidas cuando nos hemos hecho amigos de él con el subconsciente.

Los terapeutas tienen un ejercicio para esto, que consiste en imaginarnos a nosotros mismos en una cueva oscura en la que hemos entrado para encontrar al mentor perfecto que nos está esperando al final de un túnel. Empezamos a andar hacia él por la cueva, que es cálida y en la que nos sentimos fuera de peligro, con sentimientos de calma y de esperanza. A medida que nos vamos acercando al final del túnel se abre una habitación y vemos a nuestro mentor vuelto de espaldas a nosotros. Se vuelve lentamente y éste es el momento en que parece que vamos a darnos cuenta de quién es la persona con la que vamos a encontrarnos, de entre todas las que podamos haber conocido. Sea quien sea, nuestro abuelo, un antiguo profesor o incluso una persona a la que no conozcamos, como Einstein o el Dalai Lama, esperaremos encontrar algunas virtudes en nuestro mentor:

- Un mentor debe saber quiénes somos y cuáles son nuestras aspiraciones. El Dios Redentor es *comprensivo*.
- Un mentor debe aceptarnos incluso con nuestras faltas. El Dios Redentor es *tolerante*.
- Cuando hablamos de cosas que nunca hemos dicho a nadie porque nos hacen sentir culpables y avergonzados, un mentor debe absolver esta culpa. El Dios Redentor es *misericordioso*.
- Como es sabio, un mentor no debe interferir en nuestras decisiones o decirnos que son equivocadas. El Dios Redentor *no es crítico*.
- Un mentor debe ser capaz de entender toda la naturaleza humana. El Dios Redentor es *completo*.
- Con nuestro mentor nos sentimos fuera de peligro y propensos a intimar con él. El Dios Redentor es *acogedor*.

El papel de mentor no implica género alguno. El Mentor original, que se apareció como tutor y guía del hijo de Ulises, tomó forma masculina pero en realidad era Atenea, diosa de la Sabiduría. De hecho, podemos decir por primera vez que el Dios de la fase cuatro tiene una inclinación hacia la hembra ya que la intuición y la inconciencia han sido generalmente vistos como femeninos en contraste con la fuerza y la razón masculinas. La misma división se expresa biológicamente como dominio de los hemisferios derecho e izquierdo del cerebro. El hecho de que el hemisferio derecho del cerebro controle la música, el arte, la imaginación, la percepción espacial y quizá la intuición no significa que el Dios de la fase cuatro viva ahí, aunque esto es una implicación fuerte. Por todas partes hay mitos en los que encontramos héroes que hablan directamente con los dioses, y algunos antropólogos han especulado que, del mismo modo que el hemisferio derecho del cerebro puede evitar al hemisferio izquierdo para recibir percepciones no verbales y no racionales, así los antiguos humanos podían evitar la racionalidad y percibir dioses, hadas, gnomos, ángeles y otros seres cuya existencia material pone en duda el hemisferio izquierdo.

Hoy en día estamos más inhibidos, por lo que muy pocas personas podrán decir que han estado hablando con la Virgen María, mientras que los demás diremos que hemos internalizado voces divinas como la intuición. Los instintos están muy cerca del oráculo de Delfos y muchas personas pueden tenerlos. Es muy cierto que podemos evitar la razón para ganar en percepción, una intuición que no implica reflexión o ejercicio, sino que destella en la mente, arrastrando un sentido de la veracidad que desafía cualquier explicación.

Opino que los dos hemisferios del cerebro podrían muy bien ser la mejor fuente de la primera y de la segunda atención, porque «dominante» no significa dominador, y podemos intuirlo y razonarlo todo al mismo tiempo. Los médicos han tenido pacientes que han sabido de antemano si tenían o no cáncer o si una operación saldrá bien o no. En mis primeros años de práctica, conocí a una mujer que abrigaba temores por la vida de su esposo, el cual estaba a punto de ingresar en el hospital para someterse a una intervención de cirugía menor que en modo alguno amenazaba su vida. «Todo esto ya lo sé —insistía ella—, pero no es la operación en sí lo que me preocupa. Hay algo que no me gusta.» Todos, incluyendo su marido y yo mismo, tratamos de tranquilizarla y aunque el mismo cirujano era una eminencia y muy hábil, ella siguió con sus temores.

Pero sucedió un hecho inesperado: en mitad de la intervención, su marido tuvo una extraña reacción a la anestesia y murió en la mesa de operaciones sin posibilidad de reanimación. Fue una conmoción; la viuda estaba desconsolada porque sabía que iba a suceder aunque a nivel racional no tenía motivo alguno para dudar de la cirugía. Este conflicto entre la primera y la segunda atención forma el drama central de la fase cuatro. La gran pregunta es cómo podremos aprender a tener confianza en la segunda atención si el inconsciente tiene la reputación de no ser digno de crédito sino, bien al contrario, se le considera oscuro y amenazador. Una vez que nos hemos identificado con el conocedor, que es esta parte de nosotros mismos que se siente intuitiva, sabia y que actúa como si el mundo cuántico fuera su propia casa, entonces Dios toma una nueva forma y se vuelve todopoderoso y omnisciente.

¿Quién soy?
El conocedor interno.

Nunca nos fiaremos de nuestra intuición hasta que nos identifiquemos con ella, cosa que tiene relación con la autoestima. En las primeras fases del crecimiento interior, se estima a una persona que pertenece al grupo y que mantiene sus valores. Si el conocedor interno intenta hacer objeciones es sofocado. La intuición se vuelve un enemigo, porque dice cosas horrorosas que se supone que no debemos escuchar, por ejemplo, un soldado que sacrifica su vida en las líneas del frente no puede permitirse pensar sobre la barbaridad que es la guerra y estimar que lo correcto es el pacifismo. Si su voz interior le dice: «¿Cuál es la cuestión? El enemigo no es más que yo mismo en la piel de otro hombre», la autoestima se hace añicos.

Una persona que ha llegado a la fase cuatro hace tiempo que ha abandonado los valores de grupo, y para ella han dejado de existir las seducciones de la guerra, la competencia, la bolsa de valores, la fama y la fortuna. Sin embargo, el aislamiento no es cosa buena y, por lo tanto, el conocedor interno acude para ayudar, dándonos una nueva fuente de autoestima basada en cosas que no pueden saberse de ningún otro modo. Si nos estremecemos con las siguientes líneas del gran místico persa Rumí, significa que entendemos de qué modo el mundo interior puede ser más conmovedor que cualquier otra cosa exterior:

> *Cuando yo muera*
> *me elevaré con ángeles.*
> *Y cuando muera para los ángeles,*
> *no puedo imaginar*
> *qué será de mí.*

En la fase cuatro, la vacuidad de la vida exterior se vuelve irrelevante porque se ha empezado un nuevo viaje. Los sabios no se sientan para contemplar lo sabios que son, sino que están volando por el espacio y el tiempo, guiados en un viaje del alma que nada puede impedir. Las ansias de soledad, característica de cualquiera que esté en la fase cuatro, viene del suspense total. La persona no puede esperar a descubrir cuál es el próximo paso en la revelación del drama del alma.

La palabra *redención* nos da sólo una pálida sensación de cuán implicatoria es esta expedición. Para el conocedor interno existen muchas más cosas aparte de sólo estar libre de pecado, ya que una persona que siente todavía la carga de la culpa y la vergüenza nunca se embarcará en el viaje. No tenemos que ser perfectos para intentar alcanzar a los ángeles, sino que tenemos que poder vivir con nosotros mismos teniendo nuestra propia compañía durante largos períodos de tiempo. Tener un sentido de pecado afectará esta capacidad. Como suele decir un psiquiatra amigo mío, que es algo cínico: «Sabrás mucho más sobre las motivaciones humanas cuando te des cuenta de una cosa: el noventa y nueve por ciento de la humanidad pasa un noventa y nueve por ciento de su tiempo intentando evitar las verdades dolorosas.»

Las personas que pasan el tiempo en otras cosas pueden parecer misteriosas. El conocedor interno poco puede hacer con los cinco sentidos y le preocupa poco lo racional que pueda parecer una situación, porque el conocedor interno lo sabe. Este misterio es el tema de una famosa parábola zen: un joven monje se dirige a su maestro, el abad del monasterio, y le dice: «Tengo que conocer el significado de la vida. ¿Me lo diréis, señor?»

El maestro, que tenía una gran reputación como calígrafo, tomó su pincel y escribió rápidamente la palabra «atención» en un papel. El discípulo esperó, pero no sucedió nada. «Señor, estoy decidido a permanecer aquí sentado hasta que me digáis el sentido de la vida», repitió.

Se sentó y, al cabo de un momento, el maestro volvió a tomar su pincel y volvió a escribir la palabra «atención» en el papel.

«No lo entiendo —protestó el discípulo—. Se dice que habéis alcanzado la más alta revelación y yo estoy ansioso por saber. ¿No me diréis el secreto?» Pero, por tercera vez, el maestro no dijo nada y se limitó a mojar el pincel en la tinta negra y a escribir la palabra «atención». La impaciencia del joven monje se volvió desánimo.

«O sea que ¿no tiene nada que enseñarme? —dijo tristemente—. Si al menos supiera adónde ir; he estado buscando durante tanto tiempo.» Se levantó y se fue mientras el viejo maestro le siguió con una mirada compasiva. Luego tomó el pincel y de un solo trazo escribió la palabra «atención».

Esta pequeña historia pierde su carácter zen en el momento en que nos damos cuenta de que el maestro está hablando de la segunda atención y que no puede responder la pregunta más seria del discípulo porque no hay respuestas a nivel de la primera atención. El discípulo tampoco podía imaginarse la emoción que sentía el maestro porque desde el exterior no puede verse signo alguno. Hicimos la misma observación cuando vimos que Dios no deja huellas en el mundo material. En la fase cuatro nos sentimos fascinados por Dios, no porque necesitemos protección o consuelo, sino porque somos un cazador que va tras sus huellas y la caza es tanto más interesante cuanto la presa no deja huellas en la nieve.

¿Cómo encajo en esto?
Entiendo.

En la fase tres, el mundo interior evidencia poca actividad. Los veleros no pueden navegar con poco viento, por lo que descansan y esperan. El mundo interior se hace vivo en la fase cuatro, en el que la calma y la paz se vuelven algo mucho más útil, se empieza a entender cómo funciona la realidad y la naturaleza humana comienza a desvelarnos sus secretos. Veamos algunos ejemplos:

> *No hay víctimas.*
> *Todo está bien ordenado y las cosas suceden como es debido.*
> *Una sabiduría superior guía los acontecimientos aleatorios.*
> *El caos es una ilusión; hay orden total en todos los acontecimientos.*
> *Sin razón no sucede nada.*

Llamémosle a esto un paquete de percepciones, centradas en la cuestión de por qué todo funciona del modo en que lo hace, cosa que es una pregunta profunda, que todos nos planteamos pero que tendemos a hacerlo de forma superficial, porque nuestra pasión no es explicarnos de qué modo trabaja el destino. Si algunas cosas parecen preordenadas mientras que otras son accidentales, es que es así. Sin embargo, en la fase cuatro el destino se convierte en una cuestión candente, porque la persona percibe suficientes ejemplos de que «una mano invisible» debe estar haciendo algo. Los ejemplos pueden ser pequeños, pero no podemos volverles la cara.

Hace poco, cometí alguna torpeza con el ordenador como consecuencia de la cual perdí una cantidad considerable de un trabajo muy importante. Por la noche apenas pude dormir pensando en que el único remedio era un programa que pudiera recuperar mis capítulos perdidos, si ello era posible. Estaba muy angustiado esperando el servicio de mensajería nocturno que, como siempre, llegaba tarde. Alcancé el teléfono y cuando ya había marcado el número de la empresa de mensajeros, un vecino llamó a la puerta. «Me parece que esto tiene que ser para usted», dijo, sosteniendo en la mano un paquete que había encontrado mientras cruzaba nuestro jardín. Al parecer el mensajero había llegado por la puerta de atrás de la casa, que es vieja y la tenemos sellada, y no había podido llamar al timbre sencillamente porque no hay ninguno allí.

Aparte del hecho de encontrarme en el momento en que estaba a punto de crear una buena confusión por teléfono, el paquete lo encontró alguien que nunca había venido por casa anteriormente, y yo me pregunto cómo pudieron llegar a coincidir todos estos factores aunque fueran tan minúsculos.

En la fase cuatro no descansaremos hasta que entendamos la respuesta. Una vez que hayamos prestado suficiente atención, que es siempre la palabra clave, empezaremos a ver que los acontecimientos toman la forma de modelos y vemos que también contienen lecciones, mensajes o signos con los que el mundo exterior está intentando de alguna manera comunicar con nosotros, y entonces vemos que estos acontecimientos externos son en realidad símbolos de los acontecimientos interiores. En mi caso, el acontecimiento interior era una furiosa tensión de la que quería escapar. Las ondas discurren desde el centro hacia afuera, y se van haciendo cada vez más anchas, hasta que empezamos a darnos cuenta de que detrás de la «mano invisible» hay una mente con una gran sabiduría en todo lo que hace.

La conclusión de este paquete de percepciones es que no hay víctimas. Las personas sabias ya lo dicen a menudo pero, cuando declaran que todo está sabia y justamente ordenado, sus oyentes se quedan perplejos. Entonces ¿qué ocurre con las guerras, los incendios, los asesinatos indiscriminados, las catástrofes aéreas, el despotismo, los gángsters y muchas más cosas? Todo esto implica víctimas y, muy a menudo, también crueles ejecutores. ¿Cómo pudo el poeta Browning tener la audacia de proclamar que Dios está en el cielo y que todo va bien en el mundo? Esto lo descubrió de Dios mismo, pero un Dios que no se conoce hasta la fase cuatro.

Ahora es un buen momento para preguntar qué sabe realmente el conocedor interno. Tal como lo definimos habitualmente, el conocimiento es la experiencia que ha ido registrándose en la memoria. Nadie sabía que el agua hervía a cien grados centígrados hasta que hubo memoria de ello. Por lo tanto, el sabio tiene que tener mucha más experiencia que el resto de todos nosotros, o bien ha nacido con más capacidad cerebral. Pero ¿es realmente éste el caso? Después de un divorcio, una persona puede lamentar que ya en el viaje de novios se dio cuenta de que era evidente que el matrimonio no iba a funcionar. Sin embargo, como sólo la comprensión a posteriori nos muestra la importancia de una intuición, ¿cómo alguién puede fiarse de ella para tomar medidas?

Sólo los sabios, al parecer, pueden hacer tal cosa. La sabiduría consiste en sentirse cómodo con la certidumbre y con la incertidumbre. En la fase cuatro la vida es espontánea y, aunque tiene un determinado plan, los acontecimientos llegan por sorpresa y con una lógica inexorable. Extrañamente, la sabiduría a menudo no llega hasta que hemos dejado de pensar. En lugar de darle vueltas a una situación desde todos los puntos de vista, llegamos al punto en que nace la simplicidad. En presencia de una persona sabia, podemos sentir una calma interior, que está viva, respira su propia atmósfera, no necesita de validaciones externas y para ella los altibajos de la existencia son todo uno. El Nuevo Testamento lo llama la «paz que sobrepasa el entendimiento» porque va más allá del pensamiento y por muchas vueltas que le demos no la alcanzaremos.

¿Cómo encontraré a Dios?
Autoaceptación.

El mundo interior tiene sus tempestades, pero aún son mucho más terribles sus dudas. Un santón hindú dijo que «La duda es la podredumbre de la fe». En efecto, nadie puede llegar muy lejos en la fase cuatro si duda de sí mismo, porque el ego es todo lo que tenemos digno de confianza y el apoyo externo ya no tiene ningún efecto tranquilizador. En la vida ordinaria una pérdida de este tipo es aterradora por lo que nadie quiere representar los papeles del proscrito, del apátrida y del traidor. Una vez, en un cine, oí a docenas de personas romper en sollozos cuando el hombre elefante, con su horrible cabeza cubierta por un saco de lona, es perseguido en una estación de tren por una multitud curiosa; cuando finalmente es acorralado en un rincón se vuelve a sus perseguidores y grita angustiado: «¡No soy un animal, soy un ser humano!»

Es nuestro inconsciente el que habla desde el terror más profundo. Hay un componente de miedo hacia los demás, porque definimos la normalidad desde la premisa de ser aceptados. Sin embargo, en la fase cuatro soltamos todas las amarras. Un amigo mío que había pasado algunos años en un monasterio me contaba una vez: «Hace mucho tiempo, cuando yo aún no tenía ningún tipo de experiencia, en una ocasión estuve casi comprometido con una mujer. Una noche estábamos sentados en el sofá, en la oscuridad; ella tenía su cabeza recostada en mi pecho y yo me sentí tan cerca de ella que le dije: "Sabes, te quiero tanto que pienso que amo a toda la humanidad lo mismo que a ti."

»Ella se levantó con una expresión horrorizada pintada en su rostro y exclamó: "¿No te das cuenta de que eso es lo peor que podrías haberme dicho?" Pero yo no lo entendí. Pronto rompimos nuestras relaciones, pero aún hoy no entiendo realmente por qué estaba tan disgustada.»

En aquel momento había habido una colisión entre dos cosmovisiones distintas. A los ojos de la mujer, las palabras de su novio eran una traición puesto que, en aquel momento, ella buscaba apoyo en él porque, al escoger amarla a ella en lugar de a cualquier otra persona, la hacía más completa, revalorizando su identidad con una validación externa. En cambio, el hombre pensaba justamente lo contrario porque, a sus ojos, incluir a la humanidad en su amor la hacía a ella más grande. En el fondo, él no entendió el tipo de apoyo que ella necesitaba. Él quería percibir un estado en que todo el amor está incluido en un amor. Este propósito es difícil de alcanzar y la mayoría de las personas no aprecian su valor (por lo menos no para ellos, aunque sí para san Francisco o para un *bodhisattva*).* Desde la infancia todos nosotros hemos ganado seguridad por el hecho de tener una madre, un padre, nuestros propios amigos, un cónyuge, una familia propia. Este sentido de apego refleja una necesidad de apoyo para toda la vida.

En la fase cuatro toda la estructura del apoyo de desvanece porque se deja a la persona que encuentre el apoyo internamente, a partir de sí mismo. La autoaceptación se convierte en el camino hacia Dios, no en el sentido de una voz interior que nos arrulle con palabras tranquilizadoras o que busquemos una nueva familia espiritual. Cuando Jesús dice a sus discípulos que tienen que morir, se refiere a experimentar el estado de desapego interior. No se trata de un desapego frío y sin corazón, sino que es el tipo de expansión que ya no necesita distinguir entre tú y yo, tuyo y mío, y lo que tú quieres y lo que yo quiero. Estas dualidades tienen sentido perfectamente para el ego, aunque en la fase cuatro, el objetivo es ir más allá de todo límite. Si esto involucra abandonar los antiguos sistemas de apoyo, la persona pagará gustosamente el precio. El viaje del alma estará guiado por una pasión interna que pide su plena realización.

¿Cuál es la naturaleza del bien y del mal?
Dios es claridad y ve la verdad.
El mal es ceguera y niega la verdad.

Vista desde el exterior, una persona que esté en la fase cuatro parece haber decidido no tener una vida participati-

---

* *Bodhisattva* significa en sánscrito «ser iluminado». Es un ser destinado a la iluminación que está a punto de alcanzar. Es una calificación aplicada en el budismo mahayana al futuro buda, es decir, al hombre que ha llegado al umbral de la redención por una serie de grados ascéticos y de perfecciones conseguidas a lo largo de diversas existencias y que ya posee todas las cualidades y características de un buda y al cual sólo le falta renacer una sola vez para entrar en el nirvana. (*N. del T.*)

va ya que, sin ataduras sociales, tampoco hay papel social. El grupo de inadaptados que se reúnen en los límites de todas las culturas está compuesto por locos, videntes, sabios, psíquicos, poetas y visionarios. El hecho de que no puedan ser distinguidos fácilmente y que parezca que todos ellos van por su cuenta molesta a muchas personas. Sócrates fue condenado a muerte simplemente por ser sabio, y fue acusado por las autoridades de «corruptor de la juventud de la ciudad» y de seguir «nuevas creencias religiosas». A lo largo de la historia de la humanidad se ha ido repitiendo este tipo de hechos una y otra vez. Las percepciones más profundas no son, por lo general, socialmente aceptadas y, por lo tanto, son tenidas por insensatas, heréticas o criminales.

En la fase cuatro, el bien y el mal están aún contrastados, pero con mucha menos dureza que anteriormente. El bien es claridad de mente, que nos trae la capacidad de ver la verdad. El mal es ceguera o ignorancia, que hace que la verdad sea imposible de ver. En ambos casos, estamos hablando de cualidades centradas en uno mismo. La persona acepta la responsabilidad de definir «la verdad» tal como la ve, pero ello suscita otra acusación. ¿Qué pasaría si la verdad fuera cualquier cosa que fuera conveniente? Quizá el hecho de robar una hogaza de pan se vuelve correcto porque «mi verdad» es que tengo hambre. Sin embargo, este tipo de ética coyuntural no es la cuestión real, ya que la verdad en la fase cuatro es mucho más difícil de encontrar y es incluso mística, conteniendo una especie de pureza espiritual que resulta complicado definir. Cuando Jesús enseñó a sus seguidores que «la verdad os hará más libres», no se refería a un conjunto de hechos o de dogmas sino a la verdad revelada. En lenguaje moderno, podríamos darle distintas traducciones como: busca al conocedor interno y él te liberará.

En otras palabras, la verdad se hace una búsqueda de la cual nadie puede disuadirnos. La bondad significa seguir en la verdad de nuestra búsqueda; el mal es ser apartado de ella. En el caso de Sócrates, incluso una sentencia de muerte le dejó impávido, y al ofrecérsele una ruta de escape por mar si huía de Atenas con sus amigos, la rehusó. Su idea del mal no era la de morir en manos de una corte corrupta, sino que, para él, el mal hubiera sido traicionarse a sí mismo. Nadie podía comprender por qué no tenía miedo de la muerte cuando, rodeado por sus alumnos deshechos en lágrimas, les explicó que la muerte era un resultado inevitable. Era como un hombre que hubiera tomado tranquilamente el camino hacia el borde de un precipicio, sabiendo exactamente a dónde se dirigía y lo que iba a hacer y, llegado el momento de saltar, ¿por qué tendría que temer el último paso? Esto es un ejemplo perfecto del razonamiento en la fase cuatro. La búsqueda tiene una finalidad y la contemplamos como la fase final; por tanto, al beber de la copa de cicuta, Sócrates murió como traidor al estado que había mantenido un compromiso total con él mismo, y esto fue un gesto de bondad definitiva.

¿Cuál es mi reto en la vida?
Ir más allá de la dualidad.

He guardado el tema del pecado, que es una cuestión espinosa, hasta que entendamos mejor el mundo interior. Todos llevamos el estigma de la culpa y de la vergüenza, porque ninguno de nosotros fue perfecto en su infancia. La culpa la encontramos incluso en culturas que no tienen la leyenda de la caída con su herencia de pecado original. La pregunta es si la culpa es inherente, es decir, si hemos hecho alguna cosa para merecer el sentimiento de culpabilidad, o es que la naturaleza humana ya ha sido creada así.

El pecado puede ser definido como algo incorrecto que deja una impresión. Los hechos incorrectos que olvidamos no tienen consecuencias, junto con aquellos que fueron cometidos inadvertidamente: que se incendie una olla dejada en el fuego es un hecho accidental, no pecaminoso. En Oriente, a cada acto que deja una impresión se le llama karma, que es una definición mucho más amplia que la de pecado y que no acarrea culpa moral. Se habla a menudo de mal karma, pensando en el aspecto de incorrección, pero en su forma más pura, el karma puede ser bueno o malo y aún dejar una huella.

La importancia de esta distinción se hace más clara en la fase cuatro porque, como lo que está bien y lo que está mal se ve con menos severidad, surge el deseo de liberarnos de ambas cosas, porque tendría poco sentido tener esta intención antes de la fase cuatro. En las fases anteriores hemos invertido un esfuerzo tremendo intentando ser buenos. Dios castiga a aquellos que no lo son, y lo que no consigue él, lo consigue una conciencia culpable. Pero el Dios de la fase cuatro, en su propósito de redención, contempla a los pecadores y a los santos de la misma manera y a todas las acciones del mismo modo, en una valoración escandalosa. La sociedad existe para trazar la línea entre lo correcto y lo incorrecto, no para borrarla. Cuando Jesús confraternizaba con leprosos y marginados, menospreciaba las normas religiosas y reducía los cientos de leyes judías a dos (no tendrás otro Dios más que a mí y ama a tu prójimo como a ti mismo), la buena gente que estaba a su alrededor pensaba que estaba loco o que era un criminal.

De hecho, era extremadamente responsable. En su frase «Recogeréis según hayáis sembrado», Jesús manifestó la ley del karma de forma sucinta. No tenía intención de quitar de en medio el pecado sino que, en lugar de ello, nos enseñó una norma espiritual elevada: tus acciones de hoy definen tu futuro el día de mañana. Independientemente de si un acto es considerado bueno o malo, esta norma no puede dejarse de lado, y los que piensan que sí es porque no han profundizado lo suficiente. En la fase cuatro ya hay bastantes percepciones como para darse cuenta de que todas las acciones pasadas tienen tendencia a volver a casa a descansar, y esta dinámica resulta ser más importante que el hecho de identificar el pecado.

Si es así, entonces ¿qué importancia tiene el perdón de los pecados? ¿Cómo redimimos nuestra alma? Encontrar la respuesta será nuestro reto de vida en esta fase. Un alma redimida se ve a sí misma como nueva e inmaculada y alcanzar este estado de inocencia sería imposible de acuerdo con la ley del karma, porque el ciclo de sembrar y recoger nunca termina (a diferencia del pecado, el karma se nos aferra incluso en el caso de accidentes y errores inadvertidos, incluso independientemente de las circunstancias, porque cada acción es un acto y tiene sus consecuencias).

El problema se vuelve mucho más complejo por el hecho de que cada persona, en el curso de su vida, lleva a cabo millones de acciones que se solapan a todos los niveles. Las emociones y las intenciones están unidas. Si un hombre da dinero a un pobre, ¿es virtuoso aunque le mueva el deseo egoísta de salvar su alma? ¿Es correcto casarse con una mujer que lleva a un hijo nuestro en sus entrañas aunque no la amemos? La distinción entre el bien y el mal es extremadamente complicada y la doctrina del karma hace la estimación más difícil en lugar de facilitarla, porque la mente puede siempre encontrar algún pequeño detalle que previamente nos había pasado por alto.

Puede costarnos toda una vida solucionar este enigma pero es sencillo, al menos en teoría: el alma se redime dirigiéndola a Dios. Un Dios redentor es el único ser en el cosmos que está exento de karma (o pecado) o, para ser más exactos, Dios trasciende karma porque sólo él no está en el cosmos. A una persona que esté en la fase cuatro no le interesa rezar para librarse de todo lo que hizo mal anteriormente, sino que lo que desea es la forma de salir del cos-

mos; en otras palabras, quiere revocar aquello de «Recogeréis según hayáis sembrado».

¿Cómo puede suceder esto? Es evidente que nadie puede revocar la ley de causa y efecto. En Oriente dicen, usando la terminología del karma, que las malas acciones persi-
guen el alma a través del tiempo y del espacio hasta que la
deuda ha sido pagada. Incluso la muerte no puede abolir
una deuda kármica, que sólo se salda volviéndonos víctimas de la misma mala acción que cometimos o borrando
malas huellas con buenas acciones.

Sin embargo, a nivel de la segunda atención, este ciclo
no tiene importancia, y no necesitamos de ningún modo
revocar la ley del karma. A pesar de toda la actividad que
se ve en la superficie de la vida hay una partícula de conciencia interior que no se toca. En el momento en que se
levantan por la mañana, un santo y un pecador están en la
misma posición; ambos se sienten vivos y conscientes. Este
lugar está fuera del alcance de premio o castigo, no cono-
ciendo dualidad. Por lo tanto, en la fase cuatro, el reto es
encontrar este lugar, retenerlo y vivir en él. Una vez que
esta labor ha sido realizada, la dualidad ha terminado. En
términos cristianos, el alma se ha redimido y hemos vuelto
a la inocencia.

¿Cuál es mi mayor fuerza?
La percepción.

¿Cuál es mi mayor obstáculo?
El engaño.

Ya he dicho anteriormente que en la fase cuatro hemos
cortado las amarras y ahora sabemos por qué. La búsqueda
interior se convierte en deshacer nuestras ataduras, que no
se liberan todas a la vez porque no son todas iguales. Es

perfectamente normal llegar a profundas percepciones sobre uno mismo y sentirse aún avergonzado o culpable como un niño por determinadas cosas. El alma es como el desfile de un ejército roto; algunos aspectos lo empujan hacia adelante, y otros lo retienen atrás.

La razón para esto es otra vez kármica, porque no todas nuestras acciones dejan las mismas huellas. Algunas personas están obsesionadas de por vida por incidentes pertenecientes al pasado que son aparentemente pequeños. Conozco a un hombre que había tenido que despedir a cientos de empleados, reorganizar negocios que se iban a pique y decidir, de una forma o de otra, el destino de muchas personas. Sus decisiones causaron cada vez dolor y quejas, sin importar lo bien intencionadas que fueran. Actualmente duerme perfectamente a pesar de todo ello y, sin embargo, no se perdona el hecho de no haber podido estar al lado de su madre cuando ésta murió y el hecho de haber dejado tantas cosas sin decir lo hace sentirse culpable cada día. Él sabe perfectamente que su madre tenía conciencia de su amor por ella, pero sin embargo no se cura de su culpabilidad.

Debido a su intensa subjetividad, la fase cuatro necesita nuevas tácticas ya que nadie puede ofrecernos la absolución desde el exterior. Para salvar un obstáculo necesitamos nuestra propia percepción, y si no lo podemos salvar, luchamos contra el engaño hasta que lo conseguimos. En el caso de este hombre, su engaño es que cree ser malo por no haber estado con su madre (en realidad no tenía elección porque el viaje a su casa se retrasó por causas ajenas a su voluntad), pero la percepción es que su amor auténtico no tiene por qué tener una expresión exterior. Sin embargo, más allá de estos detalles, en la fase cuatro hay solamente una percepción y un engaño. La percepción es que todo es correcto, y el engaño es que cometemos errores imperdonables. La razón por la cual todo está bien vuelve a la redención ya que, a los ojos de Dios, nuestras almas son inocentes. La misma razón nos dice que nos engañamos al seguir reteniendo errores anteriores que no pueden manchar nuestras almas y cuyos efectos residuales, por lo que a culpa, vergüenza y expiación se refiere, quedarán purificados a su debido tiempo.

¿Cuál es mi mayor tentación?
La decepción.

Al hablar de decepción me refiero tanto a decepcionarnos a nosotros mismos como a decepcionar a los demás. Cada una de las fases de crecimiento interior contiene más libertad que la anterior, por lo que liberarse del pecado en la fase cuatro es ya un gran logro. Sin embargo, el precio de la redención es una vigilancia constante, aunque es muy difícil estar controlándose a uno mismo constantemente. A menudo, una voz interior nos insta a ser más tolerantes con nosotros mismos, a aceptar las cosas como son y a actuar del modo que actúan los demás, y es evidente que el hecho de seguir este consejo nos haría la existencia mucho más llevadera. Sócrates, por ejemplo, pudo haberse disculpado por haber infringido las normas morales de Atenas y haber predicado la sabiduría que aceptaba en lugar de predicar la suya propia, pero caer en esta solución fácil le hubiera llevado a la decepción, porque el progreso de la sabiduría interior no puede detenerse. (Platón lo expresó de forma elocuente: «Una vez que hemos encendido la llama de la verdad, ya no se apaga nunca.») Por esto, a no ser que tenga la intención de decepcionarse a sí misma pensando de otra manera, una persona que esté en la fase cuatro está liberada de valores externos.

La duración de estas tentaciones varía con cada sujeto. En la mitología quedamos redimidos instantáneamente por un Dios misericordioso cuando, en realidad, se trata de un largo proceso con muchos recodos. Una vez alguien me hizo la siguiente observación: «Tengo la impresión de que mi alma es como una ardilla del parque que, cuando intentas darle de comer, no coge el cacahuete directamente, sino que va haciendo diversas aproximaciones, se asusta con cualquier movimiento pero, finalmente, pierde la paciencia y toma lo que le ofrecemos.» El paralelismo es exacto ya que, a un determinado nivel, todos queremos librarnos de la culpa. Tal como decía Rumí en un aforismo, «Fuera de todas las nociones del bien y del mal hay un campo; ¿quieres que nos encontremos ahí?». Sin embargo, por mucho que queramos no es posible precipitarnos hacia ese lugar. Nuestras viejas huellas son muy poderosas y la culpa y la vergüenza surgen como un recordatorio de que hace falta algo más que un acto de voluntad para escapar a las nociones de bien y de mal. El proceso tiene que continuar sin decepción. Ya que no podemos engañar nuestro sentimiento de imperfección o de culpabilidad, escojamos el término que más nos guste, esperando que nuestra pizarra se borre para siempre. Hay mucho trabajo por hacer en forma de meditación, reflexión y aceptación de responsabilidades. Tenemos que actuar dentro de la verdad, tal como lo consideremos nosotros mismos; debemos comprobar cada paso que vayamos dando adelante, aunque hasta el último momento persiste la tentación de volvernos atrás.

Sea lo que sea lo que está relacionado con la autoaceptación, debemos enfrentarnos con ello. Al final, el triunfo de la fase cuatro resulta ser una paradoja porque, en el mismo momento en que vemos que todo va bien y que nunca más deberemos preocuparnos por el mal, surge la noción de que nunca hemos hecho nada malo de lo cual tengamos que preocuparnos, y la redención devuelve al alma un sentido de la inocencia que de hecho nunca nos dejó. Para decirlo de una forma más sencilla, todo el proceso de sernos fieles a nosotros mismos nos trae como recompensa una mayor conciencia en un nivel en que hemos dejado atrás los problemas de la dualidad y lo que sucede es que tenemos la sensación subjetiva de ser redimidos.

FASE CINCO:
EL DIOS CREADOR
(Respuesta creativa)

Hay un nivel de creatividad que va mucho más allá de cualquier cosa de la que podamos haber hablado hasta ahora. Empieza a surgir cuando la intuición se vuelve tan poderosa que irrumpe en el entorno. Esta superintuición controla los acontecimientos y hace que los sueños se vuelvan realidad, como un artista que no trabajase con lienzo y colores, sino con la materia prima de la vida. El siguiente ejemplo tomado de mi propia vida empezó en circunstancias mundanas que fueron volviéndose cada vez más sorprendentes.

Hace algunos meses estaba en mi oficina trabajando en un proyecto que necesitaba una ilustración, pero no conocía a ningún ilustrador profesional. Mientras pensaba en quién podría hacerme el trabajo, sonó el teléfono. Era mi hija mayor, Mallika, que me llamaba desde la India. Cuando le hablé del problema, me sugirió inmediatamente a una artista irlandesa a la que llamaremos Suzanne Malcolm, pero ni ella ni yo teníamos la menor idea de dónde vivía. Colgué el teléfono y ya no pensé más en el asunto, hasta una tarde en que me llamó mi editor de Londres. Por probar, le pregunté si conocía a Suzanne Malcolm, pero no la conocía. Una hora más tarde mi editor estaba en un cóctel y la persona que se hallaba a su lado recibió una llamada en el teléfono móvil y dijo: «¿Suzanne?»

Mi amigo editor tuvo un impulso repentino y le preguntó si hablaba con Suzanne Malcolm, cosa que, sorprendentemente, así era. Mi amigo anotó el número de teléfono y también le pidió que me llamara. En aquellos momentos yo había llegado en avión a Los Ángeles para dar una conferencia programada. Era temprano y no tenía idea de dónde me encontraba, por lo que moderé la velocidad del coche de alquiler. Al comprobar los mensajes en el móvil, encontré uno de Suzanne Malcolm, cosa que me alegró mucho e inmediatamente marqué el número que me había dejado en el mensaje. Una voz de mujer respondió:

—¡Dígame!

—¿Suzanne? —dije, y me presenté—. Me gustaría saber si podrías venir desde Dublín para hacerme un trabajo.

—Bueno, de hecho, no estoy en Dublín, en estos momentos estoy en Los Ángeles.

—¿Ah, sí? ¿Dónde estás? —le pregunté.

—No lo sé. ¿A ver...? —replicó ella—. Ah, sí, calle Dominic 3312.

Miré por la ventanilla del coche y sentí un escalofrío, porque estaba aparcado justamente delante de la casa que ella me mencionaba.

¡De qué forma más involuntaria nos ponemos al alcance de Dios! Este ejemplo va claramente más allá de la intuición, justamente porque ninguno de los personajes de la historia la había tenido, y va más allá de la sincronicidad porque no se trataba solamente de un encuentro casual que había resultado tener un cierto significado. ¿De qué modo podemos llamar a una cadena de acontecimientos que empieza con una determinada intención para llegar a hacer coincidir unos hechos en dos continentes, a través de varias zonas horarias y en las vidas aleatorias de cuatro personas?

La respuesta es la creatividad. Como el campo de la mente va más allá del tiempo y del espacio, puede manipularlos para su propio uso. Normalmente la actividad de la fuente no queda expuesta a la vista. No podemos ver cómo giran las ruedas de la fortuna hasta la fase cinco, en la que ha llegado el momento en que el destino ya no tiene por qué ocultarse a la vista. Esto sucede cuando una persona abandona toda noción de acontecimiento por accidente, por coincidencia o por azar y, en lugar de ello, pretende tener la responsabilidad de cualquier suceso por trivial que parezca.

Los acontecimientos ya no suceden «por ahí», sino que son guiados por nuestras propias intenciones. La fase cinco une la individualidad a Dios en una colaboración como cocreadores, y cuando estamos preparados para establecer la alianza, el Dios que nos encontramos tiene estas cualidades:

Potencial creativo ilimitado
Control sobre el espacio y el tiempo
Abundante
Abierto
Generoso
Desea ser conocido
Inspirado

Éste es el Dios más íntimo que hemos proyectado hasta este momento, debido a una cualidad que es la clave de la fase cinco: la franqueza. El Creador es mucho más vasto que cualquiera de los dioses precedentes, y nuestras mentes deben captar lo que significa el hecho de tener todo el tiempo y el espacio a nuestra disposición.

Cuando Adán y Eva comieron de la fruta prohibida, surgió en ellos inmediatamente un sentimiento de vergüenza y, en estos primeros momentos de autoconciencia, se escondieron de Dios, cosa que de alguna forma hemos estado haciendo siempre desde entonces. En otras palabras, la convicción del pecado nos ha privado de nuestra propia creatividad que podría ser paralela, si no igual, a la de Dios. El hecho de volver al origen ha sido una constante desde la fase uno. En la fase cinco, finalmente, no queda rastro del pecado original ni imperfección que debamos expiar.

Volviendo a mi primer ejemplo, el hecho de que yo encontrara a mi ilustradora no significa que hubiera llegado a la fase cinco sino que la pregunta crucial es cuál es el papel que yo mismo desempeñé. Si me miro a mí mismo desde fuera de todo el proceso, entonces no soy un co-creador. Lázaro, después de resucitar, estaba increíblemente sorprendido, pero ni él resucitó a nadie, ni tampoco pretendió ser el artífice de su propio milagro. Para estar en alianza con Dios debemos mantener nuestra parte en la asociación, cosa que involucra algunas creencias específicas:

Tenemos que vernos a nosotros mismos en el centro del proceso creativo.

Tenemos que aceptar la responsabilidad por todos los resultados.

Tenemos que reconocer que todos los pensamientos, incluso los más pequeños, tienen consecuencias.

Tenemos que identificarnos con un ego más amplio que el que vive aquí y ahora en este limitado cuerpo físico.

Muchas personas que están en el camino de la espiritualidad aceptan gustosas una o más de estas creencias, pero el factor decisivo es si las vivimos. Un requisito previo consiste en años de meditación, de contemplación o de plegaria, y otro implica hacer una gran cantidad de trabajo interior para alejar las dudas y creencias sobre las propias imperfecciones; pero por encima de todo ésta es una fase de fuerza, cosa que implica considerar si merecemos manejarla. Las personas en la fase cinco son normalmente introspectivas y reservadas, pero todas ellas saben que son las intenciones las que cuentan. Las cosas suceden porque se quiere que así sea, sin importar si los resultados sientan bien o no, e independientemente de si nos aportan un beneficio evidente. Detrás de esta pantalla de intimidad, estas personas no son necesariamente grandes, ricas o famosas y, sin embargo, sienten un gran júbilo porque saben que Dios comparte con ellos su genio creativo.

Las investigaciones sobre el cerebro arrojan poca luz sobre cuál es el mecanismo que está involucrado. Se supone que, cuando las personas están en estado creativo, el córtex cerebral constata ante todo una conciencia en reposo. La creatividad exhibe las ondas alfa de la relajación y, subjetivamente, la persona se siente abierta y receptiva. A diferencia de otros períodos de relajación, este estado está aguardando alguna cosa, por ejemplo un destello de inspiración, y cuando esto ocurre, la mente registra un pico de actividad en un momento de «¡Eureka!». Muchos artistas e inventores famosos pueden dar testimonio de esta experiencia que en su trabajo puede tener profundas implicaciones. Un eureka no es un pensamiento ordinario, sino que las personas creativas tienden a introducir preguntas en su mente y luego aguardan a que llegue la solución; de ahí la necesidad de pasar a la relajación.

Mientras espera durante horas o días la llegada de la solución creativa, ¿qué es lo que hace el cerebro? No tenemos ni idea. Cuando incubaba uno de sus decisivos teoremas, el cerebro de Einstein mostraba la misma actividad mundana que el de cualquier otra persona.

Sin embargo, es innegable que la mente está haciendo una cosa extremadamente inusual, especialmente si extendemos la creatividad más allá de lo que haría un Einstein o un Miguel Ángel. Si la creatividad significa labrar nuestro propio destino fuera del espacio-tiempo, sería infructuoso buscar una evidencia de ello en el plano material, porque estamos hablando de creatividad cuántica. He dejado de lado momentáneamente nuestro modelo cuántico porque tenía la intención de representar a Dios de una forma más humana, desde un punto de vista personal. Sin embargo, tan pronto como empezamos a tratar los hechos milagrosos, tenemos que volver al mundo cuántico ya que no hay otra forma viable de explicar estos poderes.

En una ocasión, un maestro indio dijo que «Los milagros no existen, a menos que contemplemos toda la vida como un milagro». Con esto se refería a algo muy concreto: el mundo parece una cosa sin importancia, no el producto de un milagro, mientras que convertir el agua en vino nos parece absolutamente milagroso; sin embargo, ambas cosas se funden a nivel cuántico. Si miro por la ventana veo, entre el mar y mi casa, un roble nudoso y retorcido, pero ¿está este árbol ahí, formando parte del paisaje? De ningún modo. Para un neutrino, que puede atravesar toda la tierra en algunas millonésimas de segundo, los objetos sólidos son tan vaporosos como una ligera niebla, pero mi sistema nervioso tiene que crear un roble a partir de la niebla de datos cuánticos. Todo lo relacionado con este árbol es maleable. Para un protón, que necesita millones de años para nacer y luego se destruye, la vida de un viejo roble representa menos de una fracción de segundo, pero para una florecilla cuya vida dure un solo día, la vida de un viejo roble es literalmente eterna. Para un druida, el árbol sería sagrado, el hogar de las deidades del bosque y, por lo tanto, una tremenda fuente de poder; pero para un leñador representa apenas un día de trabajo.

Cualquier cualidad del árbol que tomemos cambia de acuerdo con la persona o cosa que la percibe. Consideremos ahora el entorno del árbol. Cada una de las cualidades que poseen el aire, el mar, la tierra y el sol están igualmente bajo mi control. En un estado catatónico yo no vería nada de lo que veo ahora, porque, en un estado de inspiración religiosa, los colores, los olores y los sonidos pueden ser extremadamente pronunciados, lo cual es más que un cambio subjetivo. Para percibir el mundo, mi cerebro tiene que convertir protones virtuales en información sensorial.

Como ya hemos hablado de esto anteriormente, sólo haré notar el aspecto más importante, que es que «aquí fuera no hay ningún árbol». Si no hay un cerebro que los cree, no existen imágenes, sonidos, texturas, gustos ni olores. Estamos tan acostumbrados a aceptar el mundo tal como se nos presenta que pasamos por alto nuestro papel creativo, aunque podemos imaginarnos un mundo sin visión, que es aquel en que mora el pez ciego de las cuevas. Como su entorno no contiene fotones de luz visible, no necesita ojos, lo cual no es una gran pérdida para él, sino que es solamente una opción que no ha ejercido. Del mismo modo, una persona es capaz de crear resultados en su vida, mientras que otra persona apenas percibirá acontecimientos al azar. La diferencia entre ellos es una opción no ejercida.

Somos tantos los que limitamos nuestras opciones que contemplamos una creatividad elevada como milagrosa, aunque no lo sea. La mayoría de nosotros podemos recordar una imagen de nuestra infancia, en la playa con nuestras familias, pongamos por caso. Con una imaginación suficientemente vívida, podemos incluso revivir la escena, sintiendo el calor y el brillo del sol y dejando que el oleaje nos acaricie el cuerpo. En realidad, no existe una diferencia esencial entre revivir estos recuerdos en nuestra mente o ir a la playa en persona, porque en ambos casos el cerebro está conformando fotones virtuales en un modelo de experiencia. Cuando Jesús convirtió el agua en vino, utilizó la misma capacidad, con la única diferencia de que tergiversó la línea arbitraria entre los resultados imaginarios y los reales.

En la fase cinco, mariposeamos alrededor de esta línea, pero aún no estamos en la fase de hacer milagros tales

como levitar o resucitar muertos. En esta fase, desempeñamos el papel de aprendices que desean asomarse a la caja
de secretos del maestro, pero que aún no saben nada. En
otras palabras, existe todavía una pequeña separación entre la mente individual y su origen a nivel virtual. Ponernos en la fase cinco es como colocarnos en lugar del alum-
no más aventajado de Mozart o de Leonardo da Vinci, pero
para ser aceptado por el maestro como un artista, tenemos
que haber desarrollado las siguientes relaciones:

- Necesitamos creer que nuestro profesor es realmente un
  gran maestro. El Dios Creador tiene un *potencial creati-*
  vo ilimitado.
- Confiamos en que nuestro maestro pueda hacer un trabajo de confianza en el medio que haya escogido. El
  Dios Creador utiliza el medio real, porque *controla el*
  tiempo y el espacio.
- Queremos que nuestro maestro tenga muchas cosas que
  enseñarnos. El Dios Creador es *abundante* y *generoso.*
- El maestro no tiene que estar tan perdido en sí mismo
  como para ser inabordable. El Dios Creador es *abierto.*
- No queremos que nuestro maestro retenga sus conocimientos reales. El Dios Creador *desea ser conocido.*
- Queremos que nuestro maestro trascienda la capacidad
  mecánica para beber en las fuentes del genio. El Dios
  Creador *tiene inspiración.*

En las primeras fases del crecimiento interior, podría
parecer blasfemo o por lo menos muy imprudente emprender este tipo de relaciones, porque las etapas preliminares
no desean ni permiten tanta intimidad; pero en la fase cinco, nos damos cuenta de que Dios no es un ser con deseos
porque, como no tiene preferencias, se lo permite todo. Las
inhibiciones que nos retienen existen en nuestro interior, y
esto es verdad para todos los niveles del crecimiento. Dios
contempla todas las opciones desde el mismo punto de vis-

ta porque es infinito y, por lo tanto, lo engloba todo aunque, sin embargo, no emite sentencias. Cuando nos damos cuenta de esto, Dios nos abre repentinamente sus más profundos secretos, no porque Dios haya cambiado de forma de pensar, sino porque ha cambiado nuestra perspectiva.

¿Quién soy?
El co-creador de Dios.

La metáfora del maestro y del aprendiz sólo llega hasta aquí porque a Dios no le encontramos nunca en persona y no nos anuncia qué es lo que va a enseñarnos, porque todo el proceso es interno. Sin embargo, como co-creadores, se supone que vamos a hacer algo más que vivir y tener deseos aleatorios, como hacen la mayoría de las personas. Un co-creador se orienta de una forma determinada hacia sus deseos, lo cual no significa en modo alguno controlarlos o manipularlos, puesto que esto son opciones que se hacen a nivel del ego. En la fase cinco, el proceso consiste en ser los autores de nuestras propias vidas, cosa que algunos han llamado escribir el guión de nuestro destino. Y esto, ¿cómo se hace?

Ante todo, tenemos que ver la diferencia entre antes y después. Antes de ser los autores de nuestra propia vida nos sentimos poco dispuestos e impotentes y constantemente nos suceden cosas imprevistas; cada día se nos presenta algún tipo de obstáculo, ya sea grande o pequeño. En efecto, puede haber una confusión absoluta sobre qué es lo que queremos en primer lugar y, si estamos en un lugar de conflicto y confusión, parece que las circunstancias exteriores tienen las de ganar.

Por el contrario, una vez que hemos asumido la autoría de nuestra propia vida, no se ponen nunca en duda los re-

sultados y, sea lo que sea lo que nos sucede, cada acontecimiento tiene un lugar y un sentido y nos damos cuenta de
que nuestro viaje espiritual adquiere sentido hasta en el
menor de los detalles. Con esto no queremos decir que el
ego se despierte cada mañana y nos arregle el día —porque
los acontecimientos aún se producen de forma impredecible—, sino que, en el momento en que éstos se producen,
nos damos cuenta de que estamos en disposición de enfrentarnos a ellos. De esta forma, no puede surgir nada que
no encuentre una respuesta en nuestro interior, y la aventura consiste en descubrir las soluciones creativas que más
nos atraigan, y como un autor que en cada página puede
verter el mundo que él mismo elija, adquirimos una autoría
basada en nuestras propias inclinaciones, sin ayuda externa y sin segundas opiniones.

La fase cinco no es la última fase, porque hemos cruzado la línea que nos lleva a los milagros. Podremos decir
que estamos en la fase cinco por la forma en que obtenemos aquello que queremos. Si nos fiamos casi por completo de nuestro proceso interno, entonces, con un esfuerzo
mínimo, seremos co-creadores de la realidad.

¿Cómo encajo en esto?
Hago propósitos.

Si nos metemos en detalles, el acto de la creación se
puede reducir a un solo ingrediente: la intención. En la
fase cinco, no tenemos por qué dominar técnicas esotéricas, ni trucos mágicos para que un pensamiento se con-
vierta en realidad, ni secretos para obrar milagros. Las cosas suceden con sólo proponérselas. Cuando se entrevista a
personas que han tenido éxito, oímos muchas veces la misma fórmula: «Tenía un sueño y me aferré a él porque sabía
que se haría realidad.» Esta actitud es un síntoma, podría-

mos decir *el* síntoma, de la co-creación. Desde luego que hay que trabajar mucho para alcanzar cualquier logro importante, pero en la fase cinco el resultado final está preparado y, por tanto, el trabajo en sí no es de tipo primario, sino que es simplemente el necesario para llegar a la meta. De hecho, muchas personas famosas que han alcanzado el éxito dan fe de que los asombrosos acontecimientos de su carrera parecen suceder de forma automática, o como si le sucediera a alguien fuera de ellos mismos. Sea lo que sea lo que sienten, en el centro de todo el proceso encontramos una intención.

Si analizamos esto desde el punto de vista del comportamiento específico, podremos encontrar las siguientes cualidades en personas que han llegado a dominar el arte de la intención:

1. No están apegadas al pasado o al modo en como debieron suceder las cosas.
2. Se adaptan rápidamente a los errores y las faltas.
3. Tienen buenas antenas y están alerta a las menores señales.
4. Tienen una buena conexión entre mente y cuerpo.
5. No tienen problema en enfrentarse a la incertidumbre y la ambigüedad.
6. Tienen paciencia por el resultado de sus deseos, y fe en que el universo les traerá resultados.
7. Hacen conexiones kármicas y son capaces de ver el significado en los acontecimientos del azar.

Estas cualidades contestan también la pregunta anterior de qué bien procede del silencio interior, ya que el bien es creativo. En estas siete cualidades se incluyen algunas importantes lecciones de vida y sólo a partir de esta lista ya podríamos escribir un libro. Sin embargo, nos limitaremos a hacer una breve sinopsis: hacer que una idea se haga realidad implica siempre intenciones. Si tenemos un destello de genialidad, este destello permanece en el interior de nuestra cabeza hasta que se materializa y para esto hay métodos eficientes y métodos que no lo son, siendo el más efectivo el que nuestra propia mente nos muestra. Si nos piden que pensemos en un elefante, la imagen aparece en nuestra mente y, aunque millones de neuronas tengan que coordinar esta imagen utilizando energía química y electromagnética, nosotros quedamos al margen de ello y, por lo que a nosotros se refiere, la intención y el resultado son la misma cosa, permaneciendo invisibles todos los pasos intermedios.

Consideremos ahora una intención de mayor envergadura como, por ejemplo, la de estudiar medicina. Desde el momento en que tenemos esta idea inicialmente hasta que la idea se hace realidad hay muchos pasos, que en modo alguno son internos: preocuparnos por el dinero de la matrícula de la universidad, aprobar unos exámenes, ser admitidos, etc. Sin embargo, cada uno de estos pasos depende de operaciones cerebrales que son coordinadas de forma invisible: pensamos, nos movemos y actuamos utilizando intenciones. En la fase cinco, este piloto automático se extiende al mundo exterior, lo cual quiere decir que esperamos que todo el proceso de llegar a ser médico se haga realidad con el último esfuerzo, libre de obstáculos. El límite entre «aquí dentro» y «allá fuera» queda suavizado y todos los acontecimientos tienen lugar primero en el campo de la mente para manifestarse luego exteriormente.

Una vez que nos hemos dado cuenta de este hecho, nuestro comportamiento ya es libre para seguir los siete principios esbozados en la lista y podemos despreocuparnos de cómo irán las cosas porque las hemos dejado en el cosmos. No importan los éxitos ni los fracasos anteriores porque cada intención es reprocesada desde el principio, sin tener en cuenta los anteriores condicionantes y también podemos tener paciencia en cada una de las etapas, porque el factor tiempo está perfectamente controlado en otro nivel. Durante los meses y años que tardamos en convertirnos en médico, somos testigos silenciosos del modo en que las piezas del proceso van poniéndose en su lugar, y aunque pasemos a la acción, el hecho de actuar permanece impersonal. A nivel del ego podemos sentir una decepción porque el hecho A sucedió en lugar del hecho B, que era el que esperábamos, pero a un nivel más profundo, tenemos conciencia de que el hecho B ocurrió por mejores razones y entonces, cuando esta razón se revela, es cuando hacemos la conexión kármica. Como nadie es perfecto, aún cometeremos errores, pero nos adaptaremos a ellos rápidamente y no hará falta que seamos tenaces, ya que después de todo no es responsabilidad nuestra el cómo funcionan las cosas, sino el haber tenido la intención en primer término. Los escépticos podrían preguntarse qué es lo que nos impide cometer el asesinato perfecto o hacer un desfalco millonario, pero el universo tiende a dar apoyo a aquello que es mejor para nosotros y no sólo a aquello que se nos antoja.

Finalmente, cuando una intención queda desvelada, la persona no permanece pasiva como un pasajero en un tren, sino que su papel es estar tan alerta y vigilante como le sea posible porque, en su primer momento, los momentos clave de la vida llegan como pequeñas señales y sólo se amplifican cuando se toma la decisión de seguirlos. Por lo tanto, estar alerta a las pequeñas señales es una parte importante de la evolución espiritual, porque Dios habla siempre en silencio, aunque algunas veces el silencio hace más ruido que otras.

¿Cómo encontraré a Dios?
Con inspiración.

A menudo oigo a personas que citan el consejo de Joseph Campbell de «seguir con nuestro éxtasis». Pero ¿cómo

se hace esto exactamente? Puedo extasiarme mientras
comó un pastel de chocolate, pero si mantengo este éxtasis, los resultados pueden ser incómodos después de un
cierto tiempo. Las personas codiciosas, egoístas, abusivas,
dominantes y adictas también pueden creer erróneamente
que están siguiendo con su éxtasis. En la fase cinco, el éxtasis queda mejor definido como inspiración. Más que tener intenciones que se originan en nuestro ego, tenemos la
sensación de que estamos llamados a hacer alguna cosa de
gran importancia. La autogratificación es aún intensa,
pero ya no es estrecha, en el sentido de que tener un orgas-
mo o comer en un gran restaurante sí que lo es. El sentido
de estar fuera está a menudo presente, y cuando Dios toma
el mando, el disfrute de nuestros deseos se convierte en éxtasis, mientras que en el cumplimiento de los deseos nuestro ego nos sorprende a menudo haciéndonos sentir totalmente apáticos y, si no, preguntémosle a alguien que hace
seis meses que ganó la lotería.

Estar inspirado implica un alto grado de realización.
Hace cuatro décadas, el psicólogo Abraham Maslow habló
por primera vez de las *experiencias límite*, que era su terminología para describir un gran progreso hacia el interior
de la conciencia expandida. Una experiencia límite comparte muchas cualidades con la inspiración, entre las que
se encuentran sentimientos de éxtasis y el estar fuera de
nosotros mismos. Se ha informado de experiencias límite
en la cima del Everest, pero también pueden llegar en el
éxtasis de hacer música, enamorarse o conseguir una victoria importante, porque la mente consciente recibe una
importante inyección del inconsciente, y aunque esto pueda suceder solamente una vez en toda la vida, este sentimiento de fuerza puede influir en el curso de los acontecimientos durante muchos años.

Por el contrario, desde que Freud desveló las bases de
la neurosis, la psicología ha insistido en que la naturaleza

humana está cargada de violencia y de represión. El subconsciente no era una región cercana a Dios, sino un terreno oscuro y tenebroso en el que nuestros peores instintos quedaban normalizados, cubiertos por una capa de mejores instintos como el amor y el pacifismo, pero a los cuales nunca podíamos escapar. Por el contrario, Maslow pensaba que no es normal cualquier manifestación de la violencia o del mal.

Aunque Maslow teorizaba que las experiencias límite nos proporcionan visiones de las normas reales de la psique, fue casi imposible probar que nadie hubiera vivido al límite durante un determinado período de tiempo. Entre el total de la población, Maslow y los investigadores mentales pudieron apenas encontrar un cinco por ciento de personas que hubieran pasado por esta transición; pero cuando los encontraron, sucedieron cosas notables. Para estos individuos era una experiencia normal el sentirse seguros, confiados, plenos de estima hacia ellos mismos y hacia los demás, apreciando profundamente lo que la vida les deparaba y constantemente maravillados de que el mundo pudiera permanecer tan lleno de vigor día tras día y año tras año.

Este puñado de personas fue etiquetado como los «auto-actualizados» y luego fueron olvidados. La norma no fue redefinida, lo cual no era un fallo de percepción, pues redefinir la naturaleza humana en términos tan positivos no parecía realista. Freud ya había establecido las leyes sobre la naturaleza humana, según las cuales éstas contienen tendencias que irrumpen como monstruos enjaulados para sobrepasarnos y que siempre están presentes debajo de la superficie.

El mismo Maslow, incluso creyendo de todo corazón que la naturaleza humana es digna de confianza y capaz de un gran crecimiento interior, tuvo que admitir que tenemos tremendos obstáculos ante nosotros, porque la mayoría de personas están demasiado necesitadas como para crecer ya que, mientras nuestras necesidades están frustradas, pasamos la mayor parte de nuestro tiempo intentando darles cumplimiento. Según dijo Maslow, las necesidades son de cuatro niveles: el primero es físico, que es la necesidad de alimento y vestido; luego viene la necesidad de sentir seguridad, seguida de la de ser amados y, finalmente, de la de la autoestima. Dedicamos una gran cantidad de trabajo interior a estas necesidades básicas de la vida. Maslow nos enseñó que las necesidades están apiladas unas encima de otras en un orden jerárquico, y que sólo en la cúspide de la pirámide una persona tiene la oportunidad de sentirse autoactualizada.

Según esto, la mayor parte de la vida espiritual es un pensamiento ilusionado, porque cuando nos dirigimos a Dios para sentirnos seguros o para que nos ame, la motivación real es la necesidad, que es tal como funciona todo en la vida. Dios no interviene para rectificar cualquier situación que se presente ya que, para restaurar algo sagrado, se debe realizar algo que ni el amor, ni la seguridad, ni la autoestima o la buena fortuna pueden hacer, y aquí es donde entra en juego la inspiración, porque si estamos inspirados no actuamos de ningún modo por necesidad. Según la Biblia, la inspiración es un acto de gracia, una bendición.

En la fase cinco, este sentimiento de tener una bendición empieza a extenderse a partir de un determinado momento, porque no tenemos que estar muy desarrollados espiritualmente para sentirnos triunfantes cuando llegamos a la cima del Everest o nos conceden el premio Nobel, porque el desarrollo espiritual se manifiesta cuando incluso las pequeñas cosas llevan consigo una bendición. Como ya escribió Walt Whitman —un poeta que escandalizó a sus lectores al decir que el olor de sus axilas era más sagrado que cualquier iglesia—, «Me satisface más ver una mañana preciosa por la ventana que la metafísica de los libros». Una persona en la fase cinco ve gracia en todas las cosas.

¿Cuál es la naturaleza del bien y del mal?
El bien es un alto nivel de conciencia.
El mal es un bajo nivel de conciencia.

Una vez una mujer me dijo: «Para mí, una nueva fase empieza de una forma muy trivial. En una ocasión estaba en la habitación de un hotel sentada junto a la ventana, contemplando cómo caía una intensa lluvia que ya hacía todo un día que duraba y que me había echado por tierra los planes que tenía para aquella jornada. Me sentía algo melancólica. A cierta distancia asomaba un rascacielos, y de repente pensé que sería precioso ver un rayo de sol reflejado en aquel edificio. Probablemente no he tenido una idea más trivial en toda mi vida. De repente, en medio de un fuerte aguacero, las nubes se rompieron y un brillante rayo de sol fue a dar justamente al lugar donde yo estaba mirando; estuvo allí un momento como para decir: "Bien, ya tienes lo que querías", y luego las nubes se cerraron de nuevo. Por extraño que pueda parecer, ni tan siquiera me sorprendí, pero aquel minúsculo incidente tuvo un gran impacto en mí y empecé a creer que mis pensamientos estaban conectados con la realidad exterior.»

Una vez que se consigue, esta conexión se vuelve la cosa de más valor en la existencia de una persona y perderla es el mayor de los temores. En la fase cinco, caer en desgracia es una amenaza personal, pero ¿tiene fundamento, este temor? Sí y no. En la fase cinco, es inevitable que alguien pueda hacer que todos y cada uno de sus deseos se conviertan en realidad y, por otra parte, continuaremos sufriendo dolor y fracasos, cosa que alimenta los temores. Muchas personas que han alcanzado un tremendo éxito se dan cuenta de que están girando fuera de control, se descentran y ya no sienten aquella seguridad interior que nos es necesaria para cada uno de los niveles de conciencia. Las presiones exteriores tienen a veces la culpa de esto, y también pueden emerger demonios interiores pero, en cualquier caso, la fase cinco no es en modo alguno un refugio mágico.

Por otra parte, estos obstáculos son solamente temporales, mientras el ego olvida que hay un proceso de aprendizaje en marcha. Cuando las cosas no van bien, el fracaso no es la cuestión y mucho menos el mal. Ser un co-creador implica un dominio que no se ha alcanzado todavía durante la fase de aprendizaje y la sociedad en la que vivimos no da credibilidad a todo lo que hemos tratado hasta aquí. A pesar de todos los clichés sobre cómo hacer que nuestros sueños se conviertan en realidad, a nadie se le ha enseñado que el éxito depende de nuestro estado de conciencia. Los gurús y los maestros son escasos y el legado de la sabiduría ha sido confiado a los libros. Esto significa que casi todo el que lucha por alcanzar la espiritualidad debe ser su propio guía. Incluso Dios, que es el guía verdadero, se da a conocer en un aspecto del ego. En este contexto, caer a una fase inferior de conciencia es considerado como un peligro real y presente, ya que nos arriesgamos a perder la única relación que realmente importa entre nosotros mismos y nuestro ego. En realidad, esto nunca puede suceder, pero la sombra del mal está al acecho en la fase cinco.

Maslow argumentaba que todo el problema del mal se reduce a las necesidades que persisten de forma inconsciente en nuestro pasado. La Alemania nazi fue un país devastado por la guerra y por el desorden económico en los años veinte. Por las biografías de Hitler y de Stalin, sabemos que ambos fueron maltratados cuando eran niños y que se les negó el amor. Podría darse el caso de que estas necesidades frustradas tomaran la forma de crueldad, paranoia y opresión, porque la infelicidad común proviene del hecho de que no han sido satisfechas las necesidades elementales, y el mal dimana de la insatisfacción total.

La fase cinco amplía nuestro poder de tal forma que el hecho de utilizarlo de manera incorrecta conducirá al mal.

Los líderes que ejercen un dominio hipnótico sobre sus seguidores van más allá de lo que es la persuasión ordinaria, teniendo acceso a una fuente de poder que traspasa los límites de la identidad, llegando a infiltrarse en el «yo» de sus oyentes. Cualquiera que haya entrado en la fase cinco teme profundamente sufrir este tipo de influencia, ya que equivale a dejar que los deseos del propio inconsciente tomen el mando. En la intoxicación del poder se pierde la claridad, sin que la persona se dé cuenta de que es un niño destructivo el que está jugando con el control de la mente; al mal resultante podemos seguirle la pista hasta un nivel inferior de conciencia, que es exactamente la cosa que más tememos.

¿Cuál es mi reto en la vida?
Alinearme con el Creador.

Hay más de una manera de alcanzar cualquier meta, aunque no todas sean sagradas. Jesús nació en un mundo de magos y milagros y no inventó en modo alguno todos los poderes que pueden lograr cosas más allá de los cinco sentidos. En aquellos episodios en que expulsa demonios o derrota al hechicero llamado Simón el Mago, Jesús traza una línea entre el camino de Dios y otros caminos, no considerando a Simón como sagrado.

A finales del siglo XIX, un famoso actor inglés llamado Daniel Dunglas Home desarrolló la sorprendente capacidad de andar por el aire. Podía, por ejemplo, salir por una ventana a veinticinco metros del suelo y entrar por la ventana de al lado. Home llevó a cabo esta proeza en numerosas ocasiones y nunca cobró nada ni aceptó pago alguno a cambio de realizarla. En los últimos años de su vida se convirtió al catolicismo, pero fue excomulgado cuando reveló que realizaba sus paseos aéreos con la ayuda de «espíritus descarnados» que le utilizaban como médium.

Me permito contar esta anécdota tal y como es, sin comentario alguno sobre cómo Home podía hacer lo que hacía porque, aunque nunca fue desenmascarado de forma fehaciente, algunos escépticos resaltaban el hecho de que siempre insistía en hacerlo en habitaciones poco iluminadas. Durante muchísimo tiempo se ha hecho distinción entre el poder sagrado y el no sagrado, pero ¿es válida tal distinción? Si Dios lo abarca todo, ¿llega realmente a preocuparse del modo en que se alcanza el poder?

Yo diría que la cuestión debe formularse de nuevo. Si suponemos que nuestro modelo cuántico es bueno, entonces nada es sagrado. Más allá del bien y del mal el Creador nos ha permitido explorar todo aquello que él mismo ha permitido que exista.

Sin embargo, no estaría bien alcanzar ningún nivel de conciencia que no nos aporte beneficios, y como no sabemos cómo se nos ha preparado el viaje de nuestra alma, no debería dejarse a la decisión de nuestro ego decidir qué es bueno o malo para nosotros. El ego siempre desea acumular y adquirir, necesita seguridad y detesta la incertidumbre, aunque en el camino de la evolución siempre hay períodos de gran incertidumbre e incluso falta total de seguridad. Por lo tanto, el reto que se nos propone es alinearnos con intenciones más elevadas, es decir, la voluntad de Dios.

En la fase cinco, aunque podemos hacer que casi todos nuestros deseos se conviertan en realidad, importan más aquellos que *tienen que* convertirse en realidad, porque en este caso estamos guiados por el deseo de aumentar el éxtasis, el amor, la caridad hacia los demás y una existencia pacífica en el planeta y, para ello, debemos cultivar un sentimiento de rectitud y disminuir el sentido del ego. El poder no se manifiesta en el vacío; por ello la gran voluntad que rige los acontecimientos siempre intenta hacerse notar; si nos ponemos a su lado, el paso por esta fase es tranquilo;

si no lo hacemos, entonces tendremos altibajos y nuestra capacidad de manifestar nuestros deseos puede encontrarse con muchos obstáculos que salvar.

¿Cuál es mi mayor fuerza?
La imaginación.

¿Cuál es mi mayor obstáculo?
Mi propia importancia.

Los pintores o los compositores empiezan su trabajo con una tela o con una página en blanco, luego interiorizan y aparece una imagen, que en el primer momento es débil pero que va creciendo. Esta imagen trae consigo un deseo de nacer, y si la inspiración es auténtica, esta impresión ya no se desvanece, con lo que el Creador, la creación y el proceso de creación se funden en una sola cosa. Yo llamaría a esto el sentido literal de la imaginación, que es mucho más que tener una buena idea que nos gustaría llevar a cabo.

En la fase cinco la fusión no es completa. Incluso los más grandes artistas tienen grandes dudas y sufren la falta de inspiración, cosa que también les sucede a los co-creadores. Existe el peligro, especialmente, de intentar hacerse cargo de todo el proceso, cosa que puede conducir a romper nuestras relaciones con Dios, y en este caso la valoración propia de nuestra importancia puede interrumpir el proceso por mucho tiempo. Todo esto es fácil de ver en los artistas: si leemos la biografía de Ernest Hemingway, quedamos sobrecogidos al ver cómo el ego desplaza trágicamente al genio. Hemingway, que fue un escritor extraordinariamente dotado a sus treinta años, nos explica de qué modo sus historias se escribían solas, y cómo, en momentos mágicos, él quedaba al margen del proceso y dejaba que todo sucediese por sí sólo. En un estado mental similar, el poeta William Blake declaró: «Mis palabras son mías pero sin embargo no lo son.»

Con el paso de los años, esta delicadeza de conciencia desapareció, y Hemingway descendió a un tipo mucho más ordinario de lucha. Inmerso en la labor de escribir produjo gruesos manuscritos producto de una labor confusa. En el plano espiritual, surge el peligro de perder la conexión para cualquiera que esté todavía asido a la propia importancia y Hemingway sucumbió probablemente al fracaso y a la autodestrucción. El Dios de la fase cinco es más misericordioso, porque no priva a nadie del impulso de la evolución. Las luchas con la propia importancia pueden durar mucho tiempo, pero siempre terminan una vez que la persona encuentra una manera de devolver más responsabilidad a Dios. En otras palabras, el camino hacia el poder es abandonar poder. Es la gran lección con que se encuentra confrontado el ego en esta fase.

¿Cuál es mi mayor tentación?
El solipsismo.

El poder de hacer que nuestros deseos se conviertan en realidad es muy real, pero es tan temido como deseado. Este temor queda reflejado sucintamente en el dicho «Ten cuidado con lo que deseas, porque podría volverse realidad». Y muchas personas tienen sentimientos ambivalentes cuando finalmente obtienen aquel empleo o aquella esposa que tanto desearon. Sin embargo, yo pienso que se trata de un falso peligro, porque la naturaleza del crecimiento interior es tal que, si adquirimos más poder, es porque lo merecemos. Si alguna cosa de las que se hace realidad tiene también sus desventajas, el balance entre el bien y el mal reflejará nuestra propia conciencia, pero de esto hablaremos en la fase seis, en la que los milagros reales son posibles.

Lo que en este momento es mucho más peligroso es el solipsismo, que consiste en creer que sólo nuestra mente es real, mientras que todos los objetos externos en el mundo no son más que espejismos que dependen de nosotros, los perceptores, y que sin nosotros desaparecerían. Algunos esquizofrénicos paranoicos sufren precisamente de esta ilusión intentando por todos los medios permanecer despiertos constantemente en su temor de que, si se quedan dormidos, el mundo terminará.

En la fase cinco, la tentación es quedarnos aferrados a nosotros mismos. Ya he mencionado que cuando el deseo se hace más eficiente no hace falta ninguna lucha exterior. Es como si Dios se hiciera cargo de la situación y las cosas se desarrollaran como si contáramos con un piloto automático, aunque esto no es excusa para el letargo, porque la persona aún desempeña su papel. Paradójicamente, esta misma persona puede pasar por las mismas motivaciones que alguien que no tiene la menor conciencia de ser un co-creador. La diferencia se encuentra dentro de la mente de uno mismo, porque para un co-creador la vida tiene un determinado ritmo, ya que las cosas están conectadas en forma de modelos y ritmos y todos los detalles tienen sentido.

En el momento en que este punto de vista está vivo, todo el trabajo se vuelve plenamente satisfactorio y ya no estamos obsesionados por la ansiedad del fracaso o de la consecución y, lo que es más importante, son los resultados conseguidos lo que nos aporta la realización. Sin embargo, todo esto se pierde si caemos en el solipsismo, porque mientras el ego se hace cargo de la tarea de mantener el mundo en marcha, olvida que la creación depende de la gracia. Tengamos en cuenta que la fase cinco no se mide realmente por lo que podemos conseguir. Una persona que alcance una gran intimidad con Dios puede optar por obtener resultados muy limitados pero, sin importar lo que se consiga, existe un sentimiento constante de ser bendecido, y esto es el objeto de todo deseo, no las apariencias externas.

FASE SEIS:
EL DIOS DE LOS MILAGROS
(Respuesta visionaria)

El Dios Creador nos dio acceso a todo el cosmos, en el que también se encuentran lugares oscuros y compartimientos secretos. Para aceptar esta generosidad, una persona debe también perder el miedo a sus propios lugares oscuros, cosa que raramente sucede. ¿Quién puede verse a sí mismo como un hijo de la luz? Una vez leí lo siguiente en un libro de inspiración: «Estamos en un universo creacional y nuestra capacidad de participar en él se limita únicamente a cuanto de él podemos apreciar.» Al leer estas palabras se me ocurrió que los más grandes santos y maestros del mundo podrían estar simplemente pasándolo bien, ya que tienen la capacidad de vivir en la luz, mientras que los demás no podemos.

Cuesta imaginar que somos ciudadanos del universo, completamente, y sin obstáculo ni limitación alguna. La Iglesia católica reconoce docenas de santos que levitaban, podían estar en dos lugares al mismo tiempo, emitían luz por sus cuerpos cuando oraban y hacían curaciones. Así, por ejemplo, en los años cincuenta unos feligreses de Los Ángeles aseguraron que habían visto a su párroco elevarse del suelo cuando se concentraba en la pasión de los sermones.

A pesar de todos sus milagros o quizá precisamente a causa de ellos, pensamos que los santos no se divierten, no tienen relaciones amorosas, ni impulsos sexuales, y es imposible imaginarnos un santo con dinero y un buen coche.

Sin los accesorios adecuados, ropas blancas, sandalias y un halo de virtud, no concebimos al iluminado.

En la fase seis, se comprueban todas estas suposiciones y son posibles los milagros de verdad. Aceptamos la invitación de Dios de transformar la existencia material, y en ello encontramos un goce extático. Por ejemplo, una de las almas santas más encantadoras de los tiempos recientes fue una monja de finales de la era victoriana llamada hermana María de Jesús Crucificado, que vivió con las carmelitas cerca de Belén; era una mujer árabe nacida en el seno de una familia pobre de la región con el nombre de Mariam Baouardy y que antes de hacer sus votos[2] había trabajado como asistenta doméstica.

Al entrar en el convento en 1874, las otras monjas descubrieron que su novicia tenía el alarmante hábito de elevarse a las copas de los árboles y de saltar de rama en rama como un pájaro. Algunas de las ramas en las que se posaba no tenían fuerza ni para sostener un pajarillo. Estas proezas alarmaban a Mariam que no tenía forma de predecir o de controlar sus éxtasis, y en una ocasión al menos (de un total de ocho que se observaron) Mariam pidió tímidamente a sus compañeras que se volvieran y no la miraran.

En su estado extático, la «pequeña», como se conocía a Mariam, cantaba constantemente plegarias a Dios. La madre priora, en lugar de caer de rodillas respetuosamente, ordenó a Mariam que volviera a la tierra inmediatamente.

> En el momento en que oyó la palabra «obediencia», la extasiada descendió «con una faz radiante» y perfectamente modesta, y se detuvo en algunas ramas para cantar «¡Amor!»...
>
> —¿Por qué se eleva usted de esta manera? —le preguntó la madre priora.
>
> —El Cordero [Cristo] me transporta en sus manos —respondió Mariam—. Si obedezco rápidamente, el árbol se hace así —dijo colocando una mano cerca del suelo.

Estoy seguro de que en algún remoto lugar del planeta alguien, cuyo nombre nos es totalmente desconocido, está levitando. El hecho de que los escépticos nieguen la existencia de milagros no importa en absoluto, puesto que la existencia de milagros nos anuncia al Dios de la fase seis, que tiene las siguientes cualidades:

Transformador
Místico
Iluminado
Está más allá de las causas
Existe
Cura
Mágico
Alquimista

Las palabras sólo pueden darnos una vaga idea del ser del que estamos hablando. Un Dios de milagros está inmerso tan profundamente en el mundo cuántico que incluso aquellos que han pasado años de su vida en la plegaria y la meditación puede que no hayan detectado huellas de él. El mundo material está organizado para funcionar sin su presencia, lo cual hace que el Dios de los milagros sea profundamente místico incluso desde el punto de vista religioso. ¿Estaba Jesús exagerando cuando hizo su afirmación más espectacular acerca de los poderes que Dios puede conceder?

Yo os digo que si vuestra fe fuera solamente del tamaño de un grano de mostaza, diríais a esta montaña: «Muévete de aquí para allá», y la montaña se movería; nada os sería imposible.

Esta promesa tiene una explicación. Consideremos la descripción de la creación que se hace en el más místico de los Evangelios que es el de san Juan: «En el principio era el

Verbo y el Verbo estaba en Dios, y el Verbo era Dios.» En otras partes de la Biblia, un escritor que quería referirse a la sabiduría divina, la llamó el Verbo, pero san Juan dice «el Verbo es Dios». Es evidente que no hay ninguna palabra ordinaria implicada, y que quiere decir algo así como: antes de que hubiera tiempo y espacio, afuera en el cosmos sólo había una tenue vibración y en esta vibración estaba contenido todo, todos los universos, todos los acontecimientos, todo el tiempo y todo el espacio. Esta vibración primordial estaba con Dios y, por lo que podemos profundizar, es Dios. La inteligencia divina estaba comprimida en este «Verbo» y cuando al universo le llegó la hora de nacer, el «Verbo» se transformó a sí mismo en energía y en materia.

En la fase seis, una persona vuelve al mundo, en toda su fuerza primordial, para descubrir los orígenes. Detrás de todas las cosas hay una vibración, no en el sentido de una onda sonora o de energía, porque estas ondas son materiales, sino que es la «madre de las vibraciones» al nivel virtual que lo incluye todo.

En la India, el sonido de la madre divina tomó el nombre de *om*, y se cree que meditar con este sonido desvelará todos los secretos de la madre. Posiblemente *om* sea la palabra a la cual se refiere san Juan, cosa que nadie que no haya llegado a la fase seis podrá saber con certeza, pero podemos imaginárnoslo porque los más grandes hacedores de milagros tienen discípulos y en todas las épocas, los discípulos dicen lo mismo del maestro sagrado:

- Estar en su presencia es suficiente como para cambiarnos la vida. El Dios de los milagros es *transformador*.
- El maestro desprende un aura sagrada que la mente no puede comprender. El Dios de los milagros es *místico*.
- Un maestro sagrado da muestras de altos estados de conciencia. El Dios de los milagros es *iluminado*.
- Las acciones del maestro se rigen por un razonamiento secreto que algunas veces no tiene sentido para sus se-

guidores. El Dios de los milagros *está más allá de las causas.*

- El maestro purifica a otras personas de sus imperfecciones y es capaz de curar enfermedades. El Dios de los milagros *cura.*
- El maestro puede obrar maravillas que desafían toda explicación. El Dios de los milagros es *mágico.*
- El maestro puede interesarse en la ciencia esotérica. El Dios de los milagros es *alquimista.*

Sin embargo, estas cualidades no nos dicen nada del trabajo interior de la mente de un santo. ¿Qué mecanismo cerebral, si es que existe, nos da una visión de Dios y hace que los milagros sean posibles? Todo lo que tenemos son pistas aisladas. Algunos investigadores han especulado sobre el hecho de que los dos hemisferios del cerebro se equilibran completamente en las fases más elevadas de la conciencia. Una tradición yóguica sostiene que también la respiración llega a equilibrarse y, en lugar de dar preferencia a una de las fosas nasales, la persona siente que de ambas fluye un suave flujo rítmico de respiración. Otra especulación sostiene que el cerebro se hace más «coherente», en el sentido de que los modelos de ondas que normalmente están en desorden y desconectadas se sincronizan, del mismo modo que el batir sincronizado de millones de células del corazón durante el ritmo normal cardíaco, pero esta coherencia ha sido raramente detectada y aún se debate sobre ella.

Por lo tanto, lo que nos queda es una esquiva función cerebral que yo llamaré la respuesta visionaria, que está marcada por la capacidad de cambiar los estados de energía fuera del cuerpo, siendo la causa de que se transformen los objetos y los acontecimientos. Aunque todo esto pueda sonar muy vago, para alguien que esté en la fase seis, los milagros son tan fáciles como cualquier otro proceso mental, y ningún investigador del cerebro ha podido llegar muy lejos en la tarea de describir el cambio necesario que debe conseguirse para hacer un milagro.

Una vez que hemos admitido la existencia de la respuesta visionaria, es fascinante aprender lo importantes que son los símbolos y las imágenes. Por ejemplo, curar no es nunca lo mismo en las distintas culturas. En nuestra cultura, el corazón humano es visto como una máquina de relojería que sufre un desgaste con el tiempo y que arreglamos por medio de reparaciones mecánicas del mismo modo que lo haríamos con un reloj usado. O sea que, cuando descubrimos que los viudos sufren de una alta incidencia de muertes repentinas debido a ataques cardíacos, no acabamos de encajar el hecho de que la tristeza puede matar, porque no hay muchas máquinas que mueran de tristeza.

En algunas regiones del Amazonas, se considera que el cuerpo es una extensión de la jungla. En este entorno, las hormigas son portadoras de toxinas, venenos, alimentos en putrefacción, etc. Según nos explica un antropólogo, un aldeano fue en una ocasión a ver al curandero local con un absceso inflamado en la mandíbula debido a un diente infectado. El curandero ató un cordel alrededor del diente e inmediatamente, una fila de grandes hormigas salió de la boca del aldeano pasando por el cordel. Se llevaron las toxinas y el aldeano se recuperó sin tener que perder el diente.

Dejando aparte los símbolos, ¿de qué forma se efectuó la curación? Recordemos también a los cirujanos psíquicos de las Filipinas, que parece que penetran con las manos en el cuerpo de los pacientes y extraen todo tipo de tejidos sangrantes, ninguno de los cuales es de los que se encuentran dentro del cuerpo durante la autopsia. En muchos casos, los pacientes informan de que han sentido realmente los dedos del cirujano y se habla de curaciones espectaculares.

En términos cuánticos podemos ofrecer una explicación de lo que hacen los curanderos en los alrededores de lo milagroso. El curandero no utiliza la hipnosis, pero al mismo tiempo tampoco opera en el plano físico. Por lo que sabemos de nuestro modelo cuántico, cualquier objeto puede ser reducido a bloques de energía. Sin embargo, hasta ahora, nuestra conciencia no podía cambiar estos modelos invisibles de fotones excepto de una forma muy limitada. Podemos imaginarnos un cuerpo saludable, por ejemplo, pero esta imagen no evita que podamos caer enfermos. De hecho, el curandero convierte una imagen mental en una realidad física, que es lo que hacen todos los milagreros. A nivel cuántico «vemos» un nuevo resultado, y es de esta visión que emerge el nuevo resultado.

De esto se desprende una lucha de poderes, y el curandero tiene que ser más poderoso que su paciente para hacer todo tipo de cambio permanente en su condición, porque lo que está alterando son los modelos de energía que han sido distorsionados y han causado la enfermedad. Un diente infectado o una retina desprendida no son más que un bloque de fotones, una imagen deformada hecha de luz.

La cuestión clave no es si el curandero es real o falso, sino la fuerza que tiene en su subconsciente ya que él sólo es el que hace que el paciente entre en la realidad alterada con él, junto con los observadores que se encuentran presentes. Debo enfatizar el «que se encuentran presentes» porque esto es un efecto de campo y, del mismo modo que un imán puede atraer el hierro sólo a una cierta distancia, el milagrero tiene sólo un determinado alcance de capacidad. Se ha llegado incluso a decir que si hay demasiadas personas en la habitación, el fenómeno no se produce. El conglomerado de conciencias que forman todos ellos es demasiado grande para manejarlo, como una viga de hierro es demasiado grande para que un pequeño imán la mueva.

Cuando la Virgen María se apareció en Fátima, en Portugal, en 1917, una inmensa multitud que se estimó en setenta mil personas se reunió para presenciar la aparición que había sido prometida a los tres pastorcitos del pueblo. Aquellos que estaban más cerca de los niños contaron que el sol giró como un remolino en el cielo y se precipitó hacia la tierra en medio de una luz irisada, mientras que otros que estaban más lejos vieron solamente una luz brillante y los que estaban a mayor distancia no vieron nada de esto. En cuanto a los niños, cayeron de rodillas y hablaron con la Virgen María.

Cuando el milagro ha terminado, los observadores abandonan la esfera de influencia del milagrero, el efecto campo ya no funciona y todo el mundo recupera su estado normal de conciencia en una transición que puede ser brusca y en la que algunas personas incluso se debilitan o se sienten turbadas. El mundo milagroso se desvanece y aparece un sentido de imprecisión sobre lo que acaba de suceder. En la vida ordinaria, los acontecimientos siguen siendo desconcertantes y de ahí el escepticismo existente sobre apariciones sagradas, cirujanos psíquicos y curanderos de la jungla. Pero la respuesta visionaria describe otro nivel de conciencia en el que los modelos de energía se mueven con cada uno de los pensamientos. El hecho de que estos cambios alteren el mundo exterior es sorprendente para nosotros pero es natural para las personas que están en la fase seis.

¿Quién soy?
Conciencia iluminada.

Hemos llegado muy lejos con la pregunta «¿quién soy?». Si empezamos por el cuerpo físico de la fase uno y nos vamos moviendo firmemente hacia planos menos físicos, no llegamos a otra cosa que no sea la conciencia. «Yo» no soy ni siquiera la mente, sólo la luz. Mi identidad flota en una niebla cuántica mientras los fotones parpadean dentro y fuera de la existencia. Mientras observo estos modelos cambiantes que vienen y van, no me siento apegado a ninguno de ellos; incluso no me preocupa el hecho de no tener una vivienda permanente, porque es suficiente estar bañado de luz.

De los millones de formas con que podríamos definir la iluminación, hay una buena que es identificarse con la luz. Los milagreros hacen algo más que tener acceso a modelos de energía. Como dicen los Vedas: «No es que aprendamos el conocimiento, es que nos convertimos en conocimiento.» Jesús hablaba en parábolas pero podía muy bien haber hablado literalmente cuando declaró a sus discípulos: «Vosotros sois la luz del mundo.»

Es imposible saber cuántos seres humanos se han vuelto milagreros. Según el judaísmo místico, treinta y seis almas puras, conocidas como los Lamed Vov, hacen que el mundo siga vivo. Algunas sectas de la India reducen este número a siete maestros iluminados cada vez. Sin embargo, también nos dice el Antiguo Testamento que Dios hubiera salvado Sodoma y Gomorra si hubiera podido encontrar cincuenta justos, pero que redujo finalmente el número a uno solo, Lot, cuya esposa fue convertida en estatua de sal y las ciudades fueron destruidas. Por implicación, si aspiramos a unirnos a alguno de estos grupos, nuestras posibilidades son ínfimas, pero ¿es posible resistirse a ser iluminados?

La inmensa mayoría de personas ha dicho que no con sus acciones o con sus palabras, pero debemos resaltar que el poder de hacer milagros es accesible antes de la santidad. Cuando vemos una imagen en el cerebro estamos desplazando la realidad, y una imagen mental es apenas perceptible y se desvanece pronto, pero no importa. La operación decisiva que hay detrás del milagro es que la podemos efectuar, porque la diferencia entre nosotros y el milagrero es que nosotros no creamos un campo de fuerza suficientemente fuerte como para hacer que nuestra imagen mental se proyecte al mundo exterior.

Incluso así, si llegamos al campo de fuerza de un alma más grande, nuestra realidad puede desplazarse rápidamente. Hace tiempo me contaron un interesante caso de un médico occidental que hizo un viaje a lo más profundo de la selva tropical colombiana. Un día, mientras trepaba por una pared rocosa muy resbaladiza al lado de una cascada, perdió pie y tuvo una grave caída. Se lesionó la espalda y ya no pudo andar, en un momento en que la expedición estaba a doscientos kilómetros de la ciudad más cercana y no contaba ni con teléfono ni electricidad.

Durante varios días descansó en un pequeño poblado, con la esperanza de que el dolor disminuyera lo suficiente como para arreglárselas por sí mismo, pero en lugar de ello, empeoró, porque el tejido afectado se iba inflamando aún más. En su desesperación, permitió finalmente ponerse en manos de un chamán. Cuando éste llegó, empezó a ponerse en trance, a tomar hierbas alucinógenas y a cantar durante varias horas. En medio del ritual, el doctor se encontró dormitando y se sintió arrastrado. Cuando se despertó, el chamán se había ido y el dolor de espalda había remitido. Para su sorpresa, pudo levantarse y andar como si nada le hubiese ocurrido.

«No tengo ni idea de qué es lo que sucedió —contaba posteriormente—, pero se me ocurre una cosa, y es que había llegado a un punto de total desesperación antes de permitir que llamaran al curandero, en el que yo no creía pero, al menos, tampoco dejaba de creer.»

En mi opinión, este médico cerró el circuito entre el curandero y él mismo de una forma significativa al permitir sin oponer resistencia que el chamán fuera hacia la luz. Algunos curanderos creyentes empiezan por imponer las manos y preguntar «¿Crees que Dios puede curarte?». Visto desde una perspectiva más amplia, nadie tiene el poder de mantener a Dios totalmente apartado y sólo podemos cerrar o abrir nuestra aceptación de la luz, cosa que ayuda a crear un proceso que va a favorecer poco a poco nuestra disponibilidad a estar abiertos. Sin importar cuánta documentación se ofrece para apoyar los milagros, muchas personas aún dirán: «Pero ¿tú has visto alguno personalmente?» Pues, de hecho, yo he tenido uno lo suficientemente cerca. Tengo un primo que es veterano de la guerra de Cachemira y que hace unos años fue atacado por un virulento acceso de hepatitis C. Como somos una familia de médicos, recibió todo tipo de tratamientos, entre los que se encontraba el interferón, pero no servían de nada, porque su número de plaquetas descendía de forma alarmante y se elevaba el número de virus de la hepatitis.

Hace unos cuantos meses, fue a ver a un sanador energético en la India que pasó las manos por el hígado de mi primo para extraer la entidad que causaba la enfermedad. En poco tiempo, el número de plaquetas volvió a la normalidad y el número de virus remitió y no quedaron síntomas de la enfermedad. Para mí, todo esto es un milagro del que podemos extraer una enseñanza. Podemos tomar a muchas personas de nuestra sociedad y enseñarles con éxito el arte del «toque sanador», que precisa que el práctico pase sus manos unos cuantos centímetros por encima de la piel del paciente para así sentir dónde están los núcleos calientes de energía, que se detectan como una parcela de calor sobre esa región. Entonces, el práctico aparta este exceso de energía para disiparlo y en muchos casos se alcanza la curación, normalmente en forma de una recuperación más rápida que con los tratamientos convencionales.

¿Existen realmente estas parcelas de calor sobre las zonas enfermas del cuerpo? De ser así, ¿por qué tendría que tener una diferencia significativa en la curación del paciente? La respuesta depende del hecho de que la base de la curación no es material sino cuántica, porque las cosas son reales en el mundo cuántico si hacemos que sean reales y esto lo conseguimos manipulando la luz. Con mucho cuidado y paciencia, cualquiera de nosotros puede aprender a hacerlo, porque la curación por imposición de manos no es más que una de las maneras de curar. Si formáramos una escuela para enseñar a enfermeras el modo de extraer hormigas de la jungla de la boca de una persona enferma, algunas de las alumnas estarían decididamente capacitadas para hacerlo. Del mismo modo, cualquier milagro puede estar a nuestro alcance, sólo con que empecemos a alterar nuestra concepción de quiénes somos y de qué modo trabajan nuestras mentes.

¿Cómo encajo en esto?
Con amor.

Cuando un milagrero se da cuenta de que está bañado en luz, siente un intenso amor, porque está absorbiendo las cualidades espirituales que contiene la luz. Cuando Jesús dijo «Yo soy la luz», lo que quería decir era: «Estoy totalmente dentro del campo de fuerza de Dios.» En la India, personas de cualquier nivel aspiran a ponerse dentro del campo de fuerza de un santo, al que se llama *darshan*, una palabra sánscrita que significa estar a la vista de alguien. Hace unos años fui a buscar *darshan* a casa de una mujer santa de las afueras de Bombay conocida por sus seguidores simplemente como Madre.

La casa —una simple choza de ladrillo en un pueblecito— era minúscula. Fui llevado a su presencia en una sala aún más pequeña donde ella esperaba sentada en un sofá al lado de la ventana. Su ayudante, una anciana, me indicó silenciosamente una silla. La Madre, vestida con un sarí dorado y con unos ojos grandes y expresivos, parecía tener algo más de treinta años. Nos sentamos en silencio. La cálida llovizna que caía en la calle se transformó en una tormenta tropical y era el único ruido que se oía. Al cabo de un rato, empecé a notar un maravilloso sentimiento de dulzura en la habitación que dejó mi mente completamente en paz. Cerré los ojos pero era consciente de que la Madre me estaba mirando. Al cabo de media hora, la ayudante me preguntó en voz baja si deseaba formular alguna pregunta. «Con toda libertad —dijo—. Después de todo, estás hablando con Dios. Sea lo que sea lo que le pidas, él se ocupará de ello.»

No me sorprendí en absoluto, porque en la India, cuando una persona alcanza un estado de conciencia que está en completa intimidad con Dios, los demás se refieren a ella de esta forma, pero no tenía ninguna pregunta que hacer. Pude sentir sin la menor duda que aquella joven creaba por sí misma una atmósfera de ternura y amor, y ofrecía una tranquilidad tal que en aquel momento se podía creer en una «energía madre» inherente al universo.

En la fase seis, todos los dioses y diosas son aspectos de uno mismo expresados en estados de buena energía. No me declaro devoto cuando digo que la Madre era capaz de hacer sentir estas energías, sino que la única sorpresa es que pudiera hacerlo por un extraño, ya que todos sentimos esta energía madre alrededor de nuestras propias madres cuando somos niños. En la India es bien sabido que el *darshan* no es el mismo con cada santo. Algunos de ellos tienen una presencia que es casi como un trance; otros crean un sabor a miel o fragancia de flores. Los «juncos de *darshan*» que pasan horas en presencia de personas santas pueden recitar qué *shakti*, o poder, se siente en presencia de un santo determinado, y se cree que los visitantes pueden absorber estos sabores de Dios como si fueran esponjas.

El momento más emocionante con la Madre fue cuando me despedí. Su ayudante me mostró la puerta y me despidió con una observación en mal inglés. «Ahora ya no tienes problemas —dijo alegremente—. ¡Dios pagará tus deudas!»

Nadie puede pretender que la fase seis sola revele el amor de Dios, pero la analogía con el magnetismo encaja perfectamente. La aguja de una brújula, expuesta al débil campo magnético terrestre, se encara temblorosa hacia el norte de forma infalible, pero si agitamos la brújula, la aguja oscila. Sin embargo, si la acercamos a un campo electromagnético potente, la aguja quedará fija sin oscilar.

Del mismo modo, todos estamos en el campo de fuerza del amor, pero en las primeras fases del crecimiento espiritual, su poder es débil y podemos ser arrojados en otras direcciones. En esto influyen emociones en conflicto, pero lo que es más importante, se nos bloquea nuestra percepción del amor, y una persona no se da cuenta de que la fuerza de Dios es inmensamente poderosa hasta después de años de limpiar los bloqueos internos de represión, dudas, emociones negativas y antiguos condicionantes. Cuando esto sucede, nada podrá apartar nuestras mentes del amor como emoción personal que se transmuta en energía cósmica. Rumí lo describe de una forma magnífica:

> Oh Dios,
> ¡he descubierto el amor!
> ¡Qué maravilloso, qué bueno, qué bello es!...
> Ofrezco mi saludo
> al espíritu de pasión que hizo nacer y excitar todo el
> [universo
> y todo lo que contiene.

Rumí cree que cada átomo de la creación baila de pasión por Dios, tal y como sucede en la conciencia de la fase seis. Hay que dar un salto cuántico con la conciencia para amar a Dios constantemente, y sin embargo, cuando finalmente damos el salto, no hay realmente Dios alguno que amar como objeto separado, ya que la fusión del adorador y de lo adorado es casi completa, pero es suficiente para animarlo todo en la creación. Como dice Rumi: «Esto es el amor que hace vivir nuestro cuerpo.»

¿Cómo encontraré a Dios?
Con la gracia.

En la fase seis, ya no es necesario buscar a Dios, del mismo modo que no tenemos que buscar la gravedad, porque Dios está presente y es constante en todo momento. En algunas ocasiones lo sentimos en nuestro éxtasis, pero a menudo podemos sentir dolor, angustia y confusión. Esta mezcla de sentimientos nos recuerda que hay dos entidades que entran en conjunción, una es el espíritu y la otra es el cuerpo. El cuerpo puede percibir el espíritu solamente a través del sistema nervioso y, a medida que va aumentando la intensidad de Dios, el sistema nervioso se siente sobrecogido por él y no tenemos otra opción más que adaptarnos, aunque estas adaptaciones nos causen sensaciones de intenso quemazón, temblores, desmayos y palidez, junto con miedo y estados semipsicóticos. Aún es bastante común intentar buscar «explicaciones» médicas a las visiones de los santos dándoles el nombre de ataques epilépticos, por ejemplo, y a la luz cegadora de las visiones sagradas como un efecto lateral de graves cefaleas. Pero ¿cómo sabemos que esto no es verdad?

Una refutación muy evidente es que las cefaleas y la epilepsia ni producen inspiración, ni nos aportan sabiduría y percepción, mientras que los santos son ejemplos de la gracia en acción. No puedo dejar de pensar en el místico polaco, el padre Maximilian Kolbe, una figura santa que murió bajo el régimen nazi en Auschwitz.[3] Aunque estaba totalmente demacrado y sufría de tuberculosis desde hacía mucho tiempo, Kolbe entregaba la mayor parte de su ya magra ración a otros prisioneros. En una ocasión, estaba totalmente muerto de sed y un médico también prisionero en el campo le ofreció una taza de té de contrabando, pero él la rehusó, porque otros reclusos no tenían nada que beber. El padre Maximilian sufrió constantes palizas y tortura. Al final, presenció cómo condenaban a otro recluso a morir de hambre en una cripta subterránea y Kolbe se presentó voluntario para ponerse en el lugar del otro preso. Cuando unos días más tarde se abrió la cripta, todos habían muerto excepto él, que fue entonces ejecutado con una inyección letal.

Ante sus propios ojos, Kolbe no era un mártir, pero algunos de sus camaradas prisioneros e incluso algunos nazis dieron testimonio de primera mano del estado de gracia en que estaba. Un judío superviviente testificó bajo juramento que el padre Maximilian emanaba luz cuando oraba por la noche y este informe fue secundado por otros varios en los años anteriores al arresto del sacerdote. Su conducta fue siempre sencilla y humilde y cuando le preguntaban cómo podía soportar con tanta entereza el tratamiento que recibía de los nazis, él sólo decía que se debe responder al mal con amor.

Hay pocas historias de santos que sean tan conmovedoras como ésta, que nos deja el sentimiento de que la gracia es sobrehumana, y en cierto sentido lo es, ya que la presencia de Dios vence las más adversas condiciones de dolor y de sufrimiento. Sin embargo, en otro sentido, la gracia nos ofrece apoyo constante en nuestra vida diaria y no podemos decir en modo alguno, mientras trabajamos en cada una de las fases de crecimiento interior, si estamos de hecho haciendo alguna cosa por voluntad propia. Una vez le preguntaron a un maestro hindú si «cuando nos afanamos por alcanzar estados más elevados de conciencia, somos nosotros los que estamos haciendo realmente algo o simplemente nos ocurre». «Podríamos verlo de las dos maneras –replicó–. Nosotros hacemos nuestra parte, pero la motivación real viene del exterior de nosotros, aunque si queremos ser estrictamente exactos, de hecho todo nos está sucediendo.»

Si en la fase seis Dios es como un campo de fuerza, la gracia es la atracción magnética y se adapta a cada persona. Hemos formulado nuestras opciones, algunas de las cuales son buenas y otras son malas para nosotros, y luego la gracia adapta los resultados. Para expresarlo de otra forma, cada uno de nosotros hace cosas que tienen consecuencias inesperadas y, como nuestra previsión es limitada, nuestras acciones están siempre sujetas a la ceguera de lo que va a suceder luego.

La palabra *karma* significa al mismo tiempo la acción y el resultado impredecible. Cinco personas pueden amasar una fortuna, aunque para cada una de ellas el dinero crea consecuencias diferentes, que van de la miseria a la conformidad. Esto mismo es válido para cualquier acción. ¿Por qué el karma no es mecánico? ¿Por qué la acción A no siempre conduce al resultado B? La ley del karma se compara a menudo con una simple relación causa-efecto, utilizando la analogía de las bolas de billar cuando las golpeamos con el taco. Los ángulos y los rebotes de las bolas de billar son muy complejas, pero un jugador hábil puede calcular su tiro por adelantado con extremada exactitud, lo cual le permite predecir el camino que seguirá cada bola una vez que haya escapado de su control.

Si el karma fuera mecánico, sucedería lo mismo con nuestras acciones: las planificaríamos, las dejaríamos ir y estaríamos seguros de los resultados. Teóricamente, nada nos lo impide aunque en realidad estamos bloqueados por la absoluta complejidad de todo lo que tenemos que calcular. Cada uno de nosotros lleva a cabo millones de acciones cada día porque, para hablar estrictamente, cada pensamiento es un karma, así como cada respiración, cada bocado de comida, etc., por lo que el juego de billar tiene en este caso un número casi infinito de bolas. Pero es aquí donde entra en juego algo insondable: la gracia.

Dios, con su suprema inteligencia, no tiene problemas en calcular un número infinito de bolas de billar o un número infinito de karmas, y la operación mecánica podría también ser llevada a cabo por un superordenador. Sin embargo, Dios también ama a sus criaturas y desea estar unido a ellas tan íntimamente como sea posible, por lo que introduce en su cálculo la siguiente instrucción especial: *Dejemos que todas las acciones de una persona reboten y choquen entre ellas de todas las formas posibles, pero dejémosles entrever que el espíritu está vigilante.*

Cuando tenemos la sensación de que hemos sido tocados por la gracia, ésta es nuestra pista de que Dios existe y se preocupa de lo que nos sucede. Conozco a un hombre de mediana edad que actualmente es propietario de su propia empresa de ordenadores que descubrió su capacidad empresarial a la edad de veinte años; desgraciadamente, en aquella época esta capacidad la expresó dedicándose al contrabando de drogas en el Caribe utilizando una avioneta ligera.

«Sólo había hecho un viaje antes de ser detenido por los oficiales de aduanas, y si no me arrestaron fue porque ya no tenía carga a bordo, y ellos no descubrieron nunca el porqué. Es una historia sorprendente —me contó—. Volaba por las Bahamas cuando encontramos una densa capa de nubes. Descendí para evitarla, pero la niebla llegaba a nivel del suelo. De alguna forma u otra, durante todas estas maniobras, mi socio y yo nos extraviamos, perdimos mucho tiempo intentando encontrar el curso y estábamos cada vez más preocupados porque el Caribe es un océano enorme y con muy pocos lugares donde aterrizar. Pronto empezamos a andar escasos de combustible y nos entró el pánico. Mi socio empezó a gritar y, en un intento de aligerar el avión, arrojamos al mar los bidones de combustible extra, luego la carga y, finalmente, nuestro equipaje. Pero la niebla no se disipaba y puedo asegurar que mi copiloto estaba helado de miedo, convencido de que íbamos a morir. Pero en aquel momento tuve la certeza sobrenatural de que no moriríamos. Miré a mi izquierda en el momento en que se abría un agujero en la niebla, por el que pude ver debajo de mi ala una isla minúscula en la que había una pequeña y descuidada pista de aterrizaje. Hice descender el avión a través de las nubes, que habían vuelto a cerrarse de nuevo, y aterrizamos. Al cabo de media hora teníamos encima a cinco oficiales de aduanas. Durante todo el tiempo que duró el interrogatorio oí una voz interior que me decía que se me había salvado la vida por una razón. En el sentido convencional no me volví religioso, pero fue algo de lo que nunca dudé.»

Tanto si se mueve a nivel de un santo como de un criminal, la gracia es el ingrediente que salva al karma de ser inhumanamente mecánico, y está conectada con el libre albedrío. Una bola de billar tiene que seguir la trayectoria que se le ha asignado, y un ladrón que comete un robo un centenar de veces parecería como si estuviese metido en una trayectoria. Pero incluso si el karma está determinado, en cualquier momento tiene la oportunidad de detenerse y rectificar en su camino. La gracia puede tomar la forma de un simple pensamiento —«Quizá debería dejarlo»— o puede ser una transformación sobrecogedora como la experimentada por san Pablo en el camino de Damasco cuando la luz divina lo cegó y lo desmontó del caballo. En cualquiera de los casos, el impulso de moverse hacia el espíritu es el resultado de la gracia.

¿Cuál es la naturaleza del bien y del mal?
El bien es una fuerza cósmica.
El mal es otro aspecto de la misma fuerza.

Es tan difícil ser bueno que a veces tenemos que abandonar. Ésta es la realización que nos llega en la fase seis, porque, al principio, ser bueno parece fácil, cuando se trata sólo de obedecer unas normas y evitar problemas, pero se hace más difícil cuando interviene la conciencia, porque nuestra conciencia está reñida con los deseos. Ésta es la fase, familiar para todos los niños de tres años, en que una voz interior susurra «¡Hazlo!», mientras otra dice «No, no lo hagas». En la cristiandad, esta lucha está predestinada a terminar con la victoria del bien, porque Dios es más poderoso que Satán, pero en el hinduismo las fuerzas de la luz y de las tinieblas combaten eternamente y el equilibrio de poder se alarga en ciclos que duran miles de años.

Si el hinduismo tiene razón, no tiene objeto el intentar resistir al mal, porque los demonios, llamados *asuras* en sánscrito, nunca abandonan la lucha. De hecho, no pueden hacerlo porque están integrados en la estructura de la naturaleza, en la que la muerte y la decadencia son inevitables. Tal y como lo ven los sabios hindúes, el universo depende tanto de la muerte como de la vida. «Las personas temen morir sin reflexionar sobre ello —dijo en una ocasión un sabio—. Si pudiéramos hacer realidad la fantasía de vivir eternamente estaríamos condenados a la eterna senilidad.» El universo debe contener un mecanismo de renovación, por ello el cuerpo se va deteriorando con el paso del tiempo, e incluso las estrellas agotan su reserva de energía porque la muerte es la ruta de escape que se ha previsto.

En la fase seis las personas ya son lo suficientemente visionarias como para verlo porque aún retienen una concepción de Dios, que es la fuerza de evolución que está detrás del nacimiento, el crecimiento, el amor, la verdad y la belleza. También retienen una concepción del mal que es la fuerza que se opone a la evolución, podemos llamarla entropía, que conduce a la descomposición, la disolución, la inercia y el «pecado» en el sentido de cualquier acción que no ayuda a la evolución de la persona. Sin embargo, para el visionario, son dos lados de la misma fuerza, que Dios creó porque ambas son necesarias; Dios está en el mal del mismo modo que está en el bien.

Deberíamos recalcar que este punto de vista no es ético, aunque podemos discutirlo diciendo: «Mira esta atrocidad y aquel horror. No me digas que Dios está ahí.» Cada fase de crecimiento interior es una interpretación y todas las interpretaciones son válidas. Si vemos víctimas de crímenes y de injusticias que parten el corazón, para nosotros son cosas reales, pero puede que el santo, incluso si siente compasión por estas personas, no vea víctimas. Me resisto a profundizar más en esto porque la tentación de hacer victimismo es muy poderosa y decir a la víctima y a aquel que la maltrata que están del mismo lado es exceder los límites; preguntemos, si no, a los terapeutas que trabajan con mujeres maltratadas.

Sin embargo, pienso que no hay ninguna duda de que el santo ve al pecador dentro de sí mismo, del mismo modo que el santo acepta el mal con la misma calma que cualquier otra cosa. Testigos oculares han asegurado que, cuando los nazis administraron la inyección letal al padre Maximilian, éste hizo acopio de sus últimas fuerzas para tender el brazo voluntariamente a la aguja. Durante los terribles días en que estuvo encerrado en la cripta con otros prisioneros, los guardas del campo de concentración estaban asombrados por la atmósfera de paz creada alrededor del monje franciscano. Esta historia no mitiga el mal que hizo el nazismo, que debe ser contabilizado a su propio nivel, pero el cuidado del alma es cosa aparte, y en algunos momentos las danzas del bien y del mal se funden en una sola cosa.

¿Cuál es mi reto en la vida?
Obtener la liberación.

Cuando surge la fase seis, cambia el objeto de la vida. En lugar de esforzarse por alcanzar la bondad y la virtud, la persona tiende a huir de las ataduras. Y al decir huir, no me refiero al hecho de morir e ir al cielo, aunque esta interpretación es válida para aquellos que la sustentan, sino que la huida real en la fase seis es kármica. El karma es infinito y evoluciona constantemente, porque causa y efecto no terminan nunca y la confusión es tan sobrecogedora que no podremos jamás resolver ni una parte de nuestro karma personal. Pero el campo de fuerza de Dios, tal y como lo hemos venido llamando, ejerce una atracción para poner el alma fuera del alcance del karma, por lo que causa y efecto no serán destruidos. Incluso los santos más iluminados tienen un cuerpo físico sujeto a la decadencia y a la muerte, comen, beben y duermen. Sin embargo, toda esta energía se utiliza de formas diferentes.

Un maestro indio dijo a sus discípulos: «Si estuvierais constantemente dirigiendo todo pensamiento y toda acción a Dios, aún estaríais tan lejos de la iluminación como alguien que estuviese constantemente dedicado al mal.» Esta afirmación es muy sorprendente, porque todos nosotros aún identificamos el bien con Dios, la fuerza de la bondad aún es kármica. Los hechos de Dios tienen su propia recompensa, del mismo modo que la tienen las malas acciones, pero ¿qué sucedería si no deseásemos recompensa alguna y sólo quisiéramos ser libres? A este estado, los budistas lo llaman nirvana, que se presta a malentendidos cuando se traduce como «olvido».

El nirvana es la liberación de las influencias kármicas, el final de la danza de los opuestos. La respuesta visionaria nos permite ver que el hecho de desear A o B siempre va a conducirnos a lo contrario. Si he nacido en la abundancia,

el primer sentimiento es de contento porque puedo satisfacer cualquier deseo, pero a la larga llega el aburrimiento,
no tendré descanso y en muchos casos deberé soportar la
carga de las pesadas responsabilidades de gestionar mi riqueza, y me revuelvo en la cama, preocupado por todo este
cúmulo de cosas molestas, hasta que empiezo a pensar lo
bueno que tiene que ser el ser pobre, porque entonces no
tendría nada que perder y estaría libre de obligaciones sociales y de caridades.

Según el budismo, tarde o temprano mi mente deseará
lo contrario de lo que tengo, porque el péndulo kármico va
oscilando hasta que llega a la extrema pobreza para volver
luego a llevarme de nuevo a la riqueza. Como solamente
Dios está liberado de la relación causa-efecto, desear el
nirvana significa que deseamos alcanzar la realización divina. En las primeras fases del crecimiento esta ambición
sería imposible y la mayoría de las religiones condenan la
blasfemia, pero el nirvana no es moral. Dios y el mal ya no
cuentan, una vez que los hemos visto como las dos caras
de la misma dualidad. Para poder mantener las sociedades
unidas, las religiones han impuesto la obligación de respetar el bien y aborrecer el mal, y de ahí la paradoja de que la
persona que desea ser liberada actúa contra Dios. Muchos
devotos cristianos se sienten completamente desconcertados por la espiritualidad occidental porque no pueden resolver esta paradoja: ¿cómo puede Dios desear que seamos
buenos y sin embargo querer que vayamos más allá del
bien?

La respuesta se encuentra completamente en la conciencia. Los santos de cada cultura han sido ejemplos de
bondad, y sus virtudes han brillado, pero el *Bhahavad-Gita*
nos informa de que no hay signos externos de iluminación,
lo que significa que los santos no tienen que obedecer las
normas convencionales de comportamiento. En la India
existe el «camino de la izquierda» hacia Dios. En este cami-

no, el devoto evita la virtud y el bien convencionales, se sustituye la abstinencia sexual por la indulgencia sexual, normalmente de forma muy ritualizada, y se puede llegar a abandonar una vivienda confortable para vivir en una tumba. Algunos devotos tántricos llegan hasta el extremo de dormir con cadáveres y comer los alimentos más repulsivos y corruptos. En otros casos, el camino de la izquierda no es tan extremo, pero siempre es diferente de la observancia religiosa ortodoxa.

El camino de la izquierda podría parecer el lado oscuro de la espiritualidad, totalmente engañoso debido a su barbarie y locura; ciertamente, algunos misioneros cristianos que estuvieron en la India no tuvieron problemas en captar esta interpretación, pero se estremecieron al ver a Kali con su collar de calaveras y con la sangre manando de sus colmillos. ¿Qué clase de madre era? Pero el camino de la izquierda cuenta con miles de años de antigüedad y tiene sus orígenes en textos sagrados que contienen tanta sabiduría como cualquier otro en el mundo. Afirman que Dios no puede ser confinado en modo alguno. Su gracia infinita abarca la muerte y la decadencia, y se encuentra en el cadáver y en el recién nacido. Para algunas personas, muy pocas, no es suficiente ver esta verdad, sino que desean percibirla, y Dios no se lo niega. En Occidente, no debe ponerse en duda nuestra repulsa por el camino de la izquierda, porque las culturas siguen cada una su camino. Me pregunto, sin embargo, qué es lo que pasó por la mente de Sócrates cuando bebió la copa de cicuta; es posible que, como deseaba morir para no escapar a la sentencia del tribunal, el veneno fuera agradable para él. Y el padre Maximilian pudo haber experimentado un éxtasis cuando la aguja fatal le penetró en el brazo. En la fase seis, la alquimia de convertir el mal en una bendición es un misterio que se ha resuelto anhelando la liberación.

¿Cuál es mi mayor fuerza?
La santidad.

¿Cuál es mi mayor obstáculo?
El falso idealismo.

Los escépticos señalan que cuanto más necesitamos un milagro más aumenta nuestra credibilidad, y como necesitamos milagros para probar que un santo es real, al menos en el catolicismo, hay una tentación tremenda a hacerlos. En la fase seis, queda poco espacio para cualquier tipo de pecado, pero en la ínfima hendidura que queda, cualquier persona podría perder la distinción entre la santidad y el falso idealismo. Pongamos un ejemplo.

En 1531, un indio nativo de México caminaba hacia la colonia de los conquistadores españoles cerca de la actual Ciudad de México, cuando una bellísima señora se le apareció en lo alto de una colina para darle un mensaje y ofrecerle luego su bendición. Atemorizado, el indio, cuyo nombre nos ha llegado hasta nosotros como Juan Diego, hizo lo que la señora le había ordenado; pero cuando refirió su visión, el obispo se mostró escéptico. Fue entonces cuando sucedió uno de los milagros cristianos más delicados. Cuando Juan Diego abrió su tosca capa cayeron unas bellísimas rosas rojas. En aquel momento, él y el sorprendido obispo vieron que en el interior de la capa había aparecido una pintura de la Virgen Madre, que hoy en día está expuesta en una magnífica basílica en Hidalgo, a las afueras de la Ciudad de México, en el lugar donde ocurrió el milagro de Guadalupe.

Igual que sucedió con el Santo Sudario de Turín, los escépticos quisieron también hacer pruebas de laboratorio con esta imagen para verificar si había sido pintada por manos humanas, porque era evidente que esta aparición de la Virgen habría sido muy conveniente para los intereses españoles, que ponían gran celo en convertir a los indios. (Hay que decir que el milagro tuvo como resultado conversiones en masa.) Visto desde este punto de vista, podríamos decir que cualquier acontecimiento que hubiera contribuido a terminar con la carnicería de los nativos americanos fue como un milagro, aunque la distinción entre santidad y falso idealismo se encuentre perdida en algún lugar de la historia.

La santidad es lo que hace que un milagro sea milagroso, y que necesite algo más que el simple desafío a las leyes de la naturaleza. Los ilusionistas pueden hacer algo similar cuando arrojan sus cuchillos con los ojos vendados o cortan a una mujer en dos con la ayuda de una sierra, porque mientras no conocemos el secreto, la ilusión es un milagro. En esta sección del libro he especulado sobre el modo en que se producen los milagros, pero el secreto más profundo es por qué son santos. El santo no es un mago y hace algo más que transmutar el plomo en oro, transforma la materia del alma, con una actitud llena de sencillez y pureza. La primera americana canonizada fue Francesca Cabrini. Cuando era todavía una pobre monja en Italia, la madre Cabrini estaba rezando cuando otra hermana entró en su habitación sin llamar a la puerta.

Con gran sorpresa, vio que la habitación estaba llena de una suave claridad y se quedó sin poder articular palabra, pero la madre Cabrini le dijo bruscamente: «Esto no es nada. Ignórelo y siga con lo que estaba haciendo.» A partir de aquel día, la santa tomó medidas para asegurarse la intimidad y la única pista para los que estaban fuera era una tenue luz que a veces podía verse por debajo de la puerta. La señal distintiva del verdadero milagrero es que se siente a gusto con el poder de Dios y el de la santidad, por una desinteresada inocencia. Yo querría pensar que, incluso en el caso de que la imagen de la Virgen de Guadalupe es una falsificación, al menos las rosas fueron reales. Intentar ser santo no es inocente, aunque podría ser bien intencionado; pero en la fase seis no hay lugar para el idealismo, sólo importan las cosas reales. Durante los más de sesenta años de vida docente, J. Krishnamurti resaltaba algo muy interesante sobre la felicidad: «Si os sentís muy felices no tenéis que hablar de ello, porque la felicidad existe en sí misma y no necesita palabras, ni tampoco que penséis en ella. En el mismo instante en que empezáis a decir "soy feliz", ya se ha perdido la inocencia. Sin embargo, habéis creado un pequeño espacio entre vosotros y el sentimiento auténtico; por lo tanto, no penséis que cuando habláis de Dios estáis cerca de él, porque vuestras palabras han creado el espacio que debéis cruzar para acercaros a él, y nunca lo cruzaréis con la mente.»

El idealismo ha nacido en la mente. En la fase seis, el santo puede cantar a Dios e incluso hablar de él, pero la relación sagrada es tan privada que nada puede irrumpir en ella.

¿Cuál es mi gran tentación?
El martirio.

¿Sienten los santos tentaciones de convertirse en mártires? Cuenta la historia que en el siglo III hubo una epidemia de martirios en el Imperio romano. En aquella época, el cristianismo no era reconocido como una religión oficial sino que era visto como un culto que podía ser perseguido según la ley. Curiosamente, no era la adoración de Jesús lo que infringía las leyes de los tribunales, sino el hecho de que el cristianismo era demasiado nuevo como para ser legal. Aquellos que no sacrificaban al emperador como a un dios eran sentenciados a muerte, y los cristianos ofrecieron sus vidas en la arena como prueba de su fe.

La tradición sostiene que los mártires fueron legión y que desempeñaron un papel importante en la conversión del mundo pagano. Los espectadores no daban crédito a sus ojos al ver cómo los cristianos sonreían y cantaban himnos mientras los leones los despedazaban. Estos espectáculos socavaron su confianza en los antiguos dioses y prepararon el camino para la victoria final de la nueva religión en el año 313, cuando fue declarada la fe oficial del Imperio. Pero la tradición se desvía de los hechos reales en dos aspectos. El primero es que el número de mártires fue probablemente mucho menor que el que se había creído, porque la mayoría de los cristianos escaparon voluntariamente al sacrificio al emperador con estratagemas tales como enviar a un sirviente al sacrificio en su lugar. El segundo es que un amplio sector no creía en el martirio. Los llamados agnósticos sostenían que Dios existía enteramente dentro de sí mismo, y el Padre, el Hijo y el Espíritu Santo eran solamente aspectos de la conciencia. Por tanto, la santidad estaba en todas partes y en cada persona, por lo que el emperador podría ser tan divino como cualquier otro.

Debido a ésta y a otras herejías, los agnósticos fueron despreciados y perseguidos tan pronto como los obispos cristianos llegaron al poder. Al eliminarlos, la Iglesia primitiva instauró el martirio como uno de los más altos caminos hacia Dios, y morir por la fe fue exaltado como la imitación de Cristo. También tiene que haberse establecido un modelo simbólico en su lugar, ya que encontramos a almas tan apacibles como san Francisco de Asís pasando por la terrible angustia de los estigmas, que es el fenómeno por el cual alguien sufre personalmente la crucifixión sangrando por las palmas de las manos y por los pies, tal y como lo hizo Cristo en la cruz.

No estoy en modo alguno denigrando el martirio, solamente estoy resaltando que la fase seis no es ni mucho menos el final del viaje. Mientras el sufrimiento resista a cualquier tentación hay una insinuación para el pecado, y esto hace surgir las últimas y mínimas separaciones entre Dios y el devoto, porque el ego retiene suficiente poder como para decir que «yo» estoy probando mi santidad a Dios. En la próxima fase no quedará nada por demostrar y, por lo tanto, no habrá ninguna clase de «yo». Llegar a este punto es la última lucha del santo aunque, visto desde el exterior, no podemos imaginarnos cómo debe ser. La maravilla de obrar milagros debería ya aportar suficiente felicidad, pero tener a Dios en nuestro interior tiene que ser el mayor de los gozos. Sin embargo, no lo es y nos queda aún una distancia por recorrer, que no es mayor que un cabello, pero, en esta ínfima distancia, se creará todo un mundo.

FASE SIETE:
EL DIOS DE SER PURO, «YO SOY»
(Respuesta sagrada)

Hay un Dios que solamente puede percibirse yendo más allá de toda percepción.

Por debajo de nosotros, el río era puro como cristal verde, pero como la carretera de montaña era muy tortuosa yo no miraba el agua a pesar de su belleza por temor a perder de vista nuestra meta, que era una puerta en la ladera del precipicio. Aunque pueda parecer extraño, es lo que nos habían dicho que debíamos buscar, pero ¿qué precipicio? El Ganges corta una garganta rugiente a un par de centenares de kilómetros de su nacimiento en el Himalaya, y había precipicios por todas partes.

«¡Espera, creo que es esto!», gritó alguien desde el asiento trasero. La última curva de la carretera nos había acercado a la cima del cañón. Al asomarnos, pudimos ver sólo un estrecho sendero que llevaba, era cierto, a una puerta en el precipicio. Nos detuvimos en la cuneta y los cinco saltamos del coche, y avanzamos por el sendero para encontrar a quien tuviera la llave. Nos habían dicho que buscáramos a un viejo santón, un asceta barbudo que hacía muchos años que vivía allí. Al final del sendero había una choza desvencijada y dentro encontramos a un monje adolescente que nos dijo que no podríamos ver a su maestro durante algunas horas. ¿Y la llave? Sacudió la cabeza. Fue en aquel momento en que nos dimos cuenta de que la puerta de la cueva sagrada estaba tan deteriorada que la cerradura se había caído. Entonces ¿podíamos entrar? Se encogió de hombros. «¿Por qué no?»

La puerta, que estaba abierta y se caía de los goznes, chirrió cuando la abrí. Dentro empezaba un túnel, por el que avanzamos en fila a través de la oscuridad, mientras se iba haciendo cada vez más bajo de techo y más estrecho, como una mina. Recorrimos aproximadamente un centenar de metros antes de que se abriera a una cueva en la que pudimos de nuevo ponernos en pie. No teníamos luces y sólo penetraba un ligero resplandor de luz solar desde el exterior.

El monje adolescente nos había hecho prometer un silencio total al entrar en la cueva, porque allí se había meditado durante varios miles de años, desde que el gran sabio Vasishtha se había detenido brevemente en aquel lugar en tiempos legendarios. Pudimos experimentarlo inmediatamente. Vasishtha había sido el tutor del príncipe Rama, una misión imponente considerando que Rama era un dios.

Y ahí estábamos, no sólo en un lugar sagrado sino en el más santo. Yo tengo la desgracia de dejar pasar la santidad. Muchos santones de la India me han impresionado con poco menos que milagros y he sufrido gran cantidad de iniciaciones místicas, como aquella en que una mujer santa me abrió la mancha sagrada en el vértice del cráneo para permitir que entrara un soplo de aire de la corona, y nunca he sentido nada. Sin embargo, en esta cueva, tuve la sensación de que el mundo estaba desapareciendo. Al cabo de un momento apenas recordaba la carretera tortuosa por encima del Ganges y, después de unos minutos en el suelo de fría piedra con los ojos cerrados, se había desvanecido todo nuestro viaje de vacaciones.

Era un buen lugar para encontrar al Dios de la fase siete, al que se conoce cuando todo lo demás se ha olvidado. Cada persona está unida al mundo por miles de hilos invisibles de actividad mental, tiempo, lugar, identidad y todas las experiencias pasadas. En la oscuridad, empecé a perder más de estos hilos. ¿Podría llegar hasta el punto de olvidarme de mí mismo? Un gurú dijo a sus discípulos: «Todo lo que se refiere a vosotros es un fragmento. Vuestras mentes acumulan estos fragmentos en cada momento. Cuando pensáis que sabéis alguna cosa, os referís solamente a un residuo del pasado. ¿Puede una mente así conocer el todo? Es evidente que no.»

El Dios de la fase siete es holístico, lo abarca todo. Para conocerlo, tenemos que poseer una mente a la que compararnos. Un día, durante un paseo, el filósofo Jean-Jacques Rousseau fue coceado por un caballo y perdió el conocimiento. Cuando volvió en sí, se encontró en un extraño estado: le parecía que el mundo no tenía límites y que él era una partícula de conciencia flotando en un vasto océano. Este «sentimiento oceánico», frase que también utiliza Freud, era impersonal. Rousseau se sentía unido a todas las cosas, a la tierra, al cielo y a todos los que se encontraban a su alrededor. Aquel estado en que se sintió en éxtasis y libre duró poco pero, sin embargo, le dejó una fuerte impresión que le obsesionó durante el resto de su vida.

En la cueva de Vasishtha, muchas personas, como yo, han estado buscando el mismo sentimiento durante milenios y esto no implicaba nada que estuviera haciendo conscientemente. Era más que un lapsus de memoria, porque la mente de cada persona es como el despertador automático de un hotel que no para de enviar su mensaje. El mío se revolvía con miles de retazos de memoria relacionados con quién soy yo. Algunos se referían a mi familia o a mi trabajo, otros eran sobre la casa o el coche, los billetes de avión, el equipaje, el depósito de gasolina medio lleno; en resumen, todo el tejido de la vida que, de alguna manera, no se integra en el todo.

Mientras que mi mente se revuelve y bulle con todos estos datos, me confirma que soy real, pero ¿por qué necesito que lo haga? Nadie se hace esta pregunta mientras el mundo está con nosotros; nos fundimos en la escena y aceptamos su realidad. Pero pongamos a alguien en la cueva de Vasishtha y estos retazos de identidad ya no le invadirán, la memoria cesará en su destellante resplandor y entonces empieza la persecución... ¿cuál?

Nada. Un vacío sin actividad. Dios.

Encontrar a Dios en una habitación vacía, encontrar al Dios *definitivo* en una habitación vacía, es la experiencia por la que los milagreros sacrifican todos sus poderes. En lugar del más elevado de los éxtasis, tenemos vaciedad. El Dios de la fase siete es tan intangible que no hay cualidades con las que podamos definirlo, porque no hay nada a lo que aferrarse. En la antigua tradición india, se define este aspecto del espíritu solamente por negación. En la fase siete, Dios es

Nonato
Inmortal
Inmutable
Inamovible
No manifiesto
Inconmensurable
Invisible
Intangible
Infinito

A este Dios no podemos imaginárnoslo como una gran luz y, por lo tanto, para muchos occidentales podría parecer muerto. Pero esta «falta de vida» no es uno de los aspectos negativos que pueden describirlo, ya que este vacío contiene el potencial para toda la vida y toda la experiencia. La cualidad positiva que puede atribuírsele a Dios en la fase siete es la existencia, el ser puro. Por muy desierto que pueda hacerse este vacío, aún existe, y esto es suficiente para dar nacimiento al universo.

El misterio de la fase siete es que la nada puede enmascarar lo infinito. Si hubiéramos pasado directamente a esta fase al principio, no hubiera sido posible probar la realidad de un Dios así, porque tenemos que trepar por la escalera espiritual de peldaño en peldaño. Ahora que ya estamos a una altura suficiente como para divisar todo el paisaje, ya podemos dar un empujón a la escalera y alejarla de nosotros, porque ya no nos hace falta apoyo, ni siquiera el de la mente.

Para que la fase siete sea real, tiene que haber una respuesta correspondiente en el cerebro. Subjetivamente sabemos que existe, porque en cada generación hay personas que nos hablan de la experiencia de la unidad, en la cual el observador se repliega en lo observado. En casos de autismo, un paciente puede llegar a fundirse tan completamente en el mundo que a veces tiene que aferrarse a un árbol para asegurarse de que existe. El poeta Wordsworth tuvo exactamente esta experiencia de niño, refiriéndose a «manchas de tiempo» durante las cuales tenía una sensación sobrenatural de estar suspendido en la inmortalidad. En aquellos momentos aún existía, pero no como una criatura de tiempo y lugar.

Los investigadores cerebrales han podido captar ataques epilépticos en sus aparatos, que es otra circunstancia en la que los pacientes informan de sentimientos sobrenaturales y pérdida de identidad, pero estos ejemplos no nos explican la respuesta sagrada, tal y como yo la llamaría. Las ondas cerebrales alteradas y los informes subjetivos no capturan la capacidad de la mente para comprender el todo. Objetivamente, este estado va más allá de los milagros en los que la persona no hace nada para afectar la realidad salvo contemplarla, aunque en esta mirada las leyes de la naturaleza cambian más profundamente que en los milagros.

Me permitiré apresurarme a poner un ejemplo. No hace mucho, una investigadora de lo paranormal llamada Marilyn Schlitz quiso verificar si había algo de real en la segunda visión. Schlitz escogió el fenómeno por el cual giramos en redondo para descubrir que somos observados desde detrás, a lo cual llamó «observación disimulada». Para ello tomó a un grupo de sujetos y los observó a través de una cámara de vídeo desde otra habitación. Poniendo en marcha y apagando la cámara pudo verificar si cada persona tenía conciencia de ser observada, aun en el caso de que el observador no estuviera presente físicamente. Para no tener que fiarse de las afirmaciones de los sujetos, utilizó un instrumento similar al detector de mentiras, que medía los más sutiles cambios en la respuesta de la piel a la corriente eléctrica.

El experimento fue un éxito; hasta dos tercios de los sujetos mostraron cambios en la conductividad de la piel mientras eran observados a cierta distancia. Cuando Schlitz anunció el éxito de su experimento, se encontró con que otro investigador que había hecho lo mismo había fracasado miserablemente. Había utilizado exactamente los mismos métodos, pero en su laboratorio casi nadie respondió a la segunda visión, y no pudieron explicar la diferencia entre ser observados y no serlo. Schlitz quedó muy perpleja, pero aún tuvo la suficiente confianza como para invitar a un segundo investigador a su laboratorio y volver a hacer con él el experimento, escogiendo los sujetos en el último momento para asegurarse de que no podían falsificarse los resultados.

Schlitz obtuvo de nuevo resultados, pero cuando consultó con su colega, resultó que éste no había obtenido nada. Fue un momento extraordinario. ¿Cómo podían dos personas hacer las mismas pruebas objetivas con resultados tan espectacularmente distintos? La única respuesta viable, desde el punto de vista de Schlitz, radicaba en el investigador mismo y los resultados dependían de *quién era el observador*. Por lo que yo sé, esto es a lo más a que alguien ha llegado para demostrar que el observado y el observador pueden fundirse en una sola cosa. La fusión radica en el corazón de la respuesta sagrada, porque toda separación termina en la unidad.

Tenemos otras pistas para la realidad de esta respuesta, algunas positivas y otras negativas. Las negativas se centran en el «síndrome de la timidez», según el cual hay fenómenos extraños que no se dejan fotografiar; fenómenos como los fantasmas, doblar llaves o abducciones hechas por extraterrestres son atestiguados por personas que no tienen inconveniente en pasar por el detector de mentiras, pero cuando llega el momento de fotografiar estos fenómenos, no aparecen. Las pistas positivas provienen de experimentos como los clásicos llevados a cabo en el departamento de ingeniería de Princeton en los años setenta. En ellos se pidió a los sujetos que miraran a una máquina que emitía al azar ceros y unos, y a la que se conoce como generador numérico aleatorio. El trabajo de los sujetos consistía en utilizar sus mentes para obligar a la máquina a generar más ceros que unos o viceversa. Durante el experimento nadie tocó la máquina ni cambió el programa.

Los resultados fueron sorprendentes, porque sin utilizar otra cosa que la atención concentrada, la mayoría de las personas podía influir de forma significativa en el resultado. En lugar de arrojar una cantidad exactamente igual de ceros y unos, la máquina se desvió en un cinco por ciento o más de los resultados debidos. La razón por la cual los experimentos de Schlitz van incluso más allá es que ella *quería* una prueba en interés de que no fuera alterada, pero obtuvo de todos modos resultados desviados, dependiendo de quién hacía el experimento.

La respuesta sagrada es el último peldaño en esta dirección y da apoyo a la noción de que no existe observador separado de la observación. Todas las cosas de nuestro alrededor son el producto de quienes somos. En la fase siete ya no proyectamos a Dios sino que lo proyectamos todo, que es lo mismo que estar en la película, fuera de ella y ser la misma película. En la unidad no se deja conscientemente separación y ya no creamos a Dios a nuestra imagen, ni aún la más tenue imagen de un fantasma sagrado.

¿Quién soy?
El origen.

Una persona que alcanza la fase siete está tan libre de ataduras que si le preguntamos «¿quién eres?» la única respuesta posible es: «Soy.» Ésta es la misma respuesta que Jehová le dio a Moisés en el Éxodo cuando le habló desde la zarza en llamas. Moisés estaba guardando ovejas en la ladera de la montaña cuando se le apareció Dios. Moisés se atemorizó pero también se preocupó porque nadie creería que había hablado con Dios. Si iba a ser un mensajero sagrado, al menos necesitaba el nombre de Dios, pero cuando se lo preguntó, Dios replicó: «Yo soy el que soy.»

Equiparar a Dios con la existencia puede parecer que le resta poder, majestad y conocimiento, pero nuestro modelo cuántico nos dice otra cosa. A nivel virtual no hay ni energía, ni tiempo, ni espacio. Sin embargo, este aparente vacío es el origen de cualquier cosa que puede medirse como energía, tiempo y espacio, del mismo modo que una mente en blanco es el origen de todos los pensamientos. Isaac Newton tenía el convencimiento de que el universo era literalmente la mente en blanco de Dios y que todas las estrellas y galaxias eran sus pensamientos.

Si Dios tiene una morada, ésta tiene que estar en el vacío, ya que de otro modo sería limitado; y ¿podemos conocer a una deidad ilimitada? En la fase siete tienen que converger dos cosas imposibles: la persona tiene que ser reducida a un simple punto, una partícula de identidad que cierra la última y minúscula abertura entre ella misma y Dios; pero al mismo tiempo, en el momento en que se cura esta separación, este punto minúsculo tiene que expandirse al infinito. Los místicos describen esto como «el Uno se hace Todo». Para ponerlo en términos científicos, cuando cruzamos a la zona cuántica, el espacio-tiempo se pliega sobre sí mismo y la cosa más insignificante de la existencia se funde con la más grande, con lo que el punto y el infinito son iguales.

Si podemos adoptar una mente escéptica para creer en este estado, cosa que no es fácil, se hace evidente la pregunta «¿y ahora qué?». Parece que el proceso está muriendo porque, por mucho que nos acerquemos a él, debemos abandonar el mundo conocido para obtener la fase siete. El milagrero de la fase seis está ya desapegado, pero aún conserva una alegría interior y las débiles intenciones que le motivan para obrar sus milagros. En la fase siete no hay alegría, ni compasión, ni luz, ni verdad. La apuesta definitiva es el fin de la persecución, porque no apostamos a todo o nada, sino que apostamos a todo y a nada.

El problema que tienen los modelos es que siempre son inadecuados porque seleccionan una porción de la realidad y dejan lo demás aparte. ¿Cómo encontraremos un modelo para el Todo y la Nada? Los chinos lo llaman Tao, que significa la presencia entre bastidores que da vida, forma, propósito y movimiento al mundo. Rumí utiliza la siguiente imagen:

> *Hay alguien que nos cuida*
> *desde detrás de la cortina.*
> *En verdad no estamos aquí,*
> *es nuestra sombra.*

En la fase siete, vamos detrás de la cortina y nos unimos a quienquiera que esté allí. Éste es el origen. El viaje espiritual nos lleva al lugar en que empezamos como alma, un mero punto de conciencia, desnudo y despojado de cualidades. Este origen es el ego; «soy» es cuanto podemos decir para describirlo, tal y como lo hizo Dios. Para imaginarnos qué se siente en la fase siete, vengan conmigo a la cueva de Vasishtha, en la que lo olvidé todo, excepto que era. En este estado de desapego no hay nada a lo que aferrarse como etiqueta o descripción:

- No pensamos en el tiempo. Un Dios de ser puro es *nonato* e *inmortal*.
- No tenemos deseos de conseguir nada. Un Dios de ser puro es *inmutable*.
- El silencio nos envuelve. Un Dios de ser puro es *inamovible*.
- Nada aflora a la superficie de nuestra mente. Un Dios de ser puro *no se manifiesta*.
- No podemos encontrarnos a nosotros mismos con los cinco sentidos. Un Dios de ser puro es *inconmensurable*, *invisible* e *intangible*.
- Nos parece estar en ninguna parte y en todas partes al mismo tiempo. Un Dios de ser puro es *infinito*.

El sentido común nos dice que si eliminamos estas cualidades no nos queda nada, y la nada es muy poco útil. Incluso cuando se habla a las personas de abandonar los placeres porque, como dijo Buda, están siempre unidos al dolor, la mayoría de los occidentales los dejan y luego vuelven a optar por ellos. En la fase siete, la argumentación tiene que hacerse de una forma más persuasiva. Ante todo, nadie nos fuerza a alcanzar la realización final. En segundo lugar, no anula nuestra existencia ordinaria, porque seguimos comiendo, bebiendo, andando y expresando deseos. Pero ahora el deseo no pertenece a nadie porque hay restos de quienes éramos... y, por cierto, ¿quiénes éramos?

La respuesta es el karma. Hasta que nos convirtamos en puro ser, nuestra identidad está envuelta en un ciclo de deseos que conducen a acciones y cada acción deja una impresión y las impresiones dan lugar a nuevos deseos. Cuando la patata del anuncio de televisión dice: «¡A que no puedes comer sólo una!», se pone en marcha el mecanismo deseo-acción-impresión.

Este ciclo es la interpretación clásica del karma en el que todos estamos atrapados, por la sencilla razón de que todos deseamos cosas. Y ¿qué hay de malo en ello? Los grandes sabios nos enseñan que no hay nada de malo en el karma excepto que no es real. Si miramos a un perrito que persigue su propia cola, estamos viendo karma puro. El perrito está absorto, pero no va a ninguna parte, porque la cola está siempre fuera de su alcance y si el animal la atrapara entre sus dientes, el dolor que sentiría le haría dejarla de nuevo. El karma significa querer siempre más de aquello que no nos lleva a ninguna parte en primer lugar. En la fase siete, nos damos cuenta de esto y ya no vamos a la caza de fantasmas porque hemos llegado al origen, que es el ser puro.

¿Cómo encajo en esto?
Soy.

Una vez que se ha terminado la aventura de la búsqueda del alma, las cosas se calman. El estado de «soy» renuncia al dolor y al placer, y precisamente porque todo deseo está centrado en dolor y placer, es una sorpresa descubrir que aquello que queríamos era solamente ser. Podemos llevar muchas clases de vidas que valgan la pena, pero ¿vale la pena llevar la vida del «soy»? En la fase siete, incluimos todas las fases previas y, por lo tanto, podemos vivir de la forma que queramos. Por analogía, pensemos en el mundo como en una película en la que se está representando todo y, por lo tanto, todos nos comportamos como si el decorado fuera real.

Si nos despertáramos de repente y nos diéramos cuenta de que nada de lo que hay a nuestro alrededor es real, ¿qué haríamos? Ante todo, algunas cosas sucederían involuntariamente y no podríamos tomarnos en serio los dramas de otras personas. Pequeños problemas y grandes tragedias no serían nada para nosotros, y la Segunda Guerra Mundial también sería completamente irreal. Nuestro desapego podría apartarnos de todo, pero podríamos no decírselo a nadie.

También se desvanecerían las motivaciones, porque en un mundo de sueños no hay nada que conseguir. La pobreza puede ser tan buena como unos cuantos millones en el banco cuando el dinero no importa nada. Los afectos emocionales también desaparecerían porque ninguna personalidad sería real. Una vez considerados todos estos cambios, no nos quedan demasiadas opciones. El final de la ilusión es el final de la experiencia tal y como la conocemos, y ¿qué recibimos a cambio? Solamente realidad, pura y sin adornos.

En la India hay una fábula sobre esto. Había una vez un gran devoto de Visnú que oraba día y noche para ver a su dios. Una noche se cumplieron sus deseos y se le apareció Visnú. Cayendo de rodillas, el devoto gritó:

—Haré cualquier cosa por ti, oh, mi Señor, no tienes más que pedirlo.

Visnú replicó:

—¿Podrías traerme agua?

Aunque muy sorprendido por la petición, el devoto corrió al río tan deprisa como le permitían sus piernas. Cuando llegó y se arrodilló para recoger el agua, vio a una mujer bellísima en pie, en una isla que había en mitad del río. El devoto se enamoró locamente de ella al instante, robó una barca y remó hacia donde estaba la mujer. Ésta respondió a sus demandas y se casaron; tuvieron hijos en la casa de la isla y el devoto se hizo rico y envejeció con su negocio de comerciante. Muchos años más tarde, un tifón arrasó la isla y el mercader fue arrastrado por la tormenta. Estuvo casi a punto de ahogarse, pero recobró el conocimiento en el lugar en que una vez había rogado para ver a Dios. Toda su vida, incluyendo su casa, su esposa, y sus hijos, parecía que nunca hubiera existido.

De repente miró por encima de su hombro y vio a Visnú de pie en toda su gloria radiante.

—Bueno —dijo Visnú—, ¿ya me traes el vaso de agua?

La moraleja de esta historia es que no debemos prestar mucha atención a la película, porque en la fase siete hay un cambio en el equilibrio y empezamos a darnos cuenta de lo inmutable en lugar de ver lo mutable. En el sermón de la montaña, Jesús llamó a esto «almacenar un tesoro en el cielo». Pero las analogías fallan de nuevo. La fase siete no es un premio o una recompensa por haber escogido las opciones adecuadas, es la realización de aquello que siempre hemos sido. Si alguien nos pregunta «¿quién eres?», cualquier respuesta sería errónea excepto «soy», que significa que todos nosotros, incluso los milagreros, estamos equivocados y somos víctimas de una identidad equivocada. Hemos pasado el tiempo proyectando versiones de realidad, incluyendo versiones de Dios que son inadecuadas.

¿Cómo encontraré a Dios?
Trascendiendo.

Nos haya costado mucho o poco ir más allá de la ilusión y volver a la realidad, cuando llegamos hacemos un aterrizaje accidentado. De hecho, los pocos yoguis y sabios que han hablado de la entrada en la fase siete nos dicen que su primera sensación fue la de estar totalmente perdidos, sentían que se habían desvanecido la comodidad y la ilusión. Estamos hablando de personas que se han deleitado con éxtasis, milagros, profundas percepciones e intimidad con Dios. Sin embargo, también estas experiencias fueron engañosas y, dejándolo todo atrás, ahora saben, a un nivel muy profundo, que ha ocurrido algo bueno. Han trascendido a una nueva vida y a un nuevo nivel de existencia como si se quitaran una piel vieja, porque la antigua vida simplemente se ha marchitado.

Trascender es ir más allá. En términos espirituales también significa crecer. «Ahora que ya no soy un niño he dejado la cosas de los niños», nos dice san Pablo. Por analogía, incluso el karma puede pasar de la edad y dejarse de lado. Veamos un argumento para esto: dos realidades definitivas esperan nuestra aprobación. Una de ellas es el karma, la realidad de las acciones y los deseos; el karma se desenvuelve en el mundo material, forzándonos a dar siempre vueltas a la misma noria. La otra realidad está ejemplificada por el estado abierto, desapegado y pacífico de la meditación profunda. Pocas personas la aceptan, pero aquellas que lo hacen quedan generalmente apartadas de la sociedad como ascetas.

Sin embargo, es falso que nos veamos a nosotros mismos atrapados entre las dos opciones. La «realidad definitiva» significa la sola y única; el vencedor se come al vencido, por lo que si apostamos nuestro dinero al vencido, hemos cometido un error que nos costará caro. Es probable que nos demos cuenta de que hemos comprado tinieblas en lugar de sustancia y de que nuestros deseos fueron susurros fantasmales que nos llevaron por caminos equivocados. Tal y como lo formuló un maestro védico: «El mundo del karma es infinito, pero descubriréis que es un infinito aburrido. El otro infinito nunca es aburrido.»

La razón de volver al origen deriva pues del interés en uno mismo. No quiero aburrirme; no quiero llegar al final de la búsqueda y terminar con las manos vacías. Aquí terminan todas las metáforas y las analogías porque, del mismo modo que cuando nos despertamos vemos que el sueño ha sido una ilusión, el Ser puede desenmascarar al karma. Eliminemos lo irreal y, por definición, todo lo que queda tiene forzosamente que ser real. El viaje del alma no es un juego, una búsqueda o una apuesta, sino que sigue un curso predeterminado hacia el momento del despertar.

Durante el camino, hay exiguos momentos de despertar que presagian el acontecimiento final. Creo que podré ilustrar esto con una historia. Cuando yo tenía diez años, mi familia vivía en el acantonamiento de Shillong, cerca del Himalaya, y mi padre tenía un ayudante llamado Baba Sahib que le limpiaba los zapatos y le lavaba la ropa. Baba era un musulmán muy creyente en todo lo sobrenatural. Siempre que bajaba al *dhobi ghat*, el lavadero del río, solía batir la ropa cerca de un cementerio, porque estaba seguro de que había fantasmas en el lugar y lo probaba tendiendo la ropa mojada en las lápidas. Si se secaban en menos de media hora, Baba tenía la certeza de que aquella noche se vería un fantasma en el cementerio.

Para demostrármelo, me sacó de la casa a hurtadillas y me contó una historia de una madre y un hijo que eran fantasmas primarios y que habían muerto ambos en trágicas circunstancias. Estuvimos sentados entre las tumbas durante dos horas y a medida que transcurría el tiempo yo iba teniendo más sueño y más miedo, pero cuando ya nos íbamos, Baba me señaló algo a lo lejos.

—¡Mira allí! ¿Ves? —gritó.

Y yo vi dos apariciones pálidas flotando sobre una de las lápidas. Corrí a casa presa de una gran excitación y no dije nada a nadie. Después de todo un día, guardar el secreto se fue haciendo cada vez más difícil, por lo que se lo conté a la persona de más confianza de la casa, mi abuela.

—¿Crees que me lo he imaginado todo? —le pregunté, con la esperanza de que ella confirmara mis visiones o que se sorprendiera con ellas.

—¿Qué importa? —me dijo, encogiéndose de hombros—. Todo el universo es imaginario y tus fantasmas son tan reales como todo lo demás.

En su origen, el cosmos es igualmente real e irreal. La única forma que tengo de saber algo es a través de las neuronas que centellean en mi cerebro, y aunque ellas pudieran llevarme a un tal grado de fina percepción que fuera capaz de ver todos los fotones brillar dentro de mi córtex, en aquel punto mi córtex también se disolvería en fotones. Por lo tanto, se funden en una sola cosa el observador y la cosa que intenta observar, lo cual es exactamente de la manera en que también termina nuestra búsqueda de Dios.

¿Cuál es la naturaleza del bien y del mal?
El bien es la unión de todo lo opuesto.
El mal ya no existe.

La sombra del mal está al acecho detrás del bien hasta el último momento, y solamente cuando ha sido totalmente absorbido en la unidad, termina la amenaza del mal de forma definitiva. La historia de Jesús culmina este clímax lacerante en el huerto de Getsemaní, cuando oraba para que fuera apartado de él aquel cáliz. Sabía que los romanos iban a capturarlo y ejecutarlo y la perspectiva hizo surgir un tremendo momento de duda. Se trata de uno de los momentos más dolorosos del Nuevo Testamento y es completamente imaginario.

El mismo texto nos dice que Jesús se había apartado de todos los demás y que sus discípulos se habían dormido; por lo tanto, nadie pudo haber escuchado lo que dijo, especialmente si estaba orando. En mi opinión, esta última tentación le fue atribuida por los autores del Evangelio. Pero ¿por qué? Porque sólo pudieron concebir esta situación por sí mismos, viendo a Cristo a través de un espacio, el mismo espacio que nos impide imaginarnos cuánto miedo, tentación, pecado, mal e imperfección pudo trascender. Sin embargo, esto es lo que sucede en la fase siete.

A las religiones les es muy difícil ser divertidas. En la Edad Media, la gente no encontraba la parte humorística del viaje del alma, porque tenían demasiado presentes la muerte, las enfermedades, las tentaciones de Satán y los infortunios de este valle de lágrimas. La Iglesia subestimaba estos horrores y la única escapatoria que tenía la gente se llevaba a cabo durante las fiestas, cuando se erigía un basto estrado de tablas en el exterior de la catedral, sobre el que se escenificaban milagros y en los que Satán no era tan terrible porque era representado como un bufón. Las mismas personas que temblaban ante la perspectiva del pecado eran entonces testigos de las caídas de culo del demonio. En aquellos momentos, la Iglesia les enseñaba una nueva lección: el mal en sí debe ser redimido. La historia terminará aquí en la tierra cuando Satán sea aceptado de nuevo en el cielo, y entonces el triunfo de Dios será completo.

A nivel personal, no podemos permitirnos reírnos los últimos hasta la fase siete, al menos mientras la mente está ocupada en sus opciones, porque algunas resultarán peores que otras. Todos nosotros tendemos a igualar el dolor con el mal, y en tanto que sensación, el dolor nunca termina, porque es parte de nuestra herencia biológica. La única forma de ir más allá del dolor es trascender, y esto se consigue alcanzando un punto de vista más elevado. En la fase siete, todas las versiones del mundo son contempladas como proyecciones, y una proyección no es nada más que un punto de vista que toma vida. De este modo, el punto de vista más elevado abarcará cualquier cosa que suceda, sin preferencia y sin negación.

Yo mismo he estado confrontado con esta posibilidad en dos ocasiones cuando el mal se plantó a la puerta de mi casa. La primera ocurrió a principios de los años setenta cuando yo me esforzaba por llevar una vida de residente en un sórdido barrio de Boston. Mi esposa había salido dejándome a cargo de nuestra hijita. Era ya tarde cuando la puerta del piso se abrió violentamente y un hombretón enorme y amenazador irrumpió sin decir palabra. Eché una ojeada en todas direcciones y, antes de que yo mismo pudiese darme cuenta de que él empuñaba un bate de béisbol, salté sobre él, se lo arrebaté en un breve forcejeo durante el cual no dijimos ni una palabra y en menos de un segundo le había dejado inconsciente de un golpe de bate en la cabeza. Poco después, mi corazón bombeaba adrenalina desesperadamente, pero en el instante en que actué no era yo mismo; aquella acción no me perteneció.

Naturalmente se formó un gran revuelo y cuando llegó la policía se descubrió rápidamente que aquel hombre era un criminal con un apretado historial de asaltos y presuntos asesinatos. Por mi parte, yo había actuado correctamente, aunque a nivel consciente yo tuviese un serio compromiso con la no violencia.

Pero la historia no termina aquí. Hace dos años, había terminado de dar una conferencia en una ciudad del sur y salí por una puerta trasera a una avenida, porque me parecía que era el camino más corto a mi hotel. Fuera me esperaba una banda de tres jóvenes, uno de los cuales sacó una pistola y la colocó en mi sien. Cuando me pidió el billetero, supe de repente qué tenía que decirle: «Mira, puedo darte el dinero en efectivo, pero no las tarjetas de crédito —le dije con voz calmada, enseñándole el dinero—. Supongo que no querrás matarme por unos cuantos miles de pesetas. Esto sería asesinato y lo llevarías encima durante el resto de tus días. Por lo tanto, baja el arma y vete, ¿de acuerdo?»

Yo mismo me sorprendí de haber pronunciado aquellas palabras. Fue como si yo estuviera fuera de mí mismo mirándome. La mano del chico estaba temblando, los tres muchachos parecían muy indecisos. De repente grité «¡Fuera de aquí!» tan fuerte como pude y los tres salieron corriendo dejando caer la pistola a mis pies.

Tenemos dos escenas en las que el mal está presente, y dos reacciones diferentes, que ofrezco como evidencia de que alguna cosa en nuestro interior ya trasciende las situaciones actuales. Cuando vemos la actuación de términos opuestos nuestra conciencia interior aprovecha cada momento como original. Pero aún no lo he explicado todo sobre el segundo incidente. En mi negociación, también les prometí a los jóvenes que no diría nada a la policía y realmente nunca lo hice. Un acto de violencia potencial fue contestado con otro de violencia, el otro, con pacifismo. No puedo explicar por qué elegí aquellas opciones, sólo puedo decir que no las elegí. Las acciones se desarrollaron por sí mismas y la justicia se hizo en ambos casos, actuando desde más allá de mi limitado punto de vista. En la fase siete, una persona se da cuenta de que no es cosa nuestra equilibrar las balanzas; si entregamos nuestras elecciones a Dios, somos libres de actuar como nos muevan los impulsos, sabiendo que su origen es la unidad divina.

¿Cuál es mi reto en la vida?
Ser yo mismo.

Al parecer, nada podría parecer más fácil que ser uno mismo, pero todos nos quejamos constantemente de lo duro que es. Cuando somos pequeños, nuestros padres no nos dejan ser nosotros mismos, porque ellos tienen ideas distintas sobre el hecho de comernos pasteles de chocolate enteros o de dibujar en las paredes con lápices. Más tarde, los profesores tampoco nos dejan ser nosotros mismos. Luego se entrevé la presión que se ejerce sobre el adolescente y, finalmente, cuando la sociedad ha impuesto sus normas, la libertad es todavía más restringida. Quizá si estuviésemos solos en una isla desierta podríamos ser nosotros mismos, pero incluso allí nos perseguirían la culpa y la vergüenza. No hay forma de sustraernos a la herencia de la represión.

Todo se reduce a un problema de límites y resistencias. Alguien nos impone un límite y nosotros nos resistimos para seguir siendo libres, por lo que «ser uno mismo» se convierte en algo relativo, y a menos que alguien nos diga qué es lo que no podemos hacer no tenemos nada a lo que oponernos. Por implicación, mi vida no tendría forma alguna, y yo daría satisfacción a todos mis caprichos, cosa que es una forma de prisión. El hecho de tener cien esposas y un espléndido banquete no es ser nosotros mismos, es ser nuestros deseos.

En la fase siete, el problema se termina en el momento en que se funden los límites y la resistencia. Para estar en unidad, no podemos tener limitaciones, porque somos un todo, y esto es lo que llena nuestra percepción. La opción A y la opción B son iguales ante nuestros ojos. Cuando esto es verdad, el deseo puede fluir a donde quiera: algunas veces nos podremos comer el pastel entero, tener las cien esposas y caminar sobre la hierba. Pero si nos privamos de estas realizaciones también es bueno, porque yo no soy mis deseos y ser yo mismo ya no tiene la más ligera referencia exterior.

Todo esto ¿no me priva de elegir mis opciones? Sí y no al mismo tiempo. En la fase siete, todavía hay preferencias. Una persona puede querer vestir y hablar de una forma determinada e incluso puede decidir sus preferencias y sus antipatías, aunque todas esas cosas son residuos kármicos del pasado. Como yo hablo inglés e hindi, provengo de una familia de médicos, viajo mucho y escribo libros, estas influencias podrían muy bien persistir en la fase siete. Pero pasarían a un segundo plano, convirtiéndose en una mera decoración de mi existencia real, que es simplemente existir.

¿Cómo podría ser capaz de decir que este estado es real? Un escéptico que mirase la fase siete pretendería que la unidad es solamente una forma de autodecepción. Toda esta charla sobre el Todo y la Nada no elimina las necesidades de este mundo y, de hecho, los grandes místicos se guardan de los adornos de la vida ordinaria. El problema de la autodecepción parece ser más complicado cuando nos damos cuenta de que el ego, en su necesidad de continuar como centro de toda actividad, no tiene problema en pretender ganar en iluminación.

Recordemos la historia del monje de la túnica azafrán. Había una vez un joven en la India que frecuentaba un grupo de discusión con sus amigos. Todos ellos se consideraban buscadores serios y sus discusiones versaban sobre temas esotéricos sobre el alma, la existencia de una vida posterior y otros temas similares.

Una noche la conversación fue calentándose y el joven salió al exterior para tomar un poco de aire. Cuando volvió a la habitación, vio a un monje vestido con una túnica azafrán sentado a un lado. Ninguna otra persona en la habitación parecía darse cuenta de su presencia. El joven se sentó sin decir nada. La discusión siguió a gritos, pero el monje permaneció silencioso y nadie se dio cuenta de nada. Ya era más de medianoche cuando el joven se levantó para irse y, con gran sorpresa, el monje de la túnica azafrán se levantó también y le siguió. Durante todo el camino hasta su casa, el monje le acompañó. Cuando el joven se levantó a la mañana siguiente, el monje estaba sentado junto a la cama de su habitación.

Probablemente porque era muy espiritual, la visión ni asustó al joven ni le hizo temer por su cordura, sino que estaba encantado de contar con la apacible presencia del monje cerca de él. Durante toda la semana que siguió fueron compañeros constantes, a pesar de que ninguno de ellos dijo nada. Pero el joven tenía que contarle la historia a alguien y escogió al maestro J. Krishnamurti de cuyos escritos he tomado esta historia.

—Ante todo, la visión lo significa todo para mí —empezó diciendo el joven—. Pero no soy el tipo de persona que necesita símbolos e imágenes para adorar y desprecio la religión. Solamente me interesa el budismo debido a su purismo, pero incluso en él no encuentro fuerza suficiente como para hacer que lo siga.

—Lo entiendo —dijo Krishnamurti—. ¿Cuál es, pues, tu pregunta?

—Quiero saber si esta figura es real o es sólo una figuración de mi mente. Tengo que saber la verdad.

—¿Dices que te ha traído mucho significado?

El joven se mostró entusiasmado.

—He sufrido una profunda transformación. Me siento alegre y en paz.

—¿Está ahora el monje contigo? —preguntó Krishnamurti.

El joven asintió dubitativo.

—Para ser totalmente honesto —dijo— el monje está empezando a desvanecerse. Ya no es tan vívido como al principio.

—¿Tienes miedo de perderlo?

El rostro del joven mostró ansiedad.

—¿Qué quieres decir? He venido aquí en busca de la verdad, pero no quiero que te lo lleves. ¿Te das cuenta de cómo me ha consumido esta visión? Para poder tener paz y alegría pienso en la visión y viene.

Krishnamurti le replicó:

—Vivir en el pasado, aunque sea agradable y edificante, te priva de la experiencia de *lo que es*, porque para la mente es difícil no vivir en mil ayeres. Toma esta imagen que tú aprecias. La memoria te inspira, te deleita y te proporciona un sentido de liberación, pero es sólo la muerte que inspira la vida.

El joven estaba alicaído y melancólico.

—¿O sea que no era real?

—La mente es complicada —dijo Krishnamurti—. La tenemos condicionada por el pasado y también por la manera en que ella querría que las cosas fueran. Por tanto, ¿es realmente importante si esta figura es real o proyectada?

—No —admitió el joven—. Sólo importa que me ha mostrado mucho.

—¿Ah, sí? No te reveló el trabajo de tu propia mente y te convertiste en prisionero de tu experiencia. Por decirlo de alguna manera, esta visión introdujo el miedo en tu vida porque tenías miedo de perderla y también introdujo la codicia porque tú querías atesorar la experiencia y por ello perdiste la única cosa que esta visión pudo haberte aportado: el conocimiento de ti mismo. Sin ello, cada experiencia es una ilusión.

Para mí, este cuento es bello y conmovedor y vale la pena contarlo en detalle. Antes de la fase siete, no se puede saber todo el valor que tiene el ser uno mismo y puede darse forma a la experiencia para que nos aporte una gran inspiración, pero a la larga no es suficiente, porque cada imagen divina sigue siendo una imagen, y cada visión nos tienta a aferrarnos a ella. Para ser libre de verdad no nos queda otra opción que ser nosotros mismos. Somos el centro vivo alrededor del cual suceden todos los acontecimientos aunque, sin embargo, no hay ningún acontecimiento tan importante como para abandonarnos voluntariamente a él. Al ser nosotros mismos abrimos la puerta a *lo que es*, que es el juego infinito de inteligencia cósmica que se curva hacia atrás para conocerse a sí misma una y otra vez. De esta forma, la vida permanece fresca y cumple con las necesidades de renovarse a sí misma a cada momento.

¿Cuál es mi mayor fuerza?
La unidad.

¿Cuál es mi mayor obstáculo?
La dualidad.

Como cualquier otro nivel, éste debe madurar. Muchas personas han tenido destellos de unidad, pero esto no es lo mismo que vivir ahí permanentemente. Un destello de unidad puede ser algo así como sangrar en el paisaje, pero a diferencia del autismo, que puede hacer que un niño pierda los límites de la identidad, la experiencia es positiva, porque el ego se expande y alcanza una visión más elevada. En lugar de la necesidad de intuir cualquier cosa, somos simplemente esa cosa. La fase siete nos aporta la forma definitiva de empatía.

Lo opuesto de la unidad es la dualidad. Actualmente, casi todo el mundo cree en dos versiones dominantes de la realidad. Versión uno: sólo existe el mundo material y nada puede ser real si no obedece a las leyes físicas. Versión dos: existen dos realidades, la terrenal y la divina.

A la versión uno se la llama la visión secular e incluso las personas religiosas la adoptan para su uso cotidiano, aunque el creer totalmente en el materialismo, como hemos visto, se ha hecho inaceptable por un sinnúmero de razones. Esta versión no puede explicar los milagros creíbles y testificados y experiencias de muerte aparente, experiencias extracorporales, el testimonio de millones de personas que han visto escuchadas sus plegarias y, lo más convincente de todo, el descubrimiento del mundo cuántico, que no obedece a las leyes físicas ordinarias.

La segunda versión de la realidad es menos rígida y permite experiencias espirituales y milagros que existen solamente en los límites del mundo material. En este momento, alguien oye la voz de Dios, tiene una aparición de la Virgen María o entra en la luz. Estas experiencias dejan aún el mundo material intacto y, esencialmente, incólume. Podemos tener a Dios y un Mercedes al mismo tiempo, cada uno en su propio nivel. En otras palabras, aquí tenemos la dualidad.

Muchas religiones, de las cuales el cristianismo es un ejemplo de primera, declaran que Dios está en los cielos, inalcanzable excepto por medio de la fe, la plegaria, la muerte o la intervención de los santos, aunque esta dualidad se destruye una vez que curamos la división entre cuerpo, mente y espíritu. La dualidad es otra forma de referirnos a la separación y en el estado de separación afloran muchas ilusiones, el vapor y el hielo, la luz del sol y la de la electricidad, los huesos y la sangre, son ejemplos de cosas que parecen totalmente diferentes hasta que conocemos la ley de las transformaciones que convierten unas cosas en otras. Esto también es válido para el cuerpo y el alma que en separación no pueden ser más diferentes, hasta que encontramos las leyes que transforman en carne al espíritu invisible, inmortal y no creado.

En la India ha habido una fuerte tradición de no dualidad durante miles de años que se conoce como Vedanta, palabra que significa literalmente «el fin de los Vedas», el punto en que los textos sagrados ya no pueden serte de más ayuda, donde termina la enseñanza y surge la conciencia.

—¿Cómo sabemos que Dios es real? —preguntó una vez un discípulo a su gurú.

El gurú le replicó:

—Miro alrededor y veo el orden natural de la creación, hay una tremenda belleza en las cosas más sencillas. Nos sentimos vivos y despiertos ante la infinita majestad del cosmos y cuanto más profundamente miramos más sorprendente encontramos la creación. ¿Qué más necesitamos?

—Pero nada de esto prueba nada —protestó el discípulo.

El gurú sacudió su cabeza.

—Dices esto sólo porque no miras de verdad. Si pudieses mirar una montaña o una nube de lluvia durante un minuto sin tener dudas que bloqueen tu camino, la evidencia de Dios se revelaría instantáneamente.

—Entonces, dime qué es lo que se revela —insistió el discípulo—. Después de todo tengo los mismos ojos que tú.

—Algo sencillo, indiviso, nonato, eterno, sólido como una roca, ilimitado, independiente, invulnerable, extático y omnisciente —replico el gurú.

El discípulo sintió una oleada de desesperación.

—¿Tú ves todo esto? Entonces tendré que abandonar, porque es posible que yo no pueda aprender a percibir una maravilla así.

—No, estás equivocado —dijo el gurú—. Todos nosotros vemos la eternidad en todas direcciones, pero elegimos dividirla en trocitos de tiempo y de espacio. Existe una cualidad del todo que debería darte esperanza, porque quiere compartir.

Si la mente divina quiere compartirse a sí misma con nosotros y nosotros estamos dispuestos a aceptarlo, la fase siete está preparada para la unidad. El principal dogma de Vedanta es extremadamente sencillo: la dualidad es demasiado débil como para durar siempre. Tomemos cualquier pecado o engaño y a su debido tiempo terminará. Tomemos cualquier placer y a su debido tiempo empezará a empalagar. Tomemos un sueño, por profundo que sea, y a su debido tiempo tendremos que despertar. En Vedanta dicen que la única cosa real es el éxtasis eterno de la conciencia (*sat chit ananda*). Estas palabras prometen que lo intemporal me espera cuando lo temporal expire, el goce de los éxtasis de fuera de la vida y que la vigilia viene después del sueño. En esta simplicidad, toda la noción de dualidad se pliega, revelándonos la unidad que hay detrás de toda ilusión.

¿Cuál es mi mayor tentación?
Ir más allá de la tentación.

Cuando lo tenemos todo no podemos ser tentados. Y aún es mejor cuando no nos lo pueden quitar. El Vedanta se expresa en un famoso dicho: «Yo soy Esto, Tú eres Esto y Todo es Esto.» Cuando los antiguos sabios se referían a Esto, se referían a un poder invisible pero muy real: el poder de la existencia. Lo tenemos para siempre cuando podemos decir: «Yo soy este poder, tú eres este poder y todo lo que está alrededor nuestro es este poder.» También se adaptan bien otras palabras como gracia, divinidad, la luz, alfa y omega, aunque ninguna de las cuales se equipara con la experiencia, que es muy personal y totalmente universal al mismo tiempo.

El sabio Vasishtha fue uno de los primeros seres humanos que se dio cuenta de que sólo percibimos el mundo que filtramos a través de nuestras mentes. Cualquier cosa que podamos imaginarnos es un producto de mi experiencia hasta este momento, y éste es el más ínfimo de los fragmentos de lo que podemos saber. Tal y como Vasishtha mismo escribió:

> *Hay mundos infinitos que van y vienen*
> *en el vasto expandir de la conciencia,*
> *como motas de polvo danzando en un rayo de luz.*

Esto nos recuerda que el mundo material es solamente un producto de mi conciencia, tal y como lo es el cielo. Por lo tanto, tengo todo el derecho de intentar conocer a Dios, un viaje que empieza en el misterio y el silencio termina en mí mismo.

Durante nuestra estancia en la cueva sagrada que visité sobre el Ganges, no me di cuenta hasta el último momento de que en aquel lugar había alguien más. Nuestro grupo estaba perdido en el vasto silencio que allí se había formado y se había hecho evidente sin ninguna sombra de duda que Dios existía, no como una persona sino como una inteligencia infinita moviéndose a infinita velocidad a través de infinitas dimensiones, un creador con el que la física moderna también podría entenderse. Pero en aquel momento, ninguno de nosotros pensaba nada, nos levantamos y en la penumbra sentimos que no estábamos solos, y atisbando en la penumbra, descubrimos la forma apenas perceptible de otra persona que había estado allí durante todo el rato; se trataba del santo anciano que no pudo entregarnos la llave cuando llegamos. Estaba sentado en la posición del loto y no se había movido cuando nosotros entramos ni se había movido hasta aquel momento.

Partimos en silencio y, cuando salimos a la cegadora luz del día, comenzó a palidecer todo cuanto habíamos compartido. Mi mente empezó de nuevo a revolverse y durante unos minutos fue normal que las primeras palabras sonaran como ásperos címbalos. Las distracciones normales hicieron aparición, pero me quedó durante semanas un cierto sabor de aquella caverna en forma de una tranquila certidumbre de que nunca más habría nada que andara mal. Esto no es como ser nonato, eterno, duro como una piedra, ilimitado, invulnerable, extático y omnisciente, aunque estoy más cerca de ello, más cerca del origen. Por una vez, mi mente saltó la valla de la vida cotidiana y aterrizó en un lugar agradable, donde no es necesario esfuerzo alguno. Abrí la puerta del lado de la eternidad y ahora puedo apreciar las palabras de Rumí:

> *Cuando yo muera*
> *me elevaré con ángeles.*
> *Y cuando muera para los ángeles*
> *no puedo imaginarme*
> *qué será de mí.*

DIOS ES COMO NOSOTROS

¿QUIÉN ES DIOS?

Fase uno. Respuesta luchar o huir: Dios protector
  Vengativo
  Caprichoso
  Rápido en su ira
  Celoso
  Crítico decidiendo recompensa y castigo
  Insondable
  Algunas veces misericordioso

Fase dos. Respuesta reactiva: Dios todopoderoso
  Soberano
  Omnipotente
  Justo
  Quien responde a las plegarias
  Imparcial
  Racional
  Organizado en normas

Fase tres. Respuesta de la conciencia en reposo: Dios de paz
  Desapegado
  Calmado
  Ofrece consolación
  Poco exigente
  Conciliador
  Silencioso
  Meditativo

Fase cuatro. Respuesta intuitiva: Dios redentor
  Comprensivo
  Tolerante

Misericordioso
No crítico
Completo
Acogedor

Fase cinco. Respuesta creativa: Dios creador
Potencial creativo ilimitado
Control sobre el espacio y el tiempo
Abundante
Abierto
Generoso
Desea ser conocido
Inspirado

Fase seis. Respuesta visionaria: Dios de milagros
Transformador
Místico
Iluminado
Está más allá de las causas
Existe
Cura
Mágico
Alquimista

Fase siete. Respuesta sagrada: Dios de ser puro, «Yo soy»
Nonato
Inmortal
Inmutable
Inamovible
No manifiesto
Inconmensurable
Invisible
Intangible
Infinito

¿QUÉ CLASE DE MUNDO CREÓ DIOS?

Fase 1. Respuesta luchar o huir: un mundo de mera supervivencia.

Fase 2. Respuesta reactiva: un mundo de competencia y
ambición.

Fase 3. Respuesta de la conciencia en reposo: un mundo
de soledad interna y autosuficiencia.

Fase 4. Respuesta intuitiva: un mundo de percepción y de
crecimiento personal.

Fase 5. Respuesta creativa: un mundo de artes, invención y
descubrimientos.

Fase 6. Respuesta visionaria: un mundo de profetas, sabios
y videntes.

Fase 7. Respuesta sagrada: un mundo trascendente.

¿QUIÉN SOY?

Fase 1. Respuesta luchar o huir: un superviviente.

Fase 2. Respuesta reactiva: ego, personalidad.

Fase 3. Respuesta de la conciencia en reposo: testigo silencioso.

Fase 4. Respuesta intuitiva: conocedor interno.

Fase 5. Respuesta creativa: co-creador.

Fase 6. Respuesta visionaria: conciencia iluminada.

Fase 7. Respuesta sagrada: el origen.

¿CÓMO ENCAJO EN ESTO?

Fase 1. Respuesta luchar o huir: voy tirando.

Fase 2. Respuesta reactiva: gano.

Fase 3. Respuesta de la conciencia en reposo: estoy centrado.

Fase 4. Respuesta intuitiva: entiendo.

Fase 5. Respuesta creativa: pruebo, intento.

Fase 6. Respuesta visionaria: amo.

Fase 7. Respuesta sagrada: yo soy.

¿CÓMO ENCONTRARÉ A DIOS?

Fase 1. Respuesta luchar o huir: temor, devoción amorosa.

Fase 2. Respuesta reactiva: respeto, obediencia.

Fase 3. Respuesta de la conciencia en reposo: meditación, contemplación silenciosa.

Fase 4. Respuesta intuitiva: autoaceptación.

Fase 5. Respuesta creativa: inspiración.

Fase 6. Respuesta visionaria: gracia.

Fase 7. Respuesta sagrada: trascendiendo.

¿CUÁL ES LA NATURALEZA DEL BIEN Y DEL MAL?

Fase 1. Respuesta luchar o huir
   Dios es seguridad, confort, alimento, asilo y familia.
   El mal es amenaza física y abandono.
Fase 2. Respuesta reactiva
   El bien es tener aquello que deseas.
   El mal es cualquier obstáculo para tener aquello que deseas.
Fase 3. Respuesta de la conciencia en reposo
   Dios es claridad, calma interior, y contacto con uno mismo.
   El mal es desorden interior y caos.
Fase 4. Respuesta intuitiva
   Dios es claridad y ve la verdad.
   El mal es ceguera y niega la verdad.

Fase 5. Respuesta creativa
El bien es un alto nivel de conciencia.
El mal es un bajo nivel de conciencia.
Fase 6. Respuesta visionaria
El bien es una fuerza cósmica.
El mal es otro aspecto de la misma fuerza.
Fase 7. Respuesta sagrada
El bien es la unión de todo lo opuesto.
El mal ya no existe.

¿CUÁL ES MI RETO EN LA VIDA?

Fase 1. Respuesta luchar o huir: sobrevivir, proteger y mantener.
Fase 2. Respuesta reactiva: conseguir lo máximo.
Fase 3. Respuesta de la conciencia en reposo: estar comprometido y desapegado.
Fase 4. Respuesta intuitiva: ir más allá de la dualidad.
Fase 5. Respuesta creativa: alinearme con el Creador.
Fase 6. Respuesta visionaria: obtener la liberación.
Fase 7. Respuesta sagrada: ser yo mismo.

¿CUÁL ES MI MAYOR FUERZA?

Fase 1. Respuesta luchar o huir: el coraje.
Fase 2. Respuesta reactiva: los logros.
Fase 3. Respuesta de la conciencia en reposo: la autonomía.
Fase 4. Respuesta intuitiva: la percepción.
Fase 5. Respuesta creativa: la imaginación.
Fase 6. Respuesta visionaria: la santidad.
Fase 7. Respuesta sagrada: la unidad.

¿CUÁL ES MI MAYOR OBSTÁCULO?

Fase 1. Respuesta luchar o huir: miedo a perder, abandono.
Fase 2. Respuesta reactiva: la culpa, la victimización.
Fase 3. Respuesta de la conciencia en reposo: el fatalismo.
Fase 4. Respuesta intuitiva: el engaño.
Fase 5. Respuesta creativa: mi propia importancia.
Fase 6. Respuesta visionaria: el falso idealismo.
Fase 7. Respuesta sagrada: la dualidad.

¿CUÁL ES MI MAYOR TENTACIÓN?

Fase 1. Respuesta luchar o huir: la tiranía.
Fase 2. Respuesta reactiva: la adicción.
Fase 3. Respuesta de la conciencia en reposo: la introver-
sión.
Fase 4. Respuesta intuitiva: la decepción.
Fase 5. Respuesta creativa: el solipsismo.
Fase 6. Respuesta visionaria: el martirio.
Fase 7. Respuesta sagrada: ir más allá de la tentación.

254 CONOCER A DIOS

PARA TENER LO QUE QUIERAS
Los siete niveles de la realización

·

Dios es otro de los nombres de la inteligencia infinita. Para alcanzar algo en la vida, debemos ponernos en contacto y utilizar una parte de esta inteligencia; en otras palabras, *Dios está siempre disponible.* Las siete respuestas del cerebro humano son avenidas para realizar alguno de los aspectos de Dios, y cada uno de los niveles de realización prueba la realidad de Dios *para ese nivel en concreto.*

Fase 1. Respuesta luchar o huir
Realizamos nuestras vidas basándonos en la familia, la comunidad, el sentido de la propiedad y el bienestar material.

Fase 2. Respuesta reactiva
Realizamos nuestra vida por medio del éxito, el poder, la influencia, el estatus y otras satisfacciones del ego.

Fase 3. Respuesta de la conciencia en reposo
Realizamos nuestras vidas disfrutando de la paz, la concentración, la aceptación de uno mismo y el silencio interior.

Fase 4. Respuesta intuitiva
Realizamos nuestras vidas basándonos en la percepción, la empatía, la tolerancia y el perdón.

Fase 5. Respuesta creativa
Realizamos nuestras vidas teniendo en cuenta la inspiración, la creatividad expandida al arte o a la ciencia y a los descubrimientos ilimitados.

Fase 6. Respuesta visionaria

Realizamos nuestras vidas a través de la reverencia, la compasión, el servicio dedicado y el amor universal.

Fase 7. Respuesta sagrada

Realizamos nuestras vidas integrándonos y uniéndonos con lo divino.

Los siete niveles de los milagros

Un milagro es una exhibición de poder más allá de los cinco sentidos. Aunque los milagros tienen lugar en la zona de transición, difieren según los niveles. En general, los milagros se hacen «sobrenaturales» después de la cuarta o quinta respuesta del cerebro, pero cada milagro implica un contacto directo con el espíritu.

Nivel 1. Respuesta luchar o huir

Milagros que implican sobrevivir a un gran peligro, rescates imposibles, un sentido de la protección divina.
Ejemplo: una madre que corre a una casa en llamas para rescatar a su hijo o que levanta un coche que ha atrapado a un niño.

Nivel 2. Respuesta reactiva

Milagros que implican logros increíbles y éxito, control sobre la mente o el cuerpo.
Ejemplo: hechos extremos de artes marciales, niños prodigio con dones inexplicables en música o matemáticas, el surgir de un Napoleón de poderes inmensos desde una cuna humilde (hombres del destino).

Nivel 3. Respuesta de la conciencia en reposo

Milagros que implican sincronicidad, poderes yóguicos, premoniciones, el poder sentir a Dios o a los ángeles.
Ejemplo: yoguis que pueden cambiar su temperatura corporal o el ritmo cardíaco a voluntad, ser visitados por alguien que vive lejos y que acaba de morir o recibir la visita del ángel de la guarda.

Nivel 4. Respuesta intuitiva

Milagros que implican la telepatía, fenómenos extra-sensoriales, conocimiento de vidas pasadas o futuras, poderes proféticos.

Ejemplo: leer los pensamientos o el aura de los demás, hacer predicciones psíquicas o proyecciones astrales a otros lugares.

Nivel 5. Respuesta creativa

Milagros que implican la inspiración divina, el genio artístico o la realización espontánea de deseos (deseos que se hacen realidad).

Ejemplo: la bóveda de la capilla Sixtina, tener un pensamiento que repentinamente se manifiesta, las percepciones de Einstein sobre el tiempo y la relatividad.

Nivel 6. Respuesta visionaria

Milagros que implican curación, transformaciones físicas, apariciones santas, hechos sobrenaturales al más alto nivel.

Ejemplo: andar sobre las aguas, curación de enfermedades incurables por el mero contacto, revelación directa de la Virgen María.

Nivel 7. Respuesta sagrada

Milagros que implican una evidencia interior de iluminación.

Ejemplo: vidas de los grandes profetas y maestros como Buda, Jesús, Lao Tse.

Cuatro

Un manual para santos

Somos como niños recién nacidos,
nuestra fuerza es la fuerza de crecer.

RABINDRANATH TAGORE

Al leer las siete fases, queda claro que las religiones difieren enormemente en la forma de conocer a Dios. Cada una de ellas ha marcado un camino aparte, cuyos niveles han sido fijados, a menudo de manera muy rígida, en forma de dogma. Hablo deliberadamente de dogma, aunque sé que los cristianos no aceptan automáticamente una creencia oriental como el karma, del mismo modo que los hindúes y los budistas no aceptan una creencia occidental como la del juicio final. Si es que hay un Dios, puede que no haya un solo camino, y aunque no importa por cuál de los caminos estemos andando, son necesarias dos cosas: la primera es una visión de la meta a alcanzar, y la segunda es confiar en que tenemos los medios interiores necesarios para alcanzarla.

Para probar que hay una meta alcanzable, cada una de las tradiciones religiosas tiene santos, que son personas que han conseguido algo en el plano espiritual y demuestran un gran amor y una gran devoción, pero los santos son algo más que la santidad. Todos nosotros podemos mostrar misericordia hacia un enemigo porque sabemos que es lo que debemos hacer, o porque surge de nuestros valores interiores, pero en ningún momento creemos que Dios aprueba el perdón. Cuando un santo perdona no lo hace para darse un gusto, sino que su amor es algo que sale de su naturaleza misma, y como los santos empiezan la vida del mismo modo que todos nosotros, el hecho de desarrollar un sentido natural del amor, perdón y compasión, representa un éxito enorme. No se trata simplemente de un don, que es el porqué nos justificamos al decir que los santos han llegado tan alto, sino que podríamos decir que son los Einstein de la conciencia. No sólo han alcanzado metas espirituales establecidas por su religión, sino que nos demuestran a los demás que existen los medios para que también nosotros las consigamos.

Esto implica que el santo nos está trazando un mapa para el futuro. La madre Teresa y san Francisco son un yo, pero un yo que todavía no ha emergido nunca. Los santos del budismo, a los que se les llama *bodhisattvas*, son representados a veces mirando por encima de sus hombros y sonriendo, como si dijeran «Voy a traspasar el umbral, ¿no queréis seguirme?».

Lo que tiene sentido es aceptar su invitación, no sólo mostrando amor o compasión sino poniendo atención a los principios que sostienen el viaje del alma. Estos principios se encontrarían en cualquier manual para ser santos porque son válidos desde la fase uno a la fase siete. Un manual de este tipo no existe, pero si existiese, serían correctas básicamente las siguientes realizaciones:

> *La evolución no puede detenerse y se garantiza el crecimiento espiritual.*
>
> *Dios siempre se da cuenta de las acciones y no hay nada a lo que no se preste atención.*
>
> *No hay guía válida para el comportamiento fuera de nuestro propio corazón y de nuestra mente.*
>
> *La realidad cambia en las distintas fases del crecimiento.*

A un determinado nivel cada uno conoce su verdad más excelsa.

Cada uno de nosotros hace lo mejor que puede desde su propio nivel de conciencia.

El sufrimiento es temporal, la iluminación es para siempre.

¿De dónde vienen estas realizaciones? ¿Cómo sabemos que son verdad? Ciertamente no vienen de la sociedad o de cualquier experiencia externa, sino que vienen del hecho de prestar atención a las innumerables pistas que nos deja el espíritu. No hay dos personas que vean igual a Dios, porque no hay dos personas que estén al mismo nivel de vigilia. Aun en estos momentos en que los cinco sentidos dan paso a una intuición más profunda, cada uno de nosotros tiene una visión de la realidad y, mientras nuestras mentes procesan algunos acontecimientos notables o percepciones, la realidad nos da un fragmento de la realidad.

A un amigo mío le gusta recordar lo siguiente: «Antes de ingresar en la Escuela Superior fui a la Exposición Universal de Nueva York, en la que había una atracción que nunca olvidaré: era un largo túnel en el interior del cual se proyectaba una película. A medida que íbamos pasando por el túnel, las imágenes iban moviéndose a gran velocidad, y nos rodeaban con toda clase de cosas futuristas; sin embargo, cuando llegabas al final, te dabas cuenta de que, en realidad, la cinta transportadora sólo había avanzado unos quince metros. Para mí, esto es fantásticamente significativo, porque mi vida ha sido como este túnel. Hablando en términos cotidianos, puedo encontrarme con miles de personas en la calle, tener miríadas de pensamientos e ir a cualquier parte con mi imaginación, pero ¿cuánto me he acercado a mi alma? Un par de centímetros, probablemente menos. Lo que ocurre en el exterior es muy distinto de lo que sucede en el interior.»

A juzgar por lo que pasa en el exterior, la vida de todos nosotros se mueve rápidamente, por no decir de forma caótica, escena tras escena. Sin embargo, nunca podríamos sospechar que también hay un viaje interior, cosa que nos demuestran los santos. Una vez que hemos alcanzado esta meta, pueden mirar atrás y decir que la vida humana sólo tiene un modelo debajo de la superficie, que es un arco creciente. En la fase uno, la posibilidad de conocer a Dios es débil, curiosamente, una mera sombra de una posibilidad. En la fase dos, aunque subsisten las amenazas y los temores, la posibilidad se hace más interesante y plausible. En la fase tres conocer a Dios se convierte en algo que nos parecería interesante contemplar e incluso quizá probar. En la fase cuatro, se hacen más decisivos los intentos y empezamos realmente a arriesgarnos a tomar decisiones que desafíen las expectativas del ego; para usar una frase maravillosa que oí una vez, empezamos a vivir como si Dios realmente importara. En la fase cinco, ya hemos hecho suficientes pruebas, ya queremos jugar y nos sentimos seguros de nuestras elecciones espirituales. En la fase seis, vamos ya teniendo dominio sobre el terreno espiritual, una libertad que nunca antes soñamos. En la fase siete, ya no se hacen más elecciones, el santo se fusiona con el Dios al que venera y todo el universo actúa automáticamente según los mismos principios que habían tenido tan poca importancia para el esfuerzo de intentar sobrevivir.

Si leo en el Nuevo Testamento que es bueno amar a nuestros enemigos, ¿de qué modo puede servir esto para el ladrón que intentó robarme en mi casa o para los golfos que me atacaron en la calle? Yo puedo perdonar de puertas afuera al criminal, pero a un nivel más interno yo reaccionaré según mi verdadero estado de conciencia, y podré odiarlo y temerlo, o incluso podré hacer todo lo posible para evitar que se cometan crímenes semejantes, y todo esto son reacciones típicas de las fases uno y dos. Puede que yo preste más atención a mi agitación interior para darme cuenta de que el crimen nace del miedo y del dolor del malhechor, y entonces estamos en las fases tres y cuatro. A medida que mi conciencia va creciendo, empiezo a ver que fue mi propio drama interior el que proyectó el escenario en el cual yo representé el papel de víctima, llevándome a darme cuenta de que el criminal y yo éramos dos partes del mismo karma; esto son las percepciones adquiridas en las fases cinco y seis. Es en este momento que ya dispongo de un verdadero perdón al haber conectado las enseñanzas de Jesús con mi propia alma y todo lo demás permanece en la fase siete, en la que el criminal no es más que un aspecto de mí mismo que puedo bendecir y entregar a Dios.

Cada uno de los acontecimientos de nuestras vidas se sitúa en alguna parte dentro de esta escala de reacciones y todo el modelo es un arco creciente. El camino de la santidad empieza en circunstancias y situaciones ordinarias porque no hay ningún atajo para llegar a Dios, y como todos nosotros tenemos nuestro ego, nos imaginamos que vamos simplemente a dar un salto hasta la cima de aquella montaña en que se distribuyen las coronas de santidad, cosa que nunca sucede. La vida interior es demasiado compleja y llena de contradicciones. Un explorador ártico puede decir, a partir de su mapa, cuándo ha llegado al polo, pero en la exploración espiritual el mapa va cambiando a medida que vamos avanzando. «Tenéis que daros cuenta de que no hay un yo fijo que busque la iluminación —dijo un gurú a sus discípulos—, y de que no tenéis identidad fija, porque la identidad es solamente una ficción que os compone vuestro ego. En realidad, para cada experiencia hay un tipo distinto de experimentador.» Un buscador se aferra tercamente a viejos hábitos, es libre y sin embargo cautivo, se muestra curioso y apático, seguro y asustado al mismo tiempo, porque cada uno de nosotros es un amante por un momento y un niño al siguiente, el viaje espiritual no es nunca una línea recta.

Los objetivos tienen una forma de cambiar y, de hecho, tienen que cambiar, ya que la fase uno se funde con la fase dos justo en el momento en que pensamos que hemos llegado a Dios. Por lo que a la fase dos se refiere, desaparecerá a su debido tiempo.

Esto nos devuelve a la misma pregunta: «¿adónde llegaré desde aquí?»

Permítanme tomar los dos primeros principios de un santo y demostrar de qué modo se nos aplica el arco creciente. Para cada fase adoptaré la voz de alguien que intenta entenderse con el principio.

La evolución no puede detenerse para asegurar el crecimiento espiritual

Fase uno. Respuesta luchar o huir: «El conjunto de la idea no tiene sentido. Hay muchas malas personas que no podrían preocuparse menos de su alma. Mi propia vida está llena de altibajos. Doy dos pasos atrás por cada paso que doy adelante y no tengo ni idea de por qué me suceden desgracias y cometo errores, aunque ruego a Dios que no me sucedan y lo dejo en sus manos.»

Fase dos. Respuesta reactiva: «Mi vida va mejorando a medida que voy trabajando más y más, y me aplico en ello, cosa que me hace sentir optimista haciéndome interpretar la evolución como un progreso. Desde mi infancia he ido aumentando mi confianza y mi destreza por lo que estoy decididamente progresando, aunque no puedo asegurar que esto sea válido para las personas que no se han parado a pensar en cómo tener éxito. Necesitan a Dios más que yo porque el crecimiento interior es una cosa secundaria respecto al éxito.»

Fase tres. Respuesta de la conciencia en reposo: «Ya

no me siento tan atraído hacia los acontecimientos interiores y pienso que no son tan reales como parecen, sino que más bien son símbolos de lo que yo tengo dentro. Desde mi infancia, mi mundo interior se ha ido haciendo más estable, más cómodo y seguro. Parece que la evolución tiene lugar cerca de mi corazón e intento obedecer a mis impulsos interiores, incluso si no me proporcionan más dinero, más estatus o poder. Hay algo más profundo que va avanzando.»

Fase cuatro. Respuesta intuitiva: «Ya no creo que mi ego sepa qué es lo que es bueno para mí, porque nunca me satisfizo, sin importar la frecuencia con la que tomó decisiones en nombre del "yo, mí, mío". Debemos profundizar más y he descubierto que a nivel intuitivo yo sé qué es lo correcto o, por lo menos, voy en esa dirección. Tal y como lo hacía antes, han sucedido demasiadas cosas que no pueden explicarse. Yo formo parte de un misterio que se mueve hacia un destino desconocido, y esto es lo que ahora me fascina.»

Fase cinco. Respuesta creativa: «En algún lugar de la línea me he liberado. Soy quien quiero ser y hago lo que quiero. ¿Cómo he llegado a este lugar? No sucedió como resultado de un esfuerzo o de una lucha, sino que, de algún modo, una corriente interior me arrastró y me trajo aquí. Si esto es evolución, entonces creo en ella, aunque sin embargo no puedo decir de forma precisa quién es Dios o qué aspecto tiene mi alma. Basta con confiar en el proceso.»

Fase seis. Respuesta visionaria: «Mi alma me llama a cada hora, cada día, y ahora me doy cuenta de que siempre ha sido verdad, pero hasta ahora no lo había advertido de forma tan completa y tan clara. Es insoportable alejarse de la luz que es el origen de mi éxtasis. Cada vez que rezo, sé que Dios está conmigo, porque si me hubiera despertado antes hubiera visto que cualquier otra posibilidad es falsa.»

Fase siete. Respuesta sagrada: «La evolución lo es todo. Cada uno de los átomos del universo está guiado por una perfección que se halla fuera del espacio y del tiempo.

Nada está fuera de lugar. La misma muerte y el mal forman parte del progreso eterno. Sin embargo, sé que soy esta fuerza vital, este río infinito, que soy su origen y su destino, y que fluye sin obstáculos que impidan su curso. Tengo algunos recuerdos de mi antigua vida, especialmente éste: recuerdo el día en que Dios, la Madre Cósmica, me abrazó y me invitó a unirme a su danza.»

De forma abreviada hemos repasado algunos de los muchos puntos espirituales decisivos que afectan a las personas y las alejan de sus antiguas creencias. La verdad tiene muchas caras y cuando vemos una nueva aumenta nuestro nivel de conciencia. También hemos ilustrado dos más de los principios de los santos: todos nosotros hacemos lo mejor que podemos en nuestro propio nivel de conciencia y la realidad va cambiando a medida que cambia nuestra conciencia. El arco creciente del espíritu no es siempre tan evidente, sino que se va oscurecido constantemente. Cuando una reducción de plantilla amenaza nuestro empleo o cuando tenemos de por medio papeles de divorcio no son momentos adecuados para pensar en la santidad. Pero en los momentos dramáticos el alma también deja pistas en nuestro camino y tenemos la opción de prestarles atención o no. No obstante, como nuestra alma estará siempre en comunicación con nosotros, con el paso del tiempo ya prestaremos atención a lo que ella nos dice.

El viaje espiritual es repetición en un 99 por ciento, porque todos estamos condicionados para obedecer nuestras necesidades y aferrarnos a viejos hábitos. Tenemos nuestras maneras de hacerlo, la mayor parte de las cuales son totalmente dependientes del pasado. La inercia absoluta vencería al alma si no fuera por su atracción magnética, por ello es útil cooperar en nuestro propio despertar, ya que nuestro enemigo no es el mal sino la falta de atención. Las

266 CONOCER A DIOS

diversas prácticas conocidas como plegaria, meditación, contemplación y yoga han sido muy valoradas a través de los siglos porque aguzan nuestra atención y hacen que sea más fácil no perder las pistas de la realidad espiritual.

Una persona espiritual tiene buenos oídos para las voces silenciosas, así como un observador agudo ve objetos invisibles. Estas características son más importantes que el intentar actuar de tal forma que Dios nos conceda una estrella de oro. El segundo principio de los santos puede ser representado como el primero, a través de las voces interiores que van repitiendo sus creencias una y otra vez dentro de nuestra cabeza hasta que nos desplazamos hasta una nueva creencia que nos traerá una nueva voz.

Dios siempre se da cuenta de la acción, nada se desatiende

Fase uno. Respuesta luchar o huir: «Quizá Dios ve la caída de un gorrión, pero no puedo decir que yo sea capaz de lo mismo. Si no pongo nada de mi parte para adaptarme me quedaré solo y olvidado. Los sentimientos de afecto que tengo por mi familia son lo que da cohesión a mi vida, porque este puñado de personas se preocupan de que yo exista. Nunca olvido que los acontecimientos son cosas aleatorias y traidoras que pueden suceder en cualquier momento. Cuando yo muera no seré más que un recuerdo y si tengo suerte, descubriré si Dios sabe quién soy, aunque mi fe me dice que sí.»

Fase dos. Respuesta reactiva: «Todo tiene un precio. Si malgastamos nuestro tiempo y nuestras energías la vida no nos dará nada a cambio, pero desde que sé cómo organizar mi vida, puedo obtener las recompensas de la vida a mi manera. Todo lo que hago es por algo, porque la ambición que me motiva es dar sentido a todos los momentos de mi vida, pero cuando llegue la hora de descansar, miraré satisfecho a mi alrededor para ver qué es lo que he hecho por mí mismo. No tengo tiempo para pensar qué vendrá después, pero en momentos en que siento miedo, me pregunto si Dios me castigará por las cosas malas que he hecho.»

Fase tres. Respuesta de la conciencia en reposo: «Me pregunto si las cosas son tan aleatorias como parecen porque he visto premiar el mal y castigar el bien, y aunque en algunas ocasiones parece que hay un motivo oculto que se manifiesta, necesito pensar en todo esto porque las respuestas que tengo de la sociedad son demasiado confusas y están en conflicto. Tengo el presentimiento de que lo realmente cierto es que alguien allá arriba lo sabe todo.»

Fase cuatro. Respuesta intuitiva: «Podría jurar que alguien me está leyendo los pensamientos. Si pienso en algo, sucede, o al menos hay muchas coincidencias no explicadas. He aprendido a ir con estas señales, vengan de donde vengan, porque soy dueño de mis propias decisiones. Algunas veces cometo errores, pero incluso de éstos puedo dar testimonio con una tranquila aceptación.»

Fase cinco. Respuesta creativa: «Las cosas funcionan porque tienen que hacerlo, de no ser así el mundo sería un hervidero y no lo es. Mire a donde mire, veo modelos y símbolos y hay una belleza y un orden increíbles. En determinados momentos esta complejidad me intoxica porque apenas puedo creer que exista tal potencial. Tengo el corazón de un artista pero el alma de un brujo; quién sabe qué tipo de poder manejaré algún día.»

Fase seis. Respuesta visionaria: «El mundo tiene corazón y el corazón es amor. En medio de toda esta lucha veo que Dios está atento, sin interferir, pero tampoco sin perder detalle, aportando soluciones para todos los problemas, ofreciendo una reacción para cada acción. Es un misterio el modo en que lo hace, pero no hay nada más real que esto. Hay una gracia en la caída de una hoja y nuestros hechos son pesados en la balanza por un creador amoroso que nunca juzga o castiga.»

Fase siete. Respuesta sagrada: «Acción y reacción son una sola cosa, como siempre lo han sido, y mientras que los acontecimientos salen girando de la malla del tiempo, no aprecio diferencia entre la acción y el que la ejecuta. El ego creía que existía un yo que tiene que vigilar y controlar, pero este yo es solamente una ilusión, porque ninguna acción podría nunca perderse o ser pasada por alto en el tejido de la unidad.»

Estos puntos de vista parecen muy distintos en la superficie y sin embargo son el mismo principio que se revela en un arco creciente. En otras palabras, hay un camino espiritual secreto escondido bajo el azar aparente de la existencia cotidiana. «Toda la realidad es un símbolo del espíritu», dicen los sufís o, para recordar la bella frase de Rumí, «Vengo de otro lugar y aunque no sé dónde está, estoy seguro de que al final volveré allí». No es hasta la fase seis que el santo se da cuenta de que la revelación de su alma se estuvo produciendo siempre, porque hasta que aparece la luz siempre hay una cierta confusión.

Todos nosotros recibimos las mismas señales de Dios. El impulso de comportarnos de la forma más espiritual nos viene de más allá de nuestros cinco sentidos. Nos resistimos a creer que estamos conectados, pero en realidad, cuando se exige amor, cada persona intenta exhibir una perfecta compasión, y esto es válido para el criminal, el santo, el hombre de negocios, el dictador y el obrero. El mensaje es puro, pero el filtro es impuro.

El santo percibe que todos nosotros estamos en el mismo nivel de inteligencia, creatividad y amor infinitos; porque Dios y nuestra alma están en perfecta comunicación. El mensaje se rompe por razones de las que ya hemos tratado extensamente, tales como las necesidades del ego, distorsiones de la percepción, falta de confianza en nuestros valores y todo tipo de traumas y heridas que derrotan a nuestras mejores intenciones. Si las ponemos juntas, estas impurezas en la tradición india se llaman *avidya,* que es una palabra sánscrita que tiene dos componentes, la raíz de la palabra «no» y la de la palabra «saber». Al no saber quiénes somos, ni saber qué es Dios, ni saber de qué manera debemos conectar con el alma, caemos en el pecado y la ignorancia. Para el uso cotidiano, a la *avidya* se la llama a veces pecado e ignorancia, pero estos términos peyorativos esconden la esencia de la verdad, que es que estos obstáculos existen en la conciencia y pueden ser eliminados.

¿Qué es lo que podemos hacer hoy para crecer espiritualmente? Dejar de definirnos a nosotros mismos, y no aceptar ningún pensamiento que empiece por «yo soy esto o aquello». Nosotros no somos esto o aquello, sino que estamos más allá de cualquier definición y, por lo tanto, cualquier intento de decir «yo soy X» es erróneo, porque estamos de paso y en continuo proceso de redefinirnos a nosotros mismos cada día. Si contribuimos a este proceso no podremos ayudarnos, sino que saltaremos adelante en el camino.

Si nos miramos atentamente, veremos que nuestra mente se parece más a un enjambre de abejas que a una flecha volando en línea recta hacia su objetivo. Un enjambre de abejas puede desplazarse del punto A al B, igual que una flecha, pero lo hace de una forma vaga, arremolinada y confusa. Por tanto retenemos en nuestra mente todo tipo de actitudes cambiantes, muchas de las cuales se contradicen unas con las otras. Nuestro amor está atado al odio, nuestra confianza a la sospecha, nuestro altruismo al egoísmo y, debido a esto, el único camino claro hacia Dios es el de la constante conciencia de nosotros mismos, para lo cual deberemos mirar a través de nuestra propia máscara si queremos quitárnosla.

La *avidya* es difícil de penetrar y hace falta mucha atención para mirar al espejo, porque nuestras propias máscaras nos miran continuamente a nosotros. Pero ante cualquier cuestión a la que debamos enfrentarnos, nuestras actitudes actuales serán indicativas de cuáles son nuestras creencias más profundas, que es donde tienen que tener lugar los cambios reales. Una creencia está cerca del alma y es como un microchip que envía continuamente la misma señal, haciendo la misma interpretación de la realidad hasta que estamos preparados para sacar el chip viejo e instalar uno nuevo. En las próximas páginas exploraremos todo esto con mayor detalle.

LAS MÁSCARAS DEL ALMA

Nuestras actitudes esconden creencias espirituales más profundas; cuando vemos a través de ellas, podemos cambiar las creencias.

Máscara: ateo, cínico o buscador fracasado.
Actitud: duda, resistencia, desapego irónico, desconfiado por hábito. La emoción de replegamiento* es la ansiedad.
Creencia: no podemos demostrar a Dios; si existe no tiene poder sobre el mundo material; estoy solo y mi miedo al vacío es mi razón principal para seguir buscando.

Máscara: líder, triunfador o escéptico.
Actitud: certidumbre, confianza, confianza en sí mismo, búsqueda de explicaciones racionales por hábito. La emoción de replegamiento es la ira o la obstinación.
Creencia: yo mismo controlo mi vida, no Dios; si pide rendición le ignoraré; creo secretamente que mi propio poder es mayor que el suyo.

Máscara: pensador o soñador.
Actitud: reflexivo, conciliatorio, calmado, resuelve las situaciones emocionalmente por hábito. La emoción de replegamiento es la depresión o la resignación.
Creencia: Dios me insinúa su presencia dentro de mí; recibiré el mensaje cuando aclare mi confusión; Dios favorece la acción de introspección más que la acción dirigida al exterior.

Máscara: idealista o liberador.
Actitud: conciencia de sí mismo, no crítico, deseos de ser un iconoclasta o de desafiar las expectaciones normales. La emoción de replegamiento es el desapego.
Creencia: Dios no piensa que yo pueda estar equivocado o ser pecaminoso; sólo puedo aceptarlo en la misma medida que yo me acepto a mí mismo; el perdón es real.

Máscara: artista, aventurero o explorador.

Actitud: juguetón, emocionalmente flexible, ansioso por probar todo lo nuevo, tendencia a ser altamente sensible. La emoción de replegamiento es la fantasía (autoabsorción).

Creencia: Dios ha hecho un universo recreacional; estoy a salvo siguiendo mis impulsos creativos; tengo la aprobación de Dios.

Máscara: profeta o redentor.

Actitud: humilde, profundamente indulgente y acogedor para con los demás; siente respeto por el misterio; capaz de ver hasta el fondo de todas las personas o situaciones. La emoción de replegamiento es el amor.

Creencia: no hay milagros hasta que ves que todo en la vida es un milagro; Dios trabaja a través de mí y mi mayor gozo es servirle.

Máscara: sin máscara.

Actitud: inmersión en el éxtasis, la sabiduría y la paz, sin actitudes personales, con un punto de vista universal. La emoción de replegamiento es la compasión.

Creencia: sin creencias personales; cada acción y cada palabra vienen directamente del origen divino; certitud que el ser humano es un estado bendito.

Todo esto sirve para exponer de qué forma tan penetrante estamos influenciados por nuestro estado de conciencia, porque cada emoción o actitud tiene un significado espiritual, a pesar del hecho de que la sociedad no lo reconoce. A los ojos de la sociedad, los acontecimientos sólo se vuelven espirituales en la iglesia o durante épocas de crisis o transición, pero el viaje del alma es una cons-

---

* La emoción de replegamiento es una respuesta para salir del paso que surge cuando no podemos resolver una tensión interior o una crisis y refleja también un sentido de conexión o separación de Dios.

tante en la vida de cada uno de nosotros. Nuestras actitudes típicas, junto con las emociones de las que no nos podemos librar, nos indican de una forma sutil cuáles son las cuestiones que se están agitando a un nivel más profundo. Incluso el santo y el redentor llevan una máscara, aunque sea delgada, que no le dejan ver ni a ellos la totalidad de su ego.

Es posible que un conjunto de actitudes se adapte tan bien a nosotros que lo utilizamos constantemente; esto es el distintivo de alguien que se mueve muy lentamente por el camino, como puede ser el escéptico confirmado que sigue teniendo dudas sobre los asuntos espirituales, desde la existencia de Dios hasta la posibilidad de que después haya otra vida. Es posible que las personas que se aferran firmemente al escepticismo nieguen que tengan miedo a la vacuidad y al abandono, aunque en el fondo tienen este problema más que cualquier otra persona, con lo que su máscara se convierte en algo muy engañoso.

Siguiendo con el mismo tema, hay personas que tienen mucho éxito y que deben sus logros a la lucha y a la competitividad que tienden a llevar una máscara de confianza en sí mismos y a no mirar a las creencias ocultas que les pondrían en contra de Dios; e incluso creyendo en Dios, actúan de acuerdo con su poder personal, y si se enfrentan seriamente con la posibilidad de rendirse, la rehúsan completamente, porque no dudan a la hora de elegir entre la voluntad y la rendición.

¿Cuál es la máscara de alguien que se mueve muy rápidamente por el camino? Puede que parezca una paradoja, pero cuanto más turbulentos seamos en nuestro interior con mayor rapidez nos moveremos. Es el fermento lo que es bueno, y no el hecho de referirnos a nuestra propia historia. Krishnamurti decía que el descontento es la llama del buscador. Meher Baba, un maestro indio sufista, enseñaba que el único requisito previo para despertar es la desilusión total. ¿Por qué? Pues porque la noción de que somos una entidad fija es una gran ilusión, y cuanto antes veamos lo variados y complejos que somos, antes nos caerá la máscara de nuestro ego.

En la naturaleza no hay nada inmóvil. Las criaturas o se mueven o mueren. Viendo el modo en que florece una flor, produce las semillas y se sacrifica a sí misma para que nazca una nueva vida, nos preguntamos si nuestras almas no estarán en el mismo ciclo. ¿Crecemos y caemos, girando por un círculo infinito de nacimiento y muerte? O ¿es que hay una tendencia a permanecer en movimiento cerca de Dios, a pesar de los muchos obstáculos que van surgiendo por el camino? Personalmente, creo que es una cuestión importante para mi actual comportamiento, porque puedo elegir entre obedecer a las motivaciones de mi ego o a mis ideales más elevados. El 99 por ciento de la humanidad tiene una historia en la que cree y nada les moverá de su historia. Los santos nos recuerdan que debemos escoger lo ideal por encima del egoísmo, y cuando tenemos tentaciones de ser egoístas, codiciosos y ambiciosos, no nos condenan. «Venid a mí —implora Rumí— aunque hayáis roto vuestros votos mil veces.» El alma no puede ser obstaculizada por una acción exterior y nadie hace el viaje del alma más rápidamente o más lentamente que otras personas, porque el tiempo no cuenta a nivel del alma, sino que lo que cuenta es la percepción. Cuando percibimos que el despertar es inevitable, la atracción magnética del alma seguirá haciéndonos cambiar.

Todos nosotros, incluyéndome a mí, no somos más que santos en potencia. Podemos exhibir el comportamiento que queramos, pero la vida fluye desde las raíces hacia arriba, y no de las ramas hacia abajo. Desde un punto de vista espiritual, ser bueno nunca es un error, pero desde el punto de vista de la absoluta efectividad, lo cual significa intentar despertarnos en el menor tiempo posible, sin obstáculos ni reincidencias, adoptar la creencia correcta tiene mucha más fuerza. Como dice el primer principio, la evolución no puede detenerse. Teniendo esto bien presente, tenemos una base para perdonar cualquier pecado, dejando atrás el pasado y dándonos a nosotros mismos una segunda oportunidad en todo aquello en que fallamos la primera vez, ya que no hay caída en desgracia, sino sólo una larga licencia y al final solamente hay una guía de la que nos podamos fiar, encontrar nuestro lugar en el arco creciente y no parar de movernos.

DESPERTAR ESPIRITUAL

Si me preguntaran qué es lo que separa a una persona espiritual de una persona escéptica, yo no diría que la respuesta sea el hecho de creer en Dios, sino que es la claridad. Millones de creyentes se esfuerzan por ser «salvados», ya sean cristianos, musulmanes o profesen cualquier otra fe, y buscan activamente una percepción clara de Dios que les afecte personalmente. ¿Cuándo es posible algo así? ¿Tenemos que esperar a llegar a la fase seis, la fase de los santos, o a una fase concreta? Dejando aparte coloraciones religiosas, ser salvado es lo mismo que despertar a la conciencia, que es un salto en la percepción que hace que Dios sea real en lugar de ser puesto en duda. Veamos un ejemplo sorprendente.

Un joven de algo más de veinte años llamado Bede Griffiths estaba pasando por un período de profundas dudas y depresiones. Como era religioso, buscó refugio en una iglesia, en la que oró sin éxito. Un día, durante el servicio, escuchó la frase «Abre mis ojos para que pueda ver las cosas maravillosas de tu ley» del salmo 113. Profundamente conmovido, el joven sintió cómo su melancolía desaparecía y tuvo la sobrecogedora sensación de que sus plegarias habían sido escuchadas por la intervención divina. Salió a las calles de Londres y más tarde describió esta experiencia con las siguientes palabras:

> Cuando salí al exterior, me di cuenta de que el mundo que me rodeaba ya no me oprimía como lo había hecho. Parecía como si la dura cubierta de la realidad exterior se hubiera roto y todas las cosas me revelaran su ser interior; los autobuses de las calles parecían haber perdido su solidez y brillar con luz propia; yo apenas sentía el suelo al andar... era como un pájaro que ha roto la cáscara del huevo y se encuentra en un nuevo mundo; como un niño que ha luchado por abrirse camino desde el útero materno y ve la luz del día por primera vez.[1]

La constante de todos estos despertares es la insistencia en que las cosas exteriores han cambiado de forma espectacular, mientras que para los demás observadores no ha sucedido nada, y esto no significa que el hecho de ir a la luz, ver la faz de Dios, o como quiera que queramos llamar a esta experiencia, sea falso. El observador no está separado de la realidad exterior y los fotones que atraviesan su cerebro son exactamente los mismos que se organizan para ser objetos «reales», por lo que la visión interior y la exterior no están separadas. La rama mística del islam conocida como sufismo declara que la luz interior y la exterior son una sola cosa. Esto es algo que a muchas personas les cuesta aceptar, porque la dualidad del interior contrapuesta al exterior, de lo real contrapuesto a lo irreal, lo objetivo contrapuesto a lo subjetivo, nos ha sido enseñada machaconamente desde nuestro nacimiento. Para dejar atrás esta dualidad tenemos que volver a nuestros tres niveles de existencia:

Cuando la luz es visible y está organizada para formar objetos concretos, la realidad es material.

Cuando la luz contiene sentimientos, pensamientos e inteligencia, la realidad es cuántica.

Cuando la luz es completamente invisible, sin cualidades que puedan medirse, la realidad es virtual.

En lugar del antiguo dualismo que insiste en mantener separadas nuestras vidas interna y externa, podemos restaurar la luz en su plenitud. Podemos pensar que un fotón es el arquetipo de toda la energía que está floreciendo desde la nada y desde ningún lugar hasta ser algo en algún lugar, pues el puente del despertar místico es luz que se mueve desde la existencia virtual a la material.

En este esquema, se invierte una creencia tradicional. El campo virtual, a diferencia del cielo es, después de la muerte, más nuestro origen que nuestro destino. Cuando los físicos declaran que el cosmos tuvo alguna vez diez o más dimensiones, de las cuales todas menos cuatro se replegaron hacia el lugar de donde venían, podemos decir que fueron al estado virtual.

Es tan difícil de conceptualizar que una simple analogía podría ayudarnos: supongamos que estamos pensando en palabras y luego canturreamos interiormente una canción. Este cambio a la música nos trae unas leyes de la naturaleza completamente distintas de las que rigen las palabras y, sin embargo, podemos movernos de una dimensión a la otra con mucha facilidad, porque la dimensión de la música estará siempre presente aunque no estemos en contacto con ella. Del mismo modo, fuera del cosmos existen otras dimensiones, pero no tenemos acceso a sus leyes, y si intentáramos tenerlo, deberíamos abandonar las nuestras. Por ello nuestro cuerpo y nuestra mente no pueden sobrevivir al paso por un agujero negro o viajar a una velocidad superior a la de la luz.

Para que aparezca un paquete de energía que pueda ser visto por los ojos como fotones, éste no salta de repente a la existencia material. Entre la nada y la luz visible, entre la oscuridad y las cosas que podemos ver y tocar, hay una capa cuántica. Este nivel es accesible a nuestros cerebros, que son máquinas cuánticas que crean por el procedimiento de manipular la energía según normas muy complicadas. A este nivel, más que ser simplemente conciencia en estado puro, la luz surge como la conciencia de algo. Éste es el lugar en que Einstein buscó la mente de Dios, porque lo que él quería hallar era una percepción religiosa sin la subjetividad no científica que hubiera merecido la condena de sus teorías por parte de sus pares. (Es fascinante seguir el viaje místico de grandes físicos como Einstein, Schrödinger y Pauli, porque cuando ellos llegaron atemorizados ante el misterio de la creación, tuvieron que cubrir sus pistas, por decirlo de alguna manera, para evitar acusaciones de que eran místicos y no científicos. En el caso de Einstein y Pauli, la lacra de ser demasiado receptivos a los conceptos religiosos arrojó finalmente una sombra sobre sus últimos trabajos.)

Para un físico experimental, un fotón es un cuanto de luz. Esto podría ser sólo de interés técnico si no fuera por el hecho de que la física cuántica tiene la llave de secretos aún más grandes. No sabemos nada directamente de la energía en su estado virtual, y es esencialmente inaccesible para cualquier instrumento de medida, pero una forma de entender el campo virtual es considerarlo como el espacio existente entre partículas subatómicas, lo que llamamos el campo virtual. Una partícula subatómica no es algo que está colgado en el espacio como una pelota de béisbol, sino una alteración en un campo. Esta alteración tiene lugar como acontecimiento cuántico y algunas veces se representa como una onda. Hay un paralelismo espiritual con esto en los Vedas, donde los sabios declaran que el estado inalterado de la materia es el éxtasis, y el alterado, el mundo.

En todo el universo, el fotón es la unidad más básica de energía electromagnética y cada una de las cosas que podemos percibir es en realidad una nube arremolinada de energía. En el momento del Big Bang, el universo explotó con una energía que ahora lo forma todo en la existencia, y enterrada en alguna parte de debajo de la piel de cada objeto aún arde la luz primordial. Pero al ser la esencia de la transformación, esta luz primordial no tiene la misma apariencia y se forma miles de millones de años después. Un risco de granito es una luz sólida, dura, como el pedernal, un impulso amoroso es una luz dulce y emotiva, y el brillo de una neurona es un destello instantáneo de luz invisible; pero por muy distintas que estas cosas puedan parecer, si las separamos en su mosaico de componentes más básicos, todas derivan de la misma materia primigenia.

Sin el nivel cuántico de realidad no podría haber cosmos y es aquí cuando aparecen por primera vez el orden y la simetría, que son las claves de la vida. Sin embargo, pocos físicos eminentes, aparte de Einstein, se han aventurado a explorar la posibilidad de que el nivel cuántico es una transición hacia Dios y, por tanto, es necesario considerar a otros pensadores. Durante el siglo pasado, había en la India un santo venerado, Sri Ramakrishna, que tenía el cargo de predicador en un templo grande y rico fuera de Calcuta. Su tarea consistía en colocar ofrendas cada día ante la imagen de la diosa Kali, que es una de las apariencias de la divina madre, la Diosa.

Después de hacer esto día tras día, Ramakrishna se volvió un gran devoto de la divina madre, hasta que un día, se produjo un cambio: «Tuve de repente la revelación —dijo— de que no sólo la imagen estaba hecha de espíritu puro sino todo lo que se hallaba en la sala: la copa, los utensilios, el suelo y el techo, eran todo manifestaciones de la misma cosa. Cuando me di cuenta de esto, empecé a actuar como un loco y a arrojar flores por todas partes y a adorar cada uno de los objetos: adoración, adoración, adoración, en todas direcciones.»

Yo diría que en este caso los niveles se solaparon. Ramakrishna no entró en trance ni perdió los sentidos, porque el mundo material seguía siendo visible, pero algo más sutil le alcanzó, algo que llega del nivel virtual y no puede registrarse con los cinco sentidos, porque no hay nada que ver, nada que escuchar, gustar u oler. Sin embargo, nuestros cerebros están diseñados para asignar un tiempo y un lugar a cada cosa y, por lo tanto, los niveles invisibles se funden en los visibles, como si la flor o la estatua o el agua bendita hubieran recibido la infusión del espíritu ante nuestros ojos.

Un despertar puede ser muy desconcertante si el cerebro tiene que dar sentido repentinamente a unos impulsos que no son de este mundo, ya que nacen nuevas sensaciones, la más extraordinaria de las cuales es la de la conciencia pura: se está despierto y vivo, pero sin pensamientos y sin las limitaciones del cuerpo. Lo más cerca que estamos de este sentimiento la mayoría de nosotros es en el momento de despertarnos por la mañana o justo antes de quedarnos dormidos. En este caso hay conciencia, pero no contenido, y no hay un tumulto de pensamientos en el cerebro; y si estamos lo suficientemente atentos, percibimos incluso que ha desaparecido el sentimiento de identidad. No obstante, nos sentimos presentes, aunque no tenemos conciencia de detalles específicos tales como el nombre, la dirección, la ocupación, la edad, las preocupaciones diarias o las personas con las que nos relacionamos. En el instante en que nos despertamos, e inmediatamente antes de que los detalles de nuestra situación se nos revelen otra vez, podríamos muy bien ser de nuevo un niño y nuestro hogar familiar cualquier lugar en el mundo.

Deberíamos suponer que se trata solamente de un sentimiento pasajero, aunque la experiencia de la conciencia pura está en el corazón del despertar religioso. La única parte de la naturaleza que goza de libertad total es el cielo, como lo llamarían las personas religiosas, no porque sea un lugar bendito en el que las almas gozan de la compañía de los ángeles, concepto totalmente ajeno a la ciencia física, sino porque la similitud está basada en el desplazamiento de las leyes de la naturaleza.

Nos imaginamos el cielo como un lugar que está libre de las ataduras de la vida terrenal, y en el que la gravedad ya no tira del cuerpo hacia abajo; en el cielo no hay cuidados o apegos y el gozo eterno es el estado constante del alma. Sin tener que imaginárnoslas, estas cualidades pueden remontarse a la experiencia del despertar, aunque la gran diferencia entre esta experiencia y el cielo es que el campo virtual no está fuera de nosotros y que es un lugar al que no se «va» en cuerpo o alma. Se podría esperar morir para conseguir el cielo como recompensa, pero está más en sintonía con la realidad virtual encontrarlo ahora. ¿De qué manera? Hay una famosa anécdota en la India que nos habla de un asceta que va a la cumbre de una montaña para ser iluminado. Ayuna y reza constantemente y abandona todos los deseos mundanos en favor de la meditación.

Su renuncia sigue durante muchos años hasta el día en que se da cuenta de que ha alcanzado su meta. Mire adonde mire, sólo siente el éxtasis de la conciencia pura, sin ataduras de ningún tipo. Loco de contento, corre al pueblo que está al pie de la montaña para decírselo a todo el mundo, pero por el camino se topa con un grupo de juerguistas borrachos; intenta silenciosamente pasar como puede, pero un borracho tras otro le golpea y le increpa ásperamente, hasta que el asceta no puede soportarlo más y grita: «¡Apartaos de mi camino!» En ese momento se detiene, da la vuelta y se vuelve a la montaña.

En esta anécdota vemos cuán fácilmente podemos ser engañados si pensamos que podemos escapar a nuestra propia ira y fragilidad, pero la cuestión principal es que es una contradicción llegar a lo absoluto utilizando la personalidad.

Algunas partes de nosotros están diseñadas para vivir en este mundo hecho de tiempo, pero hay que decidirse y proponérselo para triunfar en la tarea de soltar lo bastante nuestras ataduras como para que la conciencia pura se sienta totalmente cómoda, y de cara a los conflictos volvemos a caer instintivamente en la ira, del mismo modo que caemos en la tozudez, el egocentrismo, en la recta certidumbre y así sucesivamente. Sin embargo, a otro nivel, ni tan sólo poseemos estas cualidades y mucho menos nos sentimos unidos a ellas, aunque la búsqueda religiosa, sea en la forma que sea, intenta llegar de nuevo a ese nivel no alcanzado.

Visto en este contexto, algunos de los escritos más misteriosos de santos y sabios se vuelven muy claros. Consideremos este poema chino de Li Po, escrito en el siglo VIII:

> *¿Me preguntas por qué me recluyo en esta pequeña choza en el bosque?*
> *Sólo sonrío sin decir nada, escuchando el silencio en mi alma.*
> *La paz vive en otro mundo*
> *que nadie conoce.*

Lo que podemos ver ahora en estas palabras es un cambio de perspectiva que siempre está aquí con nosotros como una posibilidad. Con la pérdida del tiempo llega una ausencia completa de la identidad ordinaria, y la personalidad que yo mismo siento se disuelve más allá del mundo material y, con ello, dejo de tener la necesidad de tener las referencias que fui acumulando desde mi nacimiento.

El despertar está en la base del mundo religioso y reúne a profetas, mesías y santos en una elite privilegiada. Este despertar puede ser descrito por medio de historias maravillosas como la del joven príncipe Siddharta, antes de que fuera Buda, que fue transportado desde su palacio en un caballo blanco volador sostenido por ángeles en cada casco. Estas leyendas llevan el tremendo efecto del despertar a un nivel de realidad, por lo que decir que esta realidad ha surgido en la mente suena demasiado abstracto y prosaico. Tiene que darse un acontecimiento más espectacular, como el cielo que se abre o mensajeros divinos que descienden desde lo alto.

La mayoría de las personas que están fuera de la fe del islam no saben nada del momento en que el profeta Mahoma fue despertado.[2] El hecho tuvo lugar una noche en una cueva fuera de la ciudad de La Meca cuando Mahoma tenía cuarenta años y era un mercader sin nada que fuera digno de mención, porque de hecho no se sabe casi nada de su vida anterior. Sin embargo, aquella noche se le apareció el arcángel Gabriel rodeado de un resplandor de luz y le dijo:

—¡Recita!

Sorprendido y perplejo, Mahoma sólo pudo preguntar:

—¿Qué es lo que tengo que recitar?

A lo cual el arcángel le replicó:

—Recita en el nombre del Señor el creador —y le hizo entrega del don de la profecía que permitió a Mahoma conocer la palabra de Dios.

Este suceso ocurrió en el año 610 y es venerado en el islam como la Noche de Qadr (que significa gloria o poder). Pero el texto del Corán en sí no fue reunido hasta más de treinta años después, una vez que el profeta hubo muerto. Como Mahoma no sabía leer ni escribir, no nos ha quedado constancia escrita de sus hechos. Todas las suras, o capítulos, del Corán, que difieren muchísimo entre sí en longitud —algunos son de tres líneas y otras de treinta páginas—, fueron reunidas por un comité que entrevistó a los devotos que aún estaban vivos y que habían oído predicar a Mahoma; también tuvo en cuenta fragmentos de texto escritos por esas mismas personas.

Una tradición concreta insiste en que el arcángel Gabriel llegó en presencia física, del mismo modo que la tradición insiste en que Jesús se enfrentó a Satán en el desierto o que Buda salió volando de su palacio. (A Mahoma también se le concedió un vuelo en un caballo mágico, cuando voló a todos los niveles del cielo. De hecho, aunque se puede visitar el templo de la Roca en Jerusalén y ver el lugar en el que empezó el viaje, así como la huella del casco del caballo que le condujo en su salto celestial, esta leyenda nació de una sola línea en el Corán que habla de que el profeta fue de su casa en La Meca hasta un templo lejano.)

Estas leyendas son ahora artículos de fe y cualquiera que osara especular sobre si Mahoma vio o no vio al ángel o sobre si Satán le ofreció literalmente a Jesús el reinado sobre todo el mundo estaría corriendo el riesgo de ser considerado blasfemo. Sin embargo, no es necesario creer o no la versión literal de la Noche de Qadr o de los cuarenta días en el desierto, sino que lo esencial es que nuestras mentes puedan abrirse a la repentina entrada de luz.

EL CAMPO DE LA MENTE

La «luz» tal y como se utiliza en las escrituras siempre significa conciencia, independientemente de que se vea o no se vea una luz física. Los cristianos consideran a Jesús «la luz del mundo», debido a su estado de elevada conciencia, y la palabra «luz» es un sinónimo para toda una serie de cosas, desde la inspiración y la santidad hasta el espíritu encarnado de la esencia de Dios. También los seguidores de Buda y Mahoma aplican versiones de la misma imaginería, desde luego, aunque cada religión pretende que su fundador es el único. Las disputas entre religiones han sido exclusivamente o casi siempre pretensiones de que fue solamente su fundador quien entró en la luz o de que su lugar ante Dios es más elevado. Sin embargo, la conciencia es una herencia común, incluso podríamos decir que se trata de una herencia cósmica, si aceptamos la existencia de la mente a nivel cuántico y virtual. Cuando se pregunta qué se siente con la experiencia de Dios, las respuestas que se dan, aunque puedan ser distintas, convergen todas en que se produce un desplazamiento a una conciencia más elevada.

Yo sostengo que no hay nadie de entre los vivientes que no haya hecho este viaje, «el viaje», tanto si se utiliza en el sentido cristiano de camino o en el sentido taoísta de corriente oculta de vida, significa seguir la luz. Incluso ninguno de nosotros podría estar aquí sin tener raíces en el lugar de donde nace la luz, el campo cuántico. Sin embargo, para entenderlo del todo, tenemos que modificar nuestra imagen del mundo partiendo de un sándwich de realidad con tres capas para llegar a una cosa más dinámica, que es un diagrama de flujo.

La realidad está fluyendo constantemente desde el nivel virtual al cuántico y al material. En términos místicos, a este constante movimiento se le llama «el río de la vida», porque para el místico todo empieza en la mente de Dios antes de que aparezca en la superficie como un acontecimiento o un objeto. Pero el río es más que una metáfora, porque con cada pensamiento, cada memoria y cada deseo, hacemos un viaje río arriba, desde nuestro origen invisible hasta nuestro destino material.

Un día estaba yo sentado en silencio, preparándome para la meditación, cuando vi una vieja cara remotamente familiar con los ojos de la mente. Al cabo de un momento me di cuenta de que era un paciente que había tenido hacía veinte años, un diabético al cual llamaba cada semana a su casa para ajustarle los niveles de insulina.

Cuando cerré los ojos tuve un débil pensamiento. «¿Cómo se llamaba?» Sólo esto, un débil pensamiento. Medité durante una hora y, cuando abrí los ojos, me vino de repente un nombre a la memoria, junto con un número de teléfono. Me parecía tan improbable haberlo recordarlo que tomé el teléfono y marqué el número. La voz que me respondió al otro lado de la línea era en efecto la de Raúl, mi antiguo paciente.

El número de teléfono de Raúl no había cambiado durante todo aquel tiempo, aunque mi cerebro sí había cambiado. Y aquí hay un misterio, porque las células cerebrales no son constantes. Nacemos con la mitad del complemento de neuronas que tiene un cerebro adulto y el resto se desarrolla entre los seis meses de vida y los doce años de edad. Cada neurona está conectada a cada una de las demás por medio de miles de millones de fibras que se ramifican en miles de zarcillos en cada una de las células, formando una extensa red. Estos zarcillos, conocidos como dendritas, brotan al final de la célula como un árbol en el nacimiento de las ramas (la palabra *dendrita* viene del griego y significa «árbol»).

Aunque tiene la apariencia de fija y estable, esta red está moviéndose constantemente, e incluso si una neurona fuera siempre la misma y no le crecieran nuevas ramificaciones, las señales que emitiría hacia las dendritas nunca serían iguales en cada momento. Los impulsos eléctricos se diseminan por todas partes y van desplazándose a medida que tenemos nuevos pensamientos. En realidad, nuestros cerebros son como un sistema telefónico con miles de llamadas produciéndose cada segundo. La principal diferencia es que los cables de las líneas de las neuronas de nuestro sistema nervioso son inestables, cambian constantemente sus moléculas con cada momento de experiencia, tanto interior como exterior. Los cables son claramente inestables, porque no están hechos de cobre sino de grasas fluidas, agua y electrólitos por los que circulan las cargas eléctricas. Tener un simple pensamiento es más complejo que seleccionar un mensaje concreto de entre todas las llamadas de teléfono del mundo. Mientras administramos este hecho eléctricamente, el cerebro también envía oleadas de mensajes químicos. Una dendrita no está unida a otra, sino que hay siempre un pequeño espacio entre ellas, conocido como sinapsis. Cada mensaje debe encontrar la forma de traspasar este espacio ya que, de no ser así, las neuronas estarían aisladas y no podrían comunicarse. Pero la electricidad no salta este espacio, porque los voltajes son demasiado reducidos como para hacerlo, y de ello se encargan determinadas sustancias químicas que se emiten a un lado de la sinapsis y llegan al otro. Entre estos productos químicos, conocidos como neurotransmisores, se encuentran la dopamina y la serotonina.

En medio de este caótico torbellino de productos químicos y electrones nadie ha encontrado nunca una memoria. Las memorias son fijas y para que yo recordara la cara de Raúl tuve que almacenarla intacta, no en pedacitos. ¿Adónde, pues, tengo que ir para hacer esto? Ciertamente no a la tempestad de fuego de mi cerebro, porque ni una sola de mis neuronas pudo sobrevivir intacta al cabo de veinte años. Las moléculas de grasa, proteína y azúcar se han paseado por mis neuronas como aves migratorias, añadiéndose a ellas y dejándolas al cabo de un tiempo.

Quizá podríamos identificar los centros de memoria del cerebro, pero nadie hasta ahora ha podido probar qué la memoria se almacene ahí. Suponemos que es así, pero no sabemos cómo se lleva a cabo este proceso. Almacenar memoria en una neurona es como almacenar memoria en agua. (En realidad, el cerebro es tan fluido que si lo homogeneizáramos tendría el mismo contenido de agua que un bol de papilla de avena. De hecho, la sangre tiene más contenido sólido que el cerebro.) La noción de que almacenamos memoria de la misma forma que lo hace un ordenador, grabando microchips con bits de información, no viene soportada por la evidencia, y cuando los neurólogos intentan demostrarlo, topan muy pronto contra una pared.

Es la misma pared a través de la que se abrieron paso Einstein y los otros fundadores de la física cuántica. Una neurona es un mal receptáculo para la memoria porque, en el fondo, sus partículas no son sólidas y hay modelos de energía invisible agrupadas bajo la apariencia de partículas. Estos paquetes de energía no sobreviven más que a nivel cuántico; si profundizamos aún más hasta alcanzar el nivel virtual, los modelos se disuelven, la energía se desvanece en vibraciones fantasmales y luego en la nada. ¿Podemos almacenar memoria en la nada?

La respuesta es que sí. Cuando me acordé de la cara de mi antiguo paciente, hice un viaje a la nada, buscándole en ninguna parte. Utilicé mi cerebro para hacer este viaje o, al menos, para empezarlo, pero no fue mi cerebro el que recordó su número de teléfono, del mismo modo que la radio de mi coche no contiene la música que escucho.

Ya he mencionado que el campo virtual no tiene tiempo, ni espacio, ni energía. Esto se vuelve inmensamente importante cuando se trata de la memoria. Nadie duda de que el cerebro utiliza energía, quema alimento como calorías, subsiste a base de glucosa y un simple terrón de azúcar sirve para estabilizar las complejas actividades del cerebro. Pero cuando a los átomos de alimento se les extrae la energía y esta energía se convierte en pensamiento, nada de esto se canaliza hacia la memoria. Recordar la imagen del lugar donde estuvimos hace diez años el día de nuestro cumpleaños o qué es lo que hicimos ayer después del trabajo no consume alimento.

Tampoco parece consumir energía el recordar estas cosas. Volviendo a mi ejemplo, yo no intenté de forma consciente recuperar nada de mis memorias, sino que estaba meditando y al cabo de una hora vino a mí un nombre y un número de teléfono. ¿Estuvo mi cerebro trabajando en el problema durante todo aquel tiempo? Actualmente nadie tiene respuesta para esto. Nuestra creencia popular es que el cerebro funciona como un MacIntosh hecho de materia orgánica (un investigador lo ha llamado «el ordenador de carne», que es una frase perturbadora pero inolvidable). Yo creo que el cerebro es la última parada río abajo, el punto final de unos impulsos que empiezan a nivel virtual, fluyen a través del nivel cuántico y terminan como destellos de electricidad por los troncos y las ramas de nuestras neuronas.

Cuando nos acordamos de algo, nos movemos de un mundo a otro, manteniendo la ilusión de que aquí estamos aún entre imágenes y sonidos familiares. Algunas veces las conexiones son defectuosas y puedo dar un nombre o un número de teléfono equivocados. Sin entender este viaje, sin embargo, no nos quedan esperanzas de emprender el viaje espiritual de vuelta a Dios, porque ambas rutas son la misma.

La llegada de las resonancias magnéticas, las tomografías y los escáneres nos ha permitido echar una ojeada al cerebro como el lugar donde se genera constantemente energía, pero el cerebro y la mente son diferentes. Algunas veces las operaciones de neurocirugía tienen que hacerse con el paciente despierto, consciente y capaz de responder a preguntas. Si hablamos con uno de estos pacientes y le pedimos que levante el brazo, incluso aunque se le haya quitado una porción de su cráneo y el córtex cerebral se halle expuesto, obedecerá como cualquier otra persona. Tomemos ahora un electrodo y estimulemos una parte del córtex motor de tal manera que el mismo brazo se mueva repentinamente. La acción es exactamente la misma que cuando le pedimos al paciente que lleve a cabo esta acción, sin embargo, existe una diferencia enorme. En el primer caso, si le preguntamos qué es lo que ha sucedido, el paciente responderá: «He movido el brazo.» En el segundo caso, si le preguntamos qué ha sucedido, el paciente responderá: «Se me ha movido el brazo.»

A pesar de la similitud externa (se ha movido el brazo), el primer acto involucró una voluntad y un deseo; una misteriosa entidad llamada «yo» llevó a cabo la acción, no simplemente el cerebro. El pionero canadiense de la neurocirugía Wilder Penfield realizó un experimento así y concluyó que nuestras mentes y nuestros cerebros no son de ningún modo la misma cosa.[3] Hoy en día podemos extendernos sobre las formas en que ambos parecen divergir:

- Usted me pregunta mi nombre y yo le responderé con un destello de actividad de mi córtex cerebral, pero mi cerebro no tiene que hacer una actividad para *saber* mi nombre.
- En la tienda elijo helado de vainilla o de chocolate. Mientras pienso en la elección, el cerebro trabaja, pero el que elige —la persona que decide entre A o B— no la encontraremos en ninguna parte del cerebro.
- Usted y yo miramos un cuadro de Picasso. Yo digo que me gusta y usted dice que no. El hecho de expresar nuestras opiniones nos comporta una actividad cerebral, pero las diferencias de gusto no son una actividad.
- Estoy en un avión preocupado por lo que voy a decir en la conferencia que he de dar cuando aterrice y me quedo dormido. Cuando me despierto, sé exactamente de lo que quiero hablar. Este desplazamiento de la preocupa-

ción a la certidumbre no ha sido una acción mensurable del cerebro, porque mientras dormía no pensaba conscientemente.

- Estamos sentados en el sofá leyendo y, de repente, nos viene a la mente el nombre de un viejo amigo. Al cabo de un instante, suena el teléfono y es este amigo que nos llama. El hecho de recordar el nombre supuso una actividad cerebral, pero ningún mecanismo cerebral pudo sincronizar la coincidencia.

- En una fiesta conocemos a una persona y, en un momento de atracción instantánea, sabemos que vamos a casarnos con esa persona. En el mismo instante, tenemos la revelación de que ella/él tiene ese mismo sentimiento hacia nosotros. Podemos atribuirle al cerebro las atracciones hormonales, e incluso los impulsos mentales y emocionales que nos han hecho el uno para el otro. Sin embargo, lo que no es posible que haya hecho el cerebro es crear esa certeza que aparece de forma simultánea en ambas personas.

Cuando Penfield empezó sus trabajos en los años treinta, la ciencia no había establecido de forma fehaciente que la mente era solamente un fantasma creado por las neuronas. En los años setenta ya había asumido que muchos expertos «si pudieran, sin duda alguna me harían callar antes de que yo empezara a hablar de la mente y del cerebro, porque declaran que como la mente, por su misma naturaleza, no puede tener una posición en el espacio, hay solamente un fenómeno que podamos considerar, es decir, el cerebro». Con todo, Penfield, junto con John Eccles, que era un investigador británico tan audaz como él, planteó una pregunta evidente: ¿en qué lugar del cerebro podemos encontrar algún mecanismo que posea intuición, creatividad, percepción, imaginación, entendimiento, propósitos, conocimientos, voluntad, decisión o espíritu? En efecto, todas estas funciones elevadas del cerebro aún no pueden crear las cualidades que nos hacen tan humanos. ¿Tendríamos, pues, que rechazarlas porque son una ilusión, o dejar la discusión para más adelante hasta que alguien descubra genes para el alma?

Entre estas muchas observaciones, Penfield resaltó que el cerebro retiene memoria incluso durmiendo. Los pacientes que se recuperan de estados graves de coma tienen todavía conocimientos tales como el lenguaje, así como las historias de sus propias vidas. Bajo los efectos de una anestesia profunda, aproximadamente un uno por ciento de los pacientes de cirugía refieren que oían lo que decían los cirujanos que le operaban e incluso pueden recordar detalles de lo que sucedió durante la intervención. Por lo tanto, aunque no sabía de qué modo funcionaba, Penfield especulaba sobre el hecho de que la mente tiene que tener su propia fuente de energía. De alguna forma, obtiene también energía del cerebro, porque cuando éste muere o pierde su funcionalidad, algunas o todas las operaciones mentales se interrumpen de golpe. Pero la energía del interior del cerebro no es suficiente como para explicar cómo sobrevive la mente a los traumas.

Un cerebro totalmente privado de oxígeno durante cuatro minutos, y un poco más si el cuerpo está muy frío, puede todavía recuperar su completa funcionalidad mental. Durante este intervalo, la maquinaria del cerebro se apaga. Bajo anestesia profunda, prácticamente no hay ondas cerebrales elevadas, por lo que es imposible que el córtex cerebral pueda hacer algo tan complejo como recordar lo que estaba diciendo el cirujano. El hecho de que la mente pueda sobrevivir al trauma cerebral y funcionar bajo anestesia apunta firmemente hacia la existencia aparte de la mente. En términos más sencillos, Penfield llegó a la conclusión de que «es la mente la que percibe y el cerebro el que registra la percepción». También llegó a la conclusión de que la mente tiene que ser un tipo de campo de energía invisible que incluye el cerebro y que quizá lo controle. Yo creo que, en lugar de decir campo de energía, deberíamos decir «campo de información», porque está claro que el cerebro procesa la información sobre todo lo que existe que le va llegando constantemente.

Al utilizar el término *campo* hemos dado un paso hacia el reino de la realidad cuántica. El cerebro es una cosa con estructuras materiales tales como un córtex o un sistema límbico, pero un campo no es una cosa. El campo magnético terrestre ejerce una atracción sobre todas las partículas de hierro, obligándolas a moverse de una forma determinada, aunque no haya nada visible o tangible que las haga mover. De la misma forma, la mente hace que el cerebro se mueva de esta u otra forma. Pensemos en la palabra *aardvark* y luego en la palabra *Rangún*. La primera palabra contiene su propio sonido y significado, que se reproduce en el cerebro por un modelo determinado de ondas. La segunda palabra también es definida por sus modelos únicos. Por lo tanto, para ir de una palabra a la otra necesitamos un desplazamiento radical que involucra millones de neuronas. ¿Quién hace este desplazamiento? El primero de los modelos tiene que disolverse totalmente para que pueda aparecer el segundo, sin transición entre ellos que pueda servir de conexión; se borra *aardvark*, junto con la imagen mental de un gigantesco oso hormiguero, para que pueda ocupar su lugar *Rangún*, junto con la imagen de su lugar en el mapa y lo que sepamos de la historia de Birmania. Entre las dos sólo hay un espacio vacío, como el espacio negro entre dos imágenes de una película.

Sin embargo, este espacio que no tiene absolutamente ninguna actividad cerebral se administra de una forma u otra de millones de neuronas y sabe la diferencia entre *aardvark* y *Rangún* sin tener que pensarla. De hecho, nosotros no tenemos que hacer un acto de voluntad para organizar ni una sola de las células del cerebro para el modelo increíblemente intrincado que es necesario para producir una palabra. Todo esto sucede de forma automática, sin gasto alguno de energía, de energía cerebral, desde luego. Pero en el espacio vacío podría haber otro tipo de energía. Eccles hizo su famosa afirmación de que «Dios es el espacio vacío». Con esto quería decir que los espacios vacíos del cerebro, las ínfimas sinapsis entre dos terminaciones nerviosas, tienen que ser el lugar de residencia de una mente más elevada, porque ésta no se puede encontrar en la sustancia material del cerebro.

Nuestras mentes son una herramienta vital en la búsqueda de Dios. Confiamos en la mente y la escuchamos, seguimos sus impulsos y nos fiamos de su exactitud. Sin embargo, y aún más que esto, la mente nos interpreta el mundo dándonos su significado. Para una persona deprimida, la visión de una brillante puesta del sol tahitiana es el espejo de su tristeza, mientras que, para otra persona, estas mismas señales en la retina le producirán alegría y gozo. Como diría Penfield, es el cerebro el que registra la puesta del sol, pero sólo la mente puede percibirla. Como buscamos a Dios, queremos que nuestras interpretaciones se eleven por encima del nivel al que nuestras mentes pueden llevarnos, de forma que podamos entender el nacimiento y la muerte, el bien y el mal, el cielo y el infierno. Cuando esta comprensión se extiende al espíritu, hay dos campos invisibles, la mente y el alma, que tienen que conectarse si es que debemos tener confianza en ellos.

Dios necesita la respuesta más delicada de la mente. Si la mente está turbada o sin refinar, el viaje de vuelta a Dios no puede hacerse con éxito. Aquí hay muchos factores que entran en juego, pero en términos de la conexión mente/cerebro, Valerie Hunt, una investigadora con licenciaturas en psicología y fisiología, ha hecho algunas conexiones importantes, a las que se refiere en su libro *Mente infinita*.[4] Después de conectar a algunos sujetos al electroencefalógrafo, pudo determinar que algunos modelos de ondas cerebrales pueden asociarse con experiencias espirituales más elevadas. Estos hallazgos complementan investigaciones anteriores, que datan de treinta años atrás, que constataron que el hecho de entrar en meditación profunda altera los modelos de las ondas alfa del cerebro, el ritmo cardíaco, la respiración y la presión sanguínea.

Pero la doctora Hunt estaba además interesada en por qué las personas no tienen experiencias espirituales. Se permitió suponer que todos estamos conectados de forma natural a la totalidad del campo de energía y de información de la mente, del mismo modo que estamos conectados a las partes que involucran el pensamiento. Se trata de una suposición sencilla pero profunda. ¿Por qué no dejamos entrar al espíritu? «El problema es siempre el miedo a las intensas emociones que ocurren a nivel místico —asegura Hunt—, experiencias que son tan reales y profundas que no podemos comprenderlas o aceptarlas fácilmente... Otra forma de describir nuestros bloqueos es decir que no deseamos cambiar ni nuestras prioridades ni nuestras creencias sobre nosotros mismos y Dios.» Al parecer, el campo de la mente es un campo de minas.[5]

Este «atolladero» espiritual no es sólo una limitación del cerebro. Otros investigadores antes que Hunt han aportado documentación sobre el hecho de que si privamos de oxígeno por unos momentos al lóbulo temporal derecho, su actividad empieza a elevarse y tenemos la sensación de «ir a la luz». La misma sensación de flotar, de estar fuera del cuerpo, de éxtasis, de ser de otro mundo; se puede, incluso, tener visiones de almas y ángeles que nos llaman desde la luz. Todos estos fenómenos pueden imitarse por medio de la privación de oxígeno, o haciendo girar a los sujetos en una máquina centrifugadora de las que se utilizan para entrenar a los astronautas a experimentar las intensas fuerzas gravitacionales. Sin embargo, inducir la ex-

periencia no es lo mismo que tenerla, porque no hay sentido espiritual ni en la fuerza centrífuga ni en la pérdida de
oxígeno, mientras que las personas que han sufrido experiencias de muerte aparente (sin mencionar a los yoguis o a
los santos que han crecido espiritualmente acostumbrados
a vivir en la luz) dan cuenta de profundos cambios espirituales.

Si el cerebro filtra normalmente una gama completa de
experiencias, como sabemos que lo hace, quizá nuestro acceso más duro a dimensiones más elevadas es desgraciadamente a través del sufrimiento o la privación. El cerebro
tiene que ajustarse a cualquier experiencia más elevada y
se necesitan ondas cerebrales para convertir el torbellino
de energía caótica de la sopa cuántica en imágenes y pensamientos reconocibles. Hunt precisa que si medimos la
actividad cerebral de alguien que desea tener una experiencia espiritual, y que no está bloqueado, el modelo es
muy diferente del de alguien que sí está bloqueado. Al ir más
allá de las medidas del electroencefalógrafo, Hunt ha correla-
cionado cinco estados de bloqueo psicológico que cierran
nuestra espiritualidad, todos ellos enraizados en alguna
experiencia inicial, un encuentro con Dios, que la persona
no puede integrar en el sentido del ego que ya existía. Las
cinco experiencias de bloqueo son:

1. Una experiencia parecida a una extraña energía o presencia de Dios.
2. Comprender repentinamente el pasado, el presente y el
   futuro como una sola cosa.
3. Adquirir el poder de curar.
4. Plegarias no escuchadas en medio de una «buena» vida;
   la experiencia de ser abandonado por Dios.
5. Sobrecarga sensorial del sistema nervioso cuando «entra la luz».

Aunque están relacionadas, se trata de experiencias distintas, y cuando le suceden a una persona, se produce a menudo una sensación de conmoción y consternación a pesar del hecho de que podría suceder alguna cosa positiva.

Podríamos pretender razonablemente que la cristiandad misma no hubiera sobrevivido si Pablo no hubiera sido cegado por la luz en el camino de Damasco, cuando Jesús profirió las palabras «¿Por qué me persigues?». Pero esta experiencia arrolladora involucraba alguno de los obstáculos descritos anteriormente. Toda la estructura de las creencias de Pablo fue puesta a prueba y tuvo que integrar su repentina exposición a Dios como una realidad total, lo que provocó una tremenda lucha interna y la sobrecarga sensorial de la experiencia le causó la ceguera física durante muchos días. El Buda sentado bajo el árbol Bodhi, al decidir liberarse de la influencia vinculante de la mente, sufrió voluntariamente la misma lucha interior. Lo que es común a cualquier gran progreso espiritual es que siempre se encuentra una fuerte oposición. Por ejemplo:

> *Se disparan defensas neuróticas tales como «Soy indigno» o «Tengo poca autoestima».*
>
> *Surge la ansiedad de que una fuerza maligna o satánica está en acción; puede expresarse con miedo o demencia, o con la creencia de que los engaños vienen causados desde el exterior.*
>
> *El ego intenta en vano mantenerse junto a sus antiguos modelos, con miedo al cambio en forma de muerte.*
>
> *La ausencia de un signo de Dios, como una voz o una visión, hacen que la experiencia parezca irreal y desapegada de este mundo.*
>
> *No quiere romperse el hábito de estar en dualidad y de ver el pasado, el presente y el futuro como estados separados.*

En resumen, el viaje de la mente de vuelta a Dios puede tener serias repercusiones desde el punto de vista de que el cerebro tiene que adaptarse a un nuevo modo de percepción. Esto lo vi claro con ocasión de un accidente que tuvo no hace mucho un íntimo amigo mío que, no estando acostumbrado a hacer ejercicios en el gimnasio, hizo un esfuerzo excesivo en una máquina y se lesionó el pie derecho. Durante los primeros días que siguieron al accidente empezó a sentir un dolor creciente cada vez que ponía peso en aquel pie y pocas semanas después apenas podía andar una manzana de casas sin tener que sentarse. El examen médico reveló que tenía una dolencia bastante frecuente conocida como fascitis planar, que consiste en que el tejido de conexión entre el talón y la parte anterior del pie se ha distendido o se ha roto. A veces, el problema puede mejorarse mediante determinados ejercicios, pero los casos graves que requieren cirugía no siempre se resuelven con éxito.

Mi amigo, que es una persona estoica, decidió soportar el dolor e hizo sólo esporádicamente los ejercicios prescritos. Con el tiempo, llegó a tener tantos problemas para andar que, en su desesperación, acudió a un sanador chino. «Fui a su consulta, que no era más que una pequeña habitación en la trastienda de un gimnasio de kung fu. Era un hombre bajo de unos cincuenta años que no tenía el menor aspecto de ser místico o espiritual, o dotado de una u otra forma para curar, pero su tratamiento fue notable —me dijo mi amigo—. Después de palparme suavemente el pie, se levantó e hizo unos cuantos signos en el aire detrás de mi columna vertebral sin ni siquiera tocarme, y cuando le pregunté qué es lo que estaba haciendo, me dijo simplemente que estaba haciendo algunos cambios en mi campo de energía. Estuvo haciéndolo durante más o menos un minuto y luego me pidió que me levantara. Al hacerlo, noté que no tenía la menor sensación de dolor, teniendo en cuenta que cuando había llegado apenas podía andar. Muy sorprendido, le pregunté qué era lo que había hecho. Él me dijo que el cuerpo era una imagen proyectada por la mente, y en estado de buena salud, la mente mantiene esta imagen intacta y equilibrada. Sin embargo, una herida o el dolor pueden hacer que abandonemos nuestra atención del lugar afectado. En este caso, la imagen del cuerpo empieza a deteriorarse y sus modelos de energía se debilitan y pierden la salud. Por ello, el sanador restablece el modelo correcto, cosa que se hace en un momento, después de lo cual es la propia mente del paciente la que se hace cargo de la responsabilidad de mantenerlo en orden. Me puse en pie y caminé por la habitación, para asegurarme de que no me engañaba a mí mismo. Mientras lo hacía, el sanador me dijo con toda naturalidad que yo podía aprender a hacer lo mismo. "¿De verdad? —dije—. ¿Cuánto tiempo tardaría en ser capaz de hacer una cosa como ésta?" Él respondió: "Sólo tiene que desechar la creencia de que es imposible."»

Desde entonces, mi amigo no ha vuelto a tener dolores, lo cual ya es bastante. Pero ahora viene la moraleja espiritual de la historia: esta curación no cambió la vida de mi amigo, sus consideraciones hacia su cuerpo permanecieron intactas, y tampoco empezó a verlo como una imagen fantasmal o una máscara de energías ocultas. Las creencias, que son increíblemente poderosas, pueden marcar el cerebro tan profundamente que incluso la experiencia más notable no nos aporta un gran progreso hacia una nueva realidad. Las antiguas creencias de mi amigo fueron empujadas ligeramente a un lado, pero eso fue todo. Un acontecimiento imposible no fue suficiente para superar su atasco espiritual. (Al parecer, las reticencias de Cristo a obrar milagros estaban basadas en una constatación similar.)

Cuando era un niño, me sentía dejado de lado espiritualmente porque nunca conocí ni a Buda ni a Krisna, y nunca había visto con mis propios ojos resucitar a un muerto o convertir el agua en vino. Ahora me doy cuenta de que no son los milagros lo que hacen al creyente, sino que todos somos creyentes: creemos que la ilusión del mundo material es completamente real. Esta creencia es nuestra única prisión, y evita que hagamos el viaje a lo desconocido. Hasta hoy, después de muchos siglos de santos, sabios y profetas, sólo unas cuantas personas pueden operar un cambio radical en su sistema de creencias, mientras que la mayoría no puede. Incluso así, nuestras creencias deben desplazarse, si es posible, para ponerse de acuerdo con la realidad, ya que en el mundo cuántico las creencias generan realidad. Como veremos, nuestro verdadero hogar es la luz y nuestro verdadero papel es crear infinitamente a partir del infinito almacén de posibilidades situado a nivel virtual.

Cinco

Poderes extraños

... porque todas las cosas son posibles con Dios.

MARCOS 10:27

«Soy el tipo de persona a la que la Iglesia llamaría perdida. Cuando llegué a mayor, no tenía demasiada fe en mí mismo ni en cualquier otra cosa. Si alguien me hubiera preguntado si creía en Dios, yo hubiera dicho: "¿Por qué? Él no cree en mí."»

Era un asistente sanitario el que hablaba de su infancia de clase obrera. En su familia, la madre era una devota católica mientras que el padre era un creyente indiferente que se quedaba en casa los domingos mientras que los niños eran arrastrados a misa.

«Una vez, cuando tenía trece años, mi padre y yo andábamos por el centro de Boston y pasamos al lado de un mendigo. El hombre extendió su mano sin decir nada y yo me di cuenta de que mi padre le echaba una mala mirada, mientras seguíamos andando. Detrás de nosotros se oyó que el mendigo murmuraba con voz débil: "Que Dios os bendiga." Mi padre se enfureció. "Esto es la fe —dijo sarcásticamente—. Yo he trabajado treinta años y este tipo no mueve ni un solo dedo, y cada noche deja en manos de la Providencia qué es lo que va a comer y dónde dormirá. La fe no es mucho más que esto."»

La historia ilustra de qué modo la fe religiosa está en conflicto frontal con las necesidades de la vida. Si hay dos realidades compitiendo por nuestra lealtad, la material y la espiritual, ¿por qué deberíamos abandonar la material? Un cínico dicho árabe aconseja: «Cree en Dios pero ata bien a tus camellos.» Y como Dios no interfiere en satisfacer las más elementales necesidades de millones de personas pobres, la incredulidad tendría sentido.

A pesar de todo, la incredulidad parece que tampoco funciona, porque hay fenómenos misteriosos que sólo pueden explicarse si partimos de la base de un campo invisible que es nuestro origen en lo sagrado y que es donde reside nuestra inteligencia y nuestro sentido del orden en el universo. Para demostrar que existe este lugar, vamos a ver una amplia gama de anomalías que están al margen de los acontecimientos ordinarios, y que incluyen despertares religiosos e «idas a la luz», de las que ya hemos hablado, además de los siguientes:

Inspiración y percepción
Genios, niños prodigio y sabios
Memoria de vidas anteriores
Telepatía y fenómenos extrasensoriales
Alter egos (síndrome de la personalidad múltiple)
Sincronicidad
Clarividencia y profecía

Por muy distintos que parezcan entre sí, todos estos fenómenos nos llevan más allá de los conocimientos que tenemos actualmente del cerebro, a las regiones del «campo de la mente» que están más cercanas a Dios. El cerebro es un receptor de mente, y como un receptor de radio recibe señales de un emisor lejano. Si dejáramos caer desde el cielo una radio de pilas en medio de una sociedad primitiva, sus miembros podrían terminar adorándola, porque ninguno de ellos entendería por qué aquella caja mística emite música y voces.

En este momento, el cerebro se parece también a una caja mística que sin embargo utilizamos de formas muy caóticas, y por ello las señales definitivas, las que nos envía Dios, pasan a menudo inadvertidas. Después de sesenta años de explorar el terreno paranormal y muchos años de experimentar con música, genio, percepción e inspiración, quedan todavía pendientes de hacer muchas conexiones espirituales. En los capítulos siguientes vamos a tratar sobre estas conexiones, de forma que cada vez resulte más claro que la realidad cuántica, la zona de los milagros, es un lugar muy cercano.

INSPIRACIÓN Y PERCEPCIÓN

Si el cerebro produce pensamientos y éstos son el resultado de información almacenada dentro de las neuronas, ¿cómo alguien puede haber tenido alguna vez una idea nueva? ¿Por qué no estamos combinando y volviendo a combinar antiguas informaciones? Los nuevos pensamientos nos llegan de la mente, no del cerebro, y de los más originales se dice que están inspirados. A nivel personal, ver alguna cosa nueva de nosotros mismos se llama una percepción. Cuando nos sentimos inspirados, se hallan involucrados algo más que pensamientos ordinarios, hay un sentimiento edificante, como de abrirse paso de repente, caen todos los límites y por un momento se siente un destello de liberación. Si la inspiración es lo suficientemente poderosa, toda nuestra vida puede cambiar, porque hay percepciones tan potentes que pueden variar en un instante años enteros de comportamiento según unos modelos.

Miremos más atentamente cómo funciona la percep-

ción, puesto que nos dice mucho de la mente. Una mujer
que estaba recibiendo tratamiento llegó a la consulta de su
psiquiatra sintiéndose muy ofendida. Manifestó que su
mejor amiga, Maxine, había cometido una terrible traición
personal. Al preguntarle por los detalles, ella refirió esta
historia: en el último año en la facultad de derecho, las dos
mujeres habían pertenecido al mismo grupo de estudio.
Como era una persona muy competente y seria, esta mujer
había hecho todo lo posible para ayudar a Maxine, pasán-
dole apuntes, asistiendo a clases a las que su amiga no podía asistir y llegando al extremo de llevar comida al grupo
si el estudio se prolongaba hasta altas horas de la noche.

En otras palabras, se consideraba a sí misma un modelo de ayuda. Llegó la época de los exámenes finales y las
dos amigas pasaron muchas horas fuera del grupo prepa-
rando todos los posibles temas que podían salir en las
pruebas. No obstante, durante el examen la mujer se sintió
angustiada al advertir que no había preparado suficientemente un tema clave, porque había olvidado estudiar un
importante caso del Tribunal Supremo y no tenía ninguna
de las preguntas relacionadas con él. Se consoló con la
idea de que al menos podría compartir su desgracia con su
mejor amiga, pero cuando se publicaron las notas, vio que
la de Maxine era mucho mejor que la de ella. Al preguntarle cómo era posible, la amiga le dejó caer con indiferencia
que había estudiado aquel caso en concreto por su cuenta.

—Muy bien —le dijo el terapeuta—. Entiendo lo ocurrido, pero ¿por qué está tan ofendida?

—Y ¿usted me lo pregunta? —protestó la mujer—. Mi
amiga me traicionó. Yo creía que era mi mejor amiga. Hice
de todo lo posible para ayudarla a sacar la carrera de derecho y mire lo que me ha hecho ahora.

—¿Lo hizo intencionadamente? —preguntó el terapeuta—. O ¿se preocupaba sólo por sí misma? Quizá pensaba
decírselo, pero luego lo olvidó.

La mujer apretó la mandíbula.

—Ésa no es forma de tratar a tu mejor amiga —sostuvo—. Es evidente que a Maxine no le preocupa lo que me pueda suceder.

Si miramos debajo de la superficie, nos encontraremos con dos capas más profundas que este incidente. La primera es psicológica y estaba dirigida por el terapeuta, que no veía un simple disgusto entre amigos, porque su paciente mostraba todas las señales de una grave defensa de control: ser una perfeccionista, cuidarse de las necesidades de otras personas aún sin que se lo pidieran, preocuparse de situaciones suponiendo que los otros no pueden resolver sus problemas por sí mismos, y desear implícitamente que le dieran las gracias por lo que se había preocupado, son todo signos claros. Pero ¿cómo pudo traspasarse esta percepción del terapeuta a la paciente?

—Usted cree que Maxine la ha traicionado —dijo el psiquiatra—, pero en realidad su comportamiento es muy normal, porque es perfectamente normal preocuparse por uno mismo. Ella no tenía ninguna obligación de compartir con usted todos y cada uno de los detalles de sus hábitos de estudio.

La mujer se sorprendió muchísimo al oír esto e intentó discutirlo.

—¿Se está poniendo de su lado? —preguntó desconcertada—. ¿Y yo qué?

—Es usted la que me preocupa, porque lo que usted no ha sido capaz de ver es que hay un detalle de la realidad con el que usted no puede enfrentarse. Toda esta ayuda y estas preocupaciones por Maxine están muy bien, pero sirven para que usted misma se defienda de aquello que no puede aceptar.

—¿Y qué es?

—Escuche atentamente —replicó el terapeuta—. Otras personas tienen el derecho de rechazarla y no puede hacer nada para evitarlo.

La mujer se relajó, perpleja y enojada; había oído las palabras pero no había penetrado en ellas y estaba dudando en la antesala de la percepción. Desde su punto de vista, sus acciones eran las de un santo traicionado, y la alternativa era verse a sí misma bajo una luz nueva, como alguien que ha sido durante años «la que ha cuidado a todo el mundo» para asegurarse de que nunca nadie, absolutamente nadie, la rechazara.

Cuando esto sucedió, hizo un gran avance: había aceptado la percepción. Quedaban por delante varios meses con la angustia del miedo reprimido y la ofensa vertida. Había desaparecido la defensa de su antiguo comportamiento y ahora las energías escondidas que habían estado atrapadas durante tanto tiempo podrían liberarse.

Antes he mencionado que en esta historia había una segunda capa, que es espiritual. La percepción es una cosa, pero el impulso de encontrarla es otra. ¿Debemos aceptar que se trataba de un acontecimiento aleatorio en la vida de esta mujer, o fue una capa más profunda de su ego la que proporcionó la situación que abrió la puerta? Yo creo que los acontecimientos de la vida no se desvelan al azar, aunque nuestro punto de vista materialista pudiera insistir en que sí, pero todos hemos reflejado puntos decisivos en nuestra vida y hemos visto, algunas veces con desconcierto o asombro, que las lecciones han aparecido en nuestro camino en el momento exacto en que las necesitábamos.

En una palabra, alguna inteligencia escondida parece saber cómo y cuándo debe transformarnos, a menudo cuando menos lo esperamos. Por su naturaleza, la inspiración transforma —aporta espíritu—, y ningún modelo del cerebro ha podido explicar de qué modo un grupo de neuronas podría transformarse a sí mismo. Hay una escuela de neurología que sostiene la noción de que el cerebro humano es un ordenador de enormes capacidades, pero los ordenadores no se despiertan una mañana y deciden tener una nueva actitud frente a la vida, ni tampoco tienen momentos de despertar espiritual, mientras que los humanos los perciben constantemente. Los ordenadores tampoco encuentran repentinamente que una idea es significativa. Para ellos, cada carga de datos es lo mismo, una colección de ceros y unos dispuestos en un lenguaje codificado. El correo electrónico recibido ayer no tiene menos significado que el Nuevo Testamento, nada más.

La inspiración es el ejemplo perfecto de cómo funciona el nivel invisible de realidad. *Dar todo aquello que se necesite.* Puede que una persona no esté preparada para aceptar la percepción y, por lo tanto, perderá una oportunidad de transformación, pero ésta no es la cuestión esencial. La mente es más grande que cualquier individuo; no es un ordenador, es una inteligencia viva que evoluciona y por ello se necesita una nueva percepción.

En las fases primitivas de la evolución, la vida se hace más compleja físicamente; por ejemplo, las algas verdes evolucionaron y se convirtieron en plantas, desarrollando una capacidad más compleja de utilizar la luz del sol. La evolución más elevada tiene lugar en la mente, como cuando se produce un Einstein, por ejemplo. Pero el cambio de algas a plantas tiene que ver con la inteligencia, con un momento de inspiración, como ocurre con el descubrimiento de la relatividad. A diferencia del cerebro, la mente puede evolucionar, abriéndose paso a través de antiguas limitaciones y glorias para sentirse libre.

En cada nivel, estar inspirado es un paso hacia una mayor liberación, y liberación es elección. Las células que evolucionaron para convertirse en plantas, flores y árboles lo hicieron a partir de las algas verdeazuladas, pero al mismo tiempo el nivel inferior de evolución continuaba existiendo mientras servían al entorno.

En el momento de la percepción, se produce un «¡eureka!» que nos abre nuevas posibilidades. En el momento en que Buda fue iluminado, ya no hubo más razones para cualquier forma de violencia o de sufrimiento entre la humanidad. Buda veía que el sufrimiento y el mal están arraigados en el error de cómo funciona la vida; vio que la lucha sin fin para obtener placeres y evitar el dolor nunca terminará mientras estemos apegados a las necesidades de nuestro ego, porque el egoísmo y la inseguridad del ego nunca se curan por sí mismos, por lo que siempre queda otra batalla que librar.

Esta percepción le llegó a Gautama bajo el árbol Bodhi, del mismo modo que le llegó a Jesús en el desierto cuando luchó con Satán (lo mismo puede decirse de cualquier gran maestro o profesor). El hecho de que una gran parte de la humanidad more aún en la ignorancia originando todo tipo de sufrimiento nos devuelve a determinados niveles de conciencia. En el campo de la mente hay libertad y desapego y elegimos a cuál de ellos adherirnos; cada persona establece sus propios límites, y los atraviesa cuando siente el impulso evolutivo.

Todos nosotros hemos conocido a personas cuyos problemas son completamente innecesarios y, sin embargo, les falta percepción para encontrar la evolución. Si intentamos darles esta percepción, aunque se la sirvamos en bandeja, no la tomarán, porque la percepción y la inspiración deben buscarse y luego dejarse crecer. Tal y como nos indican nuestros maestros espirituales, éste es el tipo de conocimiento con que tenemos que sintonizar. La inspiración nos enseña que la transformación tiene que empezar confiando en que existe una inteligencia superior que sabe de qué modo se pondrá en contacto con nosotros.

GENIOS, NIÑOS PRODIGIO Y SABIOS

Los investigadores del cerebro pueden decir pocas cosas convincentes de los genios. Estadísticamente, sabemos que son raros e impredecibles, que han nacido predominantemente en familias ordinarias y que su propia descendencia no suele poseer una inteligencia excepcional. Esto nos lleva a pensar que los genios se derivan de una original combinación de genes y que es algo que unos cuantos niños llevan codificado de una forma u otra desde su nacimiento.

Al hacer la autopsia, raramente se encuentra algo excepcional en el córtex cerebral de los genios. En junio de 1999, algunos periódicos anunciaron en sus titulares que el cerebro de Einstein, conservado durante casi medio siglo después de su muerte, era anormal, en el sentido de que un centro que está conectado a la capacidad matemática y la percepción espacial y que es conocido como el lóbulo parietal inferior era, en el caso de Einstein, un 15 por ciento más ancho de lo normal. Pero ¿es esto la prueba de que era un genio? Difícilmente, pero la tendencia casi universal es la de pensar que los genios son «diferentes». Por mi parte, yo argumentaría que, para empezar, nuestros cerebros están controlados por nuestras mentes, y que es la mente de Einstein, y no el aparato de radio que tenía dentro de su cráneo para recibir señales, lo que es fascinante.

Si el ADN no dota a los genios de estructuras especiales en su materia gris, entonces ¿de qué modo desempeñan los genes su papel? Después de todo, a menos que un gen dé nacimiento a una expresión física, no tiene ninguna influencia sobre nosotros, como tampoco podemos convertir un cerebro ordinario en el de un genio y, de hecho, los modelos eléctricos que pueden observarse cuando un genio está pensando no son espectacularmente distintos de mis ondas cerebrales cuando extiendo un cheque.

En nuestro nuevo modelo, definiríamos el genio como algo no físico, es decir, la capacidad de activar de una forma mucho más eficiente de lo habitual niveles no manifiestos de la mente. Contrariamente a la creencia popular de que los genios piensan constantemente, sus mentes son, en realidad, más tranquilas y claras de lo normal. Sin embargo, esta claridad puede estrecharse, porque los genios pueden ser atormentados por los mismos obstáculos mentales que las demás personas, con la única diferencia de que ellos han conseguido uno o más canales abiertos de regreso al campo de la mente.

Mozart, por ejemplo, tenía dificultades en gestionar los asuntos financieros más sencillos; su vida emocional estuvo desgarrada entre dos mujeres, y ocupaba su inconsciente con sentimientos reprimidos de ira y resentimiento hacia su padre. Pero el canal de la música estaba tan abierto que Mozart compuso desde la edad de cuatro años y, en la flor de su vida, apenas tenía dificultades en ver mentalmente páginas enteras de una partitura de una sola vez.

El genio está más allá del pensamiento y del aprendizaje ordinario; algo que llamaríamos inspiración continua. Es el mismo proceso que está involucrado en un ramalazo de inspiración, pero un genio tiene estos ramalazos más largos y con más facilidad que el resto de nosotros. Esto nos trae a colación un punto importante: solamente podemos acceder al campo de la mente a nuestro propio nivel de bienestar y que nuestro cerebro y nuestro sistema nervioso se sintonizan con quienes somos. Si somos ingenieros civiles, nuestro cerebro se acostumbra a diagramas esquemáticos, tensiones de materiales, etc., y si de repente empezáramos a recibir inspiración musical del tipo de Mozart, nuestro mundo personal sería arrojado al caos.

Un agente de bolsa californiano sin interés por el arte empezó a pintar telas con elipses de brillantes colores, a menudo amarillas o púrpuras y sorprendió a sus amigos cuando empezó a vestir ropas de los mismos tonos brillantes. Mientras sus hijos habían crecido, él había estado emocionalmente distante de ellos pero, de repente, empezó a tenerles más afecto y parecía mucho menos estresado de lo que había estado durante años. Todos estos cambios iban ligados de una forma u otra a un cambio en su percepción visual, que consistía en ver los objetos como nunca antes los había visto. Algunas veces, un color podía ser para él intensamente placentero hasta un punto que nunca había experimentado, mientras que en otras ocasiones los colores eran intensamente dolorosos o le hacían poner enfermo.

Esta fascinación por el color le condujo a tener cada vez más deseos de pintar y llegó a ser esta pasión tan dominante que se retiró de su profesión para dedicarse a la pintura. Pero mientras todo esto sucedía, emergió también un lado oscuro de esta transformación de agente de bolsa a Picasso aficionado: empezó a tener fallos de memoria, acompañados de la aparición de comportamientos compulsivos como buscar obsesivamente monedas perdidas por la calle, se fue volviendo cada vez más irritable y tuvo accesos de depresión. Cuando estos síntomas desembocaron en deterioro del habla y más pérdida de memoria, un neurólogo de la Universidad de California en Los Ángeles llamado Bruce Miller le diagnosticó concretamente una enfermedad rara, una demencia precoz o senilidad causada por la destrucción gradual de los lóbulos frontales del cerebro.

Como norma, los pacientes con demencia no desarrollan nada positivo como consecuencia de su enfermedad, ni mejoran sus condiciones de vida, pero Miller descubrió que un número significativo de pacientes de la demencia frontotemporal adquirían súbitamente talento en música, fotografía, arte y otras facetas creativas. Este aspecto concreto de la demencia frontotemporal era un nuevo descubrimiento[1] puesto que esta enfermedad se conoce desde hace un siglo.

El florecimiento del talento es siempre temporal y el deterioro del cerebro va agravándose con el tiempo hasta que se alcanzan resultados de completo trastorno mental. En el caso del agente de bolsa, su talento artístico mejoró durante varios años y aquella primera fascinación por los colores brillantes fue desarrollándose y llegó a diseñar complejos de flores minuciosamente detalladas, pájaros y animales que se vendieron a precios de galería de arte. De las cenizas de un cerebro en decadencia nacía un talento obsesivo y simplista.

Este fenómeno tiene precedentes. Tenemos a famosos genios enfermos como Dostoievski, que era epiléptico, o Van Gogh, que sufría una enfermedad no diagnosticada que pudo haber sido esquizofrenia, epilepsia o los desastrosos resultados de un alcoholismo avanzado. Aunque nunca adquirieron fama, algunos esquizofrénicos crónicos han pintado telas en las que asoman caras con expresiones distorsionadas, horrendas y, sin embargo, fascinantes; algunas veces, van acompañadas por una obsesiva atención a los detalles más pequeños, como telas de araña, o líneas tejidas por mentes fijas. Sin embargo, en la gran mayoría de los casos, el equilibrio entre arte y locura se convierte en caos y los bellos motivos se entremezclan hasta formar frenéticos rompecabezas a medida que la enfermedad arrolla al arte.

Algunos psiquiatras han llegado a la conclusión de que la locura tiene el poder de incitar la creatividad, pero en el caso de la demencia, se produce un deterioro tan desastroso del mismo córtex que uno se pregunta de dónde puede venir el don. Algunos genios y, en casos muy raros, algunas personas que padecen determinadas enfermedades producen obras de arte maravillosas al abrir el cerebro a regiones de conciencia desconocidas en la vida «normal».

Los niños prodigio son el extremo del genio. Einstein no fue un niño prodigio, lo que significa que no tenía las

habilidades matemáticas del cerebro completamente for-
madas a la edad de diez años. Su genio estaba más en sintonía con una visión global que con los detalles técnicos.
Sin embargo, parece ser que algunos genios están totalmente formados desde su nacimiento sin que haya una explicación material para ello.

Todos los actuales modelos del cerebro nos indican que
este órgano no está formado en el momento del nacimiento
y que necesita experiencia para madurar. Si vendamos los
ojos de un gato en el momento de nacer y lo dejamos cegado durante unas cuantas semanas, su cerebro no adquirirá
la experiencia de la luz. Sin ella, los centros visuales no podrán desarrollarse y el gato será ciego de por vida. Si no ex-
ponemos a un niño recién nacido al lenguaje, nunca apren-
derá a hablar. Hay una evidencia de que la privación precoz
de amor y ternura deja un vacío que no se puede llenar con
experiencias posteriores o, por lo menos, que es una carencia difícil de compensar. En todos estos casos, la experiencia que emana de nuestro entorno exterior da forma a lo
que llamamos la conformación del córtex cerebral. Aquella
red de neuronas informe y primitiva que un recién nacido
trae a este mundo no es como los circuitos de un ordenador,
sino que las neuronas tienen que estar en interacción con
todo tipo de estímulos antes de formar la red infinitamente
ordenada, flexible y eficiente de un cerebro maduro.

De acuerdo con este modelo, al pianista ruso Evgeny
Kissin, que es el más famoso prodigio musical de esta generación (ahora tiene casi treinta años), le sería imposible
tener la capacidad musical casi desde su nacimiento. Y sin
embargo su madre, que se llevaba el niño al mercado
mientras hacía cola para conseguir alimentos, recuerda vívidamente cómo su hijo cuando tenía un año canturreaba
obras de Bach entonando perfectamente, mientras las otras
madres le miraban incrédulas. Tan pronto como Evgeny
dio sus primeros pasos, se acercó al piano de la familia y

empezó a tocar los mismos ejercicios de Bach que había oído estudiar a su hermana mayor. Esto sólo fueron las primeras señales que dio el niño prodigio, que ya componía música a la edad de seis años y tocaba los dos conciertos de piano de Chopin en una sola audición a los trece, un hecho prodigioso incluso para un virtuoso profesional.

El cerebro aún sin formar de un niño no podía llevar a cabo estas proezas, porque el desarrollo normal consiste en meses y meses de experimentación aleatoria por parte del niño, que va probando sus capacidades una tras otra hasta que las habilidades deseables (andar, hablar, comer y hacer sus necesidades solo) van sobreponiéndose a las no deseables (orinarse en la cama, chapurrear sonidos o caminar a gatas). Puede haber un gen musical que permita a una persona cantar mientras que otra no tiene siquiera oído musical, pero un solo gen no puede coordinar todos los dones increíbles de un niño prodigio, porque es preciso poseer una mente entrenada para desarrollar de forma decisiva una capacidad a partir sólo de la experiencia. Tenemos que recordar que el cerebro del niño debe partir de sus reservas de cien mil millones de neuronas, todas ellas dispuestas de forma intrincada pero no expuestas todavía a la primera imagen, sonido, deseo, fantasía, sueño, frustración o realización y, a partir de esta sopa de células, construir redes y conexiones que duren toda una vida. Es sorprendente pensar que los niños prodigio hacen todo esto mientras también desarrollan su talento.

Y es aquí donde pueden sernos de ayuda los campos no manifiestos de la mente, porque un prodigio no sale de ninguna parte, sino que está formado por una inteligencia invisible que de alguna manera —nadie sabe cómo exactamente— ha decidido acelerar el proceso de aprendizaje mucho más de lo que sería normal, no dejando nada al azar, ni tan sólo el entorno. La familia de Kissin poseía casualmente un piano, los genios musicales suelen nacer en familias que no tienen formación musical y el entorno de los prodigios matemáticos es, por lo general, no científico pero aun así, de una forma u otra, ellos encuentran infaliblemente su don. Es la mente la que conforma al cerebro, y no a la inversa, y es la inteligencia que fluye a través de nosotros la que nos convierte en lo que vamos a ser.

Es aún más raro que surjan superprodigios cuyas capacidades no se limiten a un simple talento, sino que abarquen todas las actividades mentales; se estima que estos niños ya están dentro del 0,25 por ciento de coeficientes de inteligencia medidos en todo el mundo. Un ejemplo actual es un niño que antes de cumplir un año ya podía recitar el alfabeto; a los dieciocho meses leía y memorizaba libros. Además, su mente demostró ser omnívora para el conocimiento y de esta forma pudo terminar todos los cursos de la enseñanza primaria a la edad de ocho años. «Yo ya sabía que este niño iba a sobrepasarme intelectualmente –cuentan que dijo su madre–, pero no podía imaginarme que lo haría a los seis años.»

Sin embargo, los niños prodigio no son el tipo más inexplicable de genios, sino que este honor corresponde a los sabios locos, que son personas con graves defectos mentales, pero al mismo tiempo dotados de extraordinarias capacidades. Un sabio loco no es un genio completo, es una persona a la que se le ha abierto un único canal a un nivel profundo del campo de la mente, pero con fallos correspondientes en otros campos. Un sabio puede ser capaz de multiplicar instantáneamente números de grandes cantidades, decir el día de la semana de una fecha concreta de dentro de miles de años o de hace miles de años, y calcular raíces cuadradas que por su complejidad no pueden resolver potentes ordenadores. Sin embargo, y al mismo tiempo, esta persona puede no ser capaz de hacer correctamente un transbordo de metro o de aprender las más elementales habilidades de lectura.

Entre los sabios actualmente vivos hay uno que puede recordar cualquier número de matrícula remontándose hasta doce años atrás. Otro domina quince idiomas extranjeros, con conocimientos entre muy buenos y excelentes de algunas de las lenguas más difíciles, como el finés, el galés, el hindi y el mandarín. Este sabio en concreto, cuya lengua materna es el inglés, se perdió en una ocasión en las calles de París y lo encontraron más tarde actuando alegremente de traductor entre dos grupos de turistas, uno griego y el otro alemán. Sin embargo, no había sido mentalmente capaz de encontrar el camino de vuelta a su hotel, que estaba muy cerca. Este mismo sabio podía leer un texto puesto al revés o lateralmente.

Hasta hace muy poco tiempo la medicina no le ha puesto un nombre a este misterioso fenómeno, que ahora se llama «síndrome del sabio autista». Tal como el nombre indica, estos sabios son normalmente autistas y tienden a hacer gala de una extrema introversión y de un comportamiento obsesivo compulsivo. Se trata de un síndrome que afecta cinco veces más a los hombres que a las mujeres. Algunos investigadores han podido describir algunas anomalías, especialmente lesiones en el hemisferio izquierdo que provocan que el hemisferio derecho las compense con capacidades extraordinarias. El hemisferio derecho domina en música y arte y controla la capacidad de calcular inconscientemente, habilidades todas ellas comunes entre los sabios, sin embargo no se sabe por qué no existe esta compensación en todos los niños autistas.

Pero a pesar de todo, ¿tenemos con esto una explicación satisfactoria para una mezcla tan curiosa de genialidad y deficiencia mental?[2] Por una parte, el conocimiento de lenguas extranjeras es una actividad regida por el hemisferio izquierdo del cerebro, por lo que la teoría de que el hemisferio derecho compensa al izquierdo no siempre es verdad y, lo que es más importante, no existe ningún me-

canismo conocido que permita que un cerebro deficiente
que no puede organizar capacidades sencillas de razonamiento desarrolle repentinamente habilidades complejas
poco comunes. En lugar de ello podríamos especular con
que el sabio loco es como un explorador temerario al que
un impulso lleva a cruzar ciertas fronteras muy alejadas de
las de las mentes normales pero, al mismo tiempo, no presta atención a las necesidades básicas.

Uno de estos sabios sufría un grave retraso mental, pa-
rálisis cerebral y ceguera. Estuvo internado en un orfanato
desde su nacimiento hasta que fue adoptado por un matrimonio compasivo. Hasta que tuvo catorce años no se descubrió que era un prodigio musical. En una ocasión sus padres se despertaron a medianoche porque alguien estaba
tocando el *Concierto número 1 para piano* de Chaikovski.
Su sorpresa fue mayúscula cuando descubrieron que era su
hijo adoptivo, que nunca se había sentado ante un piano ni
había recibido lecciones de música debido a su deficiencia
mental. Sin embargo, una vez que emergió su genialidad,
era capaz de tocar cualquier pieza de piano, por compleja
que fuera, con sólo oírla una vez, una proeza fuera incluso
del alcance de profesionales avezados. Sin embargo, este
muchacho era incapaz de hacer tareas tales como cocinar,
comprarse ropa o conservar un empleo.

Tales diferencias son ejemplos claros de desequilibrio,
no sólo a nivel material, sino al nivel en que se organiza
nuestra vida interior. El campo no manifiesto está más allá
del tiempo y, sin embargo, una de sus responsabilidades es
organizar el mundo por encima del tiempo. Cuando una
rosa hace su evolución del invierno hacia la primavera, podría no sobrevivir liberando los productos químicos que la
harían aletargar cuando se necesiten los genes de la flora-
ción. Una rosa está sintonizada con el ritmo de las estaciones y responde a los más pequeños cambios de luz y de
temperatura, del ángulo del sol y de la humedad del suelo.

Nosotros somos más afortunados que una rosa, porque no somos prisioneros de las estaciones, aunque en otro sentido somos mucho menos afortunados porque podemos hacer mal uso de nuestra libertad de elección y adoptar un comportamiento autodestructivo. De alguna manera, el sabio loco ha optado por unas opciones drásticas dentro de su mente, y aunque la inteligencia de la naturaleza no le arrebata el don de la genialidad, tampoco borra las decisiones erróneas. Nuestras propias vidas obedecen al mismo principio; es bastante común que una persona domine algún aspecto de la vida –por ejemplo, ganar dinero– y sea poco hábil manteniendo una relación amorosa. En todos los casos de desequilibrio, los acontecimientos se organizarán para atraer la atención sobre la parte débil, incluso si aún queda a nuestra elección el seguir a la naturaleza a donde quiera llevarnos. Todos estos ejemplos de genios, incluso aunque no tengan una evidente lección espiritual que darnos, destacan la posibilidad de que la mente puede organizar un número infinito de ingredientes y es en este punto donde la mente de Dios se siente muy cercana. Nosotros aún no estamos ahí, pero la mente de un genio es como una ventana abierta a posibilidades infinitas.

MEMORIA DE VIDAS ANTERIORES

¿Quiénes éramos antes de ser nosotros? La posibilidad de una vida posterior ha sido ampliamente contestada en Occidente, pero la existencia de una vida anterior es igualmente probable. Si sólo creemos en una vida posterior, quedamos restringidos a una visión de tiempo dualista y muy limitada, porque sólo hay un «aquí» y un «después», pero si la vida es continua y el alma nunca cesa en su viaje, se abre una cosmovisión totalmente diferente.

Como parte de nuestra preparación médica, en la India se manda a todos los jóvenes médicos destacados a un pueblo, lo que es equivalente a hacer el servicio sanitario público. La India rural es exactamente como era hace siglos y, después de vivir la cultura urbana de Nueva Delhi, establecerse en un pueblo es como hacer un viaje en el tiempo. Un día los pacientes empezaron a salir corriendo sin razón aparente. Yo también salí y vi que una multitud rodeaba a una niña de unos cuatro o cinco años que estaba descalza en mitad de la polvorienta calle y que, aparentemente, había salido de la nada. Según decía, su nombre era Neela, un nombre muy común en el norte de la India. Pero al cabo de un momento, la niña empezó a llamar a uno o dos de los aldeanos, a los que nunca había visto, por su nombre. Alguien la cogió en brazos y la llevó hasta una casa cercana; por el camino, la niña señaló la vivienda e hizo algunos comentarios sobre ella como si la conociera.

Al cabo de una hora aparecieron sus padres como locos. Al parecer, habían detenido su coche en la carretera principal para comer, y mientras preparaban la comida la madre se dio cuenta de que Neela había desaparecido. El reencuentro con la niña fue de lo más lacrimoso y luego empezaron las preguntas: ¿cómo había podido andar Neela una distancia tan larga, casi dos kilómetros, desde el punto donde se habían detenido hasta el pueblo? ¿Cómo se les había ocurrido a sus padres buscarla en aquel lugar?

La respuesta fue muy extraña e incluso muy india, porque resultó que Neela no era el nombre real de la niña, que se llamaba Gita. Apenas había aprendido a hablar, pero se señalaba frecuentemente a sí misma diciendo «Neela, Neela».

Naturalmente, todos creyeron que Gita era una reencarnación. Los aldeanos consideraron el asunto y al poco rato alguien se acordó de otra Neela, una niña que había muerto de pequeña en una de las granjas de los alrededores. Alguien hubiera salido corriendo a buscar a la familia que vivía allí, pero los padres de Gita se pusieron muy nerviosos y, a pesar de las protestas, cogieron a la niña y se fueron rápidamente hacia el coche. Gita iba llorando mientras se la llevaban, mirando por la ventanilla trasera del coche, mientras éste se alejaba en medio de una nube de polvo. Por lo que yo sé, Gita nunca más volvió.

Hay muchos incidentes similares de vidas que se solapan, y no sólo en Oriente. Hace algunos años se supo que la búsqueda de la reencarnación de un lama tibetano llevó a una delegación de sacerdotes a España, donde un niño católico fue identificado como el candidato adecuado. ¿Cómo pueden ser tan pequeños los límites entre la vida y la muerte? Las personas que dedican su tiempo a los genios y a los niños prodigio los consideran a menudo sobrenaturales, de alguna manera preternaturales, como si un alma muy vieja hubiera sido confinada dentro de un nuevo cuerpo y le aportara una experiencia mucho mayor que la que hubiera podido obtener de otra forma. Es fácil conceder que algún tipo de vida anterior arroja su influencia sobre el presente. Hablando de su propia experiencia, un prodigio musical afirmó: «Es como si estuviera tocando desde fuera de mi propia conciencia. La música pasa por mí, yo soy el conducto, no el origen.»

¿Participamos todos de esta misma experiencia? La reencarnación es un tema sobre el que se sigue discutiendo; Oriente cree en la reencarnación desde hace miles de años, mientras que la tradición judeocristiana solamente ha coqueteado con este concepto y siempre lo ha rechazado. Durante la Edad Media, creer en vidas anteriores se consideraba una herejía.

El campo no manifiesto nos permite plantear la cuestión de las vidas anteriores de una forma diferente, como un tema relacionado con la conciencia. Ser consciente significa que podemos activar una pequeña parte o una gran parte de nuestro cerebro. Algunas personas son plenamente conscientes de sus motivaciones más profundas, de sus emociones subconscientes, y de su capacidad creativa, pero para otras personas se trata de cuestiones algo crípticas. Profetas y sabios activan regiones profundas y cuando lo desean, pueden ver en el interior de la naturaleza humana mucho más allá de sus propias vidas. Un humilde monje del Himalaya podría ser capaz de penetrar en mi alma mucho más claramente que yo (de hecho yo ya he tenido esta experiencia). Por lo tanto, parecería que la mente no está limitada por lo vivido (todos hemos tenido momentos en que nos hemos sentido poseedores de un conocimiento mayor al que cabría esperar por nuestra experiencia).

Hay muchas pruebas de que la mente no está limitada por el tiempo y el espacio. Como el cerebro está dentro de la cabeza, suponemos que la mente también lo está y mira el mundo exterior como lo haría un prisionero desde una torre. Cuando decimos: «Me ha pasado esta idea por la cabeza», trabajamos a partir de esta suposición, pero la conciencia es algo más que ideas e incluso mucho más que la función cerebral. Recuerdo que una vez estaba en un motel barato mirando en la televisión la escena de un crimen real. Yo tenía veinticuatro años, era mi primera noche en América, y la violencia que vi en las noticias de las once fue una experiencia nueva para mí. Me incliné hacia adelante mirando cómo se llevaban al hospital cercano a las víctimas del tiroteo. De repente se me revolvió el estómago.

Las víctimas iban al hospital al que yo debía presentarme al día siguiente y la sala de emergencias en la que se estaba luchando por extraer las balas y donde se abrían los pechos en canal para dar masaje directo a los corazones parados iba a ser mi lugar de trabajo al cabo de doce horas. Tuve un sentimiento irreal al verme a mí mismo absorbido por toda esta violencia americana. Aquella sangre que manchaba la acera estaría muy pronto en mis manos y yo estaría salvando pacientes que podían ser policías o asesinos.

En aquel momento me emocioné mucho, atrapado entre la fascinación y el terror, y como las emociones crean fuertes recuerdos, puedo ver aquella escena vívidamente cada vez que lo deseo. Esta memoria ¿está dentro de mi cabeza? Si es así, ¿cómo puede percibirla usted mientras lee esta página? Le he transferido alguna versión de mi memoria, aunque débil, y usted ha visto una imagen y ha sentido algo. ¿Cómo un acontecimiento supuestamente encerrado en el interior de mi cráneo ha podido pasar al de usted así, sin más?

Rupert Sheldrake, un brillante biólogo británico e investigador de la teoría de la evolución, ha imaginado experimentos extremadamente ingeniosos que giran en torno a este enigma. Por ejemplo, a un grupo de niños anglófonos les dio varios grupos de palabras japonesas y les preguntó cuáles eran poesía. Aunque no sabían ni una palabra de japonés, los niños pudieron captar los versos con notable exactitud, como si pudieran oír la diferencia entre las frases ordinarias o incluso los monosílabos inconexos y los delicados *haikus*. ¿Cómo llegó este conocimiento a sus cabezas? ¿Está flotando en el aire o está disponible en una mente planetaria que todos compartimos?

Del mismo modo que un cuanto de energía puede saltar entre dos puntos sin cruzar el espacio entre ellos, aparentemente también puede hacerlo un pensamiento. Hay un campo de conciencia que fluye adentro, alrededor y a través de cada uno de nosotros. Una parte de esta conciencia está localizada. Nosotros decimos «mi» memoria y «mis» pensamientos, pero aquí no acaba la cosa. Una neurona no puede pretender que una idea determinada sea suya hasta que millones de células se unen para formar cada imagen o pensamiento. Su capacidad de comunicarse no necesita que entren en contacto, del mismo modo que millones de células son capaces de mantener el mismo ritmo cardíaco sin tocarse. Esta coordinación del cerebro y del corazón depende de un campo invisible de energía cuyos ínfimos cambios establecen modelos para miles de millones de diminutas células individuales. Un corazón cuyo campo eléctrico se confunde empieza a retorcerse agónicamente porque cada una de sus células pierde contacto con las otras y el efecto es como un saco lleno de gusanos retorciéndose violentamente, hasta que el corazón se priva a sí mismo de oxígeno y muere. Este fenómeno es conocido como fibrilación, que es un síntoma del ataque de corazón.

Al parecer, la conciencia es un campo aún más sutil, que no sólo es invisible sino que, además, no necesita energía. Cuando usted se entera de algo que está en mi vieja memoria, entre nosotros no ha circulado corriente eléctrica. El simple acto de reconocer a un amigo por la calle contiene un misterio similar ya que, cuando vemos una cara familiar, el cerebro no recorre todo su catálogo de caras conocidas para llegar a la conclusión de quién es nuestro amigo. En cambio, un ordenador tendría que hacerlo, para lo cual tendría que consumir energía. Pero el cerebro no repasa todo su banco de memoria cuando ve una cara familiar o una extraña, sino que lo que llamamos reconocimiento se produce instantáneamente, a un nivel de conciencia más profundo.

La conciencia no necesita de conexiones químicas. En nuestro sistema inmunológico, si una célula T pasa flotando al lado de un virus invasor, lo reconoce y pasa al ataque; determina al enemigo por el código químico del exterior del germen, que debe coincidir con otro código del exterior de la célula T antes de enviar la señal de alerta por medio de las moléculas mensajeras que están por todo el cuerpo. Con esto, unos cuantos virus del resfriado o neumococos son suficientes para alertar a miles de millones de células inmunes. Sin embargo, esta explicación química

324 CONOCER A DIOS

sobre el sistema inmunológico fracasa a la hora de explicar algunas cuestiones, como, por ejemplo, ¿por qué las células T dejan entrar el virus del sida sin atacarlo?

La respuesta que nos han dado los virólogos se centra en la capa exterior del VIH, que es un confuso código de moléculas que se disfraza a sí mismo de tal forma que puede ser aceptado por el código correspondiente de la parte exterior de la célula T, como lo hace un guerrillero que utiliza tácticas de escaramuza en lugar de hacer un ataque frontal. Si esto es así, ¿cómo ha aprendido el VIH a actuar de esta manera? Los productos químicos son neutrales y no llevan integrada una conciencia; por lo tanto, les es igual si es el virus o es la célula T el que sobrevive, aunque evidentemente para las células esto es de la mayor importancia. Esto nos lleva a preguntarnos en primer lugar cómo aprenden a reproducirse las células, porque el ADN está formado por azúcares simples y fragmentos de proteínas que nunca se dividen o se reproducen, aunque existan miles de millones de años. ¿Qué es lo que hizo que estas simples moléculas se unieran, se organizaran en un modelo con miles de millones de delgadísimos segmentos y aprendieran de repente a dividirse?

Una respuesta plausible es que nos encontramos ante una fuerza organizadora invisible. La necesidad que tiene la vida de reproducirse es fundamental, y en cambio, la necesidad que tienen los productos químicos de reproducirse es nula. Por lo tanto, incluso a este nivel tan básico, vemos que entran en juego algunas cualidades de la conciencia como el reconocimiento, la memoria, la autoconservación, la identidad y, también, el elemento tiempo. Para el ADN no es suficiente reproducirse aleatoriamente; el cáncer actúa de esta forma, se reproduce de forma descontrolada hasta tragarse a su huésped, lo que le lleva a su propia muerte.

Para formar un niño, una simple célula fertilizada tiene que ser un maestro en el control del tiempo. Cada órgano del cuerpo existe en forma embrionaria dentro de un simple tramo de ADN y sin embargo, para emerger correctamente, tiene que esperar a que sea su hora. Durante los primeros días y semanas, al embrión se le llama zigoto y no es más que una masa amorfa de células similares. Pero muy pronto una de estas células empieza a despedir productos químicos que son originales en sí mismos, y aunque las células madres son idénticas, algunos de los descendientes saben, por ejemplo, que van a ser células cerebrales y como tales tendrán que especializarse. Así pues, las células crecen hasta tomar formas distintas, convirtiéndose algunas en células musculares, otras en células óseas, etc. Esto lo hacen con sorprendente precisión pero es que, además, emiten señales para atraer a otras células iguales a ellas. De esta forma las células protocerebrales, por ejemplo, viajan para encontrarse entre sí, aunque se topan por el camino con células protocardíacas, protorrenales y protoestomacales, ninguna de ellas se pierde o se confunde de identidad.

Este espectáculo es mucho más sorprendente de lo que el ojo puede apreciar, porque aunque aparentemente no hay más que una sopa de células nadando y formando modelos, debemos tener presente que la célula del cerebro de un niño sabe por adelantado lo que va a ser. Una neurona que desarrolla su estructura durante varias semanas aún no está madura, pero ya se halla bien diferenciada. ¿Cómo puede seguir fielmente su designio en la vida a pesar de los miles de señales que se están emitiendo a su alrededor? Se trata de un hecho tan misterioso como el modo en que una célula T aprende a reconocer por primera vez a un enemigo con el que nunca antes ha tenido contacto. La memoria, el aprendizaje y la identidad preceden a la materia y la gobiernan. Si un racimo de células cerebrales pierde aunque sea un solo latido, si una célula cerebral que viaja hacia el lugar previamente asignado en el cerebro se atasca un poco en el tráfico y al colocarse deja un espacio en lugar de quedar repartida en una capa regular, el resultado es que el niño nacerá con dislexia. ¿Cómo puede ocurrir un contratiempo así, si los cerebros llevan diez millones de años evolucionando, mientras que leer un libro tiene como mucho una antigüedad de tres mil años? Para el cerebro de un hombre de Neanderthal no tendría mucha importancia si la palabra *Dios* se parecía a la palabra *tíos* y, sin embargo, una neurona recién nacida ha tenido la capacidad de evitar este error desde muchos eones antes de la invención del lenguaje.

Yo saco la conclusión de que el campo de la conciencia es nuestro verdadero hogar, y que es la conciencia la que contiene los secretos de la evolución, no el cuerpo ni, incluso, el ADN. Este hogar compartido es «la luz» de la que hablan los místicos, es el potencial para la vida y la inteligencia, y es vida e inteligencia una vez que ha aparecido. Nuestras mentes son un punto de concentración de esta conciencia cósmica, pero no nos pertenecen como una posesión, y del mismo modo que nuestro cuerpo se mantiene junto por la conciencia interior, hay un flujo de conciencia fuera de nosotros. Si nos paramos a pensar un momento, podremos enumerar muchas experiencias comunes que requieren que estemos fuera de nuestro cerebro. ¿Hemos tenido alguna vez la sensación de que alguien nos está mirando por detrás para descubrir al darnos la vuelta que sí había alguien allí? Y desde luego, todos hemos terminado la frase pronunciada por un amigo exclamando: «¡Estaba pensando exactamente lo mismo!», sin dejar que terminara de hablar.

Una mujer me contaba que en una ocasión estaba en la costa pacífica de Oregón, preocupada por su padre agonizante. Al mirar al sol poniente vio mentalmente la cara del padre, mientras oía distintamente su voz que decía: «Perdóname.» Aquella noche la mujer llamó a su hermana y resultó que también había tenido la misma visión y oído las mismas palabras. Algunas veces, yo animo a un grupo de personas a que intenten ir más allá de su percepción limitada, es lo que yo llamo «ir a nuestro cuerpo virtual». Cada persona se sienta con los ojos cerrados y se da permiso a sí misma para viajar a cualquier parte a la que el impulso quiera ir. Las imágenes que vienen a la mente no deben ser juzgadas, sino solamente aceptadas y permitirles que floten. Una mujer soltera que vivía con su novio lo vio limpiando y ordenando el armario, cosa que le asombró porque él nunca había hecho una cosa así. Era una imagen tan vívida como si ella estuviera allí mismo con él, y aparentemente lo estaba porque cuando lo llamó a casa, él le tenía reservada la sorpresa de haber limpiado y ordenado el armario de ella para que le cupieran sus cosas más fácilmente.

Volvamos ahora a la cuestión original: ¿quiénes éramos antes de ser nosotros? Incluso aunque todos nos identifiquemos con una limitada porción de tiempo y espacio, igualando el «yo» con un cuerpo y una mente, en realidad vivimos también fuera de nosotros mismos en el campo de la conciencia. Los profetas védicos dicen: «El yo real no puede ser comprimido dentro del volumen de un cuerpo o el lapso de una vida.» Del mismo modo que la realidad pasa del nivel virtual al cuántico y al material, también lo hacemos nosotros, y si a esto lo llamamos reencarnación o no, casi no importa. El grupo compuesto por cuerpo y alma que hubo antes es un extraño para nosotros y el que podría surgir después de nuestra muerte nos es igualmente extraño. Pero a un nivel más profundo ya se han plantado millones de semillas; algunas son los pensamientos que tendremos mañana o las acciones que ejecutaremos dentro de una década, porque el tiempo es flexible a nivel cuántico e inexistente a nivel virtual, y mientras miramos cómo brotan estas semillas en el fértil campo del tiempo y el espacio, la conciencia despierta a sí misma. De este modo una sencilla célula cerebral fertilizada aprende a convertirse en

cerebro, se despierta para ser ella misma, no a nivel químico sino a nivel de la conciencia.

Quizá también somos una simple célula entre millones
y cada célula es una vida. Se dice que Buda cerró sus ojos
durante unos minutos y percibió noventa y nueve mil encarnaciones y, por si esto no fuera suficientemente impresionante, se dice que las percibió en todos y cada uno de
los momentos: los nacimientos, las muertes y el tiempo se
expandieron en unos cuantos minutos de silencio. Una capacidad tan sorprendente de controlar el tiempo no radica
sólo en la iluminación. Si no fuéramos ya dueños del tiempo, seríamos un globo amorfo de células y podríamos haber entrado en un mundo en el que la pubertad podría llegar en cualquier momento y las células del riñón podrían
convertirse en bazos, o donde el primer polen de fiebre del
heno podría matar a la mitad de la población.

Imaginemos ahora que la conciencia expandida es
normal. El tiempo y el espacio podrían ser sólo conceptos
convenientes que serían verdad en el mundo material, pero
que se irían disolviendo a medida que nos acercáramos al
nivel cuántico. Es esto lo que yo creo que podría ser la
reencarnación. Las vidas anteriores caen dentro del territorio inexplorado de la conciencia expandida y no es necesario decidir si son «reales» o no. Si se pudiera verificar concretamente que yo era un soldado nepalí en tiempos del
emperador Ashoka, esto nunca me afectaría, pero si me
siento extremadamente atraído por aquel período y empiezo a leer cosas sobre Ashoka y su conversión al budismo y
mi empatía es tan grande que no dudo en adoptar los mismos principios, entonces podremos decir verdaderamente
que una gama de la vida ha influido sobre mi mente y en
un término muy real los conceptos *vida anterior* y *vida expandida* serán la misma cosa.

Todos los niveles cuánticos y los virtuales se nos abren
al mismo tiempo y navegar completamente por ellos es im-

posible porque se nos abren de acuerdo con nuestras propias necesidades y capacidades. Pero ninguna parte de ellos se nos cierra de forma intencionada, y aunque no solemos mirar profundamente el campo personal, siempre nos será posible observarlo en profundidad. Siempre será más normal aprender del pasado que no hacerlo y las personas que reabren sus vidas anteriores, si queremos usar esta terminología, están reabriendo lecciones que dan motivo y significado a su vida actual. Para alguien que ha absorbido plenamente estas lecciones no hay necesidad de ir más allá de esta vida, y a pesar de todo estas visitas son todavía parte del orden natural de las cosas.

Finalmente, el hecho de que no estamos confinados a nuestro cuerpo físico y a nuestra mente nos da razones para creer en la existencia de una inteligencia cósmica que deja pasar la vida y que nos acerca a la mente de Dios. Pero como estamos hablando de fenómenos cuánticos no es correcto decir que hemos encontrado a Dios de la forma que encontraríamos un libro perdido en el lugar donde olvidamos buscarlo. Una mujer que había leído algunos de mis anteriores escritos sobre la realidad cuántica se emocionó mucho y luego fue a ver a su párroco. Éste la escuchó severamente mientras ella iba vertiendo su exultante felicidad sobre estas nuevas ideas espirituales. Cuando terminó, el párroco le dijo secamente: «Llame a ese señor y pregúntele si Dios está dentro de todos nosotros.»

Obediente, la mujer buscó mi número de teléfono y me llamó. Me hizo la pregunta en voz dubitativa y yo le contesté: «Sí, según el modelo cuántico, Dios está dentro de todos nosotros.» Ella no pudo disimular su desilusión: «Vaya, esto es exactamente lo que me dijo mi párroco que usted me diría.» Y colgó el teléfono, muy alicaída por el hecho de que el Dios aceptable, el que nos mira desde el cielo, hubiera sido minado. No fue hasta más tarde que me di cuenta de que yo había caído por descuido en una trampa, ya que mi respuesta no era correcta; en el modelo cuántico no hay interior ni exterior, y Dios no está más en nosotros que en cualquier otra parte, ya que es sencillamente ilocalizable. Decir que vamos dentro a meditar, a rezar o a encontrar a Dios es sólo un convencionalismo. El lugar intemporal en el que existe Dios no puede ser reducido a una dirección, ya que nuestra exploración de vidas anteriores nos indica que lo mismo puede también ser cierto de nosotros.

TELEPATÍA Y PERCEPCIÓN EXTRASENSORIAL

La capacidad de saber lo que piensa otra persona —lo que llamamos lectura de la mente o percepción extrasensorial— ocupa también un brumoso terreno a medio camino entre la creencia popular y la ciencia. Los psicólogos han descubierto que algunos individuos tienen para ello mucha más habilidad que otros. Un sujeto A colocado en una habitación donde mira a una serie de tarjetas con imágenes puede a veces transmitir mentalmente estas imágenes con sorprendente exactitud a un sujeto B que está en otra habitación intentando recibirlas. Sin embargo, la ciencia se ha parado más o menos aquí. Durante la guerra fría, las agencias de defensa llevaron a cabo algunos experimentos secretos para ver si los espías podrían ser capaces de enviar mensajes o imágenes telepáticamente a un ejército que estuviera más allá del telón de acero, pero estos intentos nunca fueron fiables, aunque, por otra parte, tampoco fueron fracasos completos.

Se han ido poniendo obstáculos a las investigaciones sobre la percepción extrasensorial porque no está claro que haya realmente un emisor y un receptor, y sólo sirve de explicación poco probable la confusión de dos mentes o el pensamiento compartido. Hemos hablado de límites confusos en el tiempo y en el espacio, pero el límite de la personalidad es igualmente confuso. ¿Estamos los unos separados de los otros, o es sólo una ilusión conveniente que mantenemos para que la vida pueda seguir de una cierta forma predecible?

A menudo, los matrimonios que llevan muchos años juntos parecen fundirse tanto en personalidad como en pensamiento, y los gemelos tienen misteriosas similitudes en la forma en que se desarrollan sus vidas. Sin embargo, estudios concienzudos sobre gemelos idénticos han demostrado que no hay un estereotipo que cubra todos los casos. En un extremo de la gama, tenemos a parejas de gemelos idénticos que están tan completamente fundidos que nunca llegan a vivir separados, y cuando se les hacen preguntas, hablan con una sola voz y aparentemente piensan con una sola mente. En el caso lamentable de que uno de los gemelos muera prematuramente, el otro se vuelve melancólico de por vida. En el otro extremo de la gama, dos gemelos idénticos pueden ser casi totalmente extraños y no compartir ni experiencias ni pensamientos. Se han hecho muchos estudios en gemelos separados al nacer y que han sido criados por parejas de padres de características muy diferentes. Generalmente, en estos casos los gemelos muestran todavía un 50 por ciento de fuerte semejanza en los modelos del comportamiento y los pensamientos. Cuando se les reúne todavía pueden formar fuertes lazos y entonces es probable que se establezca algún tipo de comunicación mental, ya sea percepción extrasensorial o no. Pero incluso aunque la empatía sea muy intensa, los gemelos no se dividen en un emisor de pensamiento y un receptor.

Esto implica que en el campo de la mente cualquier límite puede ser tenue. Si es necesario, nuestra mente puede fundirse y comunicarse con otra mente, con lo que un pensamiento que pertenece a una persona se convierte en una experiencia compartida. ¿Por qué es necesaria una fusión así? Nadie puede dar una respuesta precisa ya que, en general, los acontecimientos trascendentales actuarán como disparador, haciendo que la esposa intuya los últimos deseos de su pareja que está muriendo o que uno de los gemelos sepa que a su hermano lo acaba de fulminar un rayo. El gemelo a quien le sucedió esto en la realidad sintió la conmoción del rayo pasando a través de su propio cuerpo en el mismo instante en que moría su hermano. Para dar más énfasis a este tema, y después de escribir este ejemplo, conocí a un abogado que una tarde fue sacado de una reunión por un dolor desgarrador en el abdomen. Como nunca había tenido una experiencia parecida se fue a casa inmediatamente. Cuando llegó, se encontró con que le esperaba la policía con la trágica noticia de que su madre había sido apuñalada y asesinada en un acto de violencia aleatoria en el mismo momento exactamente en que él había sentido el dolor. ¿Cuál era en aquel caso el misterioso sincronismo de tiempo en el que la madre, el hijo y el asesino estaban unidos en una danza kármica?

Pero algunas percepciones extrasensoriales son totalmente triviales y sin consecuencias, como cuando telefoneamos a alguien y nos dice: «Ahora mismo estaba pensando en ti.» La fascinación real es más profunda. Todos estamos convencidos de que somos los autores de nuestros pensamientos y que no aparecen simplemente como mensajes en la cabeza sino que los pensamos activamente, pero las percepciones extrasensoriales tienden a contradecir esta suposición. Si dos personas comparten vívidamente el mismo pensamiento, podría ser que ninguna de ellas fuera su autor y que haya habido sencillamente una recepción simultánea de una idea. Podemos citar ejemplos en que dos filósofos o científicos hayan tenido la misma inspiración sin conocerse. Un famoso ejemplo de esto es la invención simultánea de los cálculos por parte de Leibniz y Newton.

A menudo decimos que «hay una idea en el aire», y podría ser literalmente cierto que lo no manifiesto pueda revelar algunas percepciones o revelaciones a gran escala. Esto es especialmente verdad a nivel colectivo, cuando toda una sociedad puede ser presa del entusiasmo por la revolución o los cambios sociales. En estos casos, no tiene que haber necesariamente un emisor o un receptor, aunque siempre suele aparece un portavoz destacado del nuevo pensamiento. Decimos que una sociedad está madura para el cambio cuando, de hecho, tiene lugar un proceso mucho más sutil que consiste en la sintonización de millones de individuos en un campo de mente colectiva. En un experimento fascinante, a unas madres que habían dado el pecho a sus hijos se las separó de ellos y no se les dio información alguna sobre las actividades del niño. Incluso a varios kilómetros de distancia, muchas madres comenzaban a segregar leche en el momento en que sus hijos empezaban a llorar pidiendo leche. Hay dos mentes íntimamente conectadas que pueden unirse a nivel de la conciencia, una de las cuales ha llorado pidiendo ayuda o amparo a alguien que está a una cierta distancia y algunas veces responde manifestándose o llamando. En tiempos de guerra no es raro que algunos padres sepan con certeza el momento exacto en que su hijo muere en el campo de batalla.

La conciencia no tiene por qué ser humana, pues parece extenderse a todas las formas de vida. En un bosque en el que los árboles sirven de pasto intensivo para los animales, los árboles pueden protegerse individualmente a sí mismos por medio de una defensa química, exudando unas breas indigeribles antes de que las toquen y avisan a los árboles circundantes por medio de señales químicas a través del aire o de las raíces. En un acto similar de conciencia común, las células del pepino de mar se organizan para dotar de boca y de tracto digestivo a este primitivo animal, que es poco más que un tubo alimentario gigante. Pero si trituramos un pepino de mar en una licuadora y vertemos la solución de salmuera y células en un vaso, al cabo de un rato todo el animal se reagrupa a partir del informe fango biológico.

Todo esto son ejemplos de conciencia como un campo que está más allá del cuerpo. Estos ejemplos nos ayudan a desplazarnos desde una mente estrictamente privada y aislada a una mente universal compartida cuyo cuerpo es el universo. El aislamiento es un hecho material pero no es un hecho cuántico y los límites que separan el «yo» del «tú» son mucho más frágiles de lo que podamos apreciar. Hay razones para creer que la identidad personal no es más que otra conveniencia, útil para la vida cotidiana pero demasiado endeble como para que la consideremos real. Yo creo que esto está implicado en las frases de la escritura «hijos de Dios» y «creados a su imagen y semejanza». En tanto que hijos de nuestros padres, la personalidad misma tiene una continuidad, ya que una generación enseña a la siguiente la forma de obedecer las normas de la identidad limitada, pero en una realidad multiestratificada tiene que haber otro padre y madre para nuestra identidad extendida, y éste es el papel que le asignamos a Dios. Todavía no hemos probado que exista esta paternidad divina, pero parece innegable que nuestra identidad cósmica es real.

ALTER EGO
(SÍNDROME DE LA PERSONALIDAD MÚLTIPLE)

En la literatura espiritual, al cuerpo se le llama algunas veces el vehículo del alma, que es otra forma de decir que la parte invisible se viste con unas ropas visibles. De hecho, el cuerpo es tan espiritual como el alma, porque ambos son expresiones de la misma conciencia. Cuando el campo de la mente se revela como una manifestación tiene que asumir una forma, y la forma no es simple —una simple ameba, que es mucho menos que un cuerpo humano, necesita miles de procesos—. Por lo tanto, el flujo de inteligencia debe obedecer a unas leyes que se establecen al nivel más profundo.

Una ley empieza donde termina otra, y entre ellas se ha establecido un límite para dividirlas. Por ejemplo, una célula cutánea en el nivel medio de la epidermis vive su vida dividiéndose, respirando y alimentándose, pero a medida que se la empuja más cerca de la superficie empieza a endurecerse gradualmente, y cuando llega a entrar en contacto con el aire, su exterior se ha endurecido lo suficiente como para soportar el contacto con el entorno. Sin embargo, en este proceso la célula también muere, es desechada y deja lugar a la próxima generación de células cutáneas.

Las mismas proteínas que terminarán con la vida de la célula servirán para proteger todo el cuerpo. ¿Cómo aprendió el cuerpo a hacer este sacrificado acto de altruismo? Cuando los glóbulos blancos mueren al fagocitar las bacterias invasoras, también mueren en acto de servicio, como si una conciencia dominante se diera cuenta de que es bueno para el conjunto y que puede por tanto sacrificar una pequeña parte.

Una ley nunca se aplica a todo e incluso la vida y la muerte están proporcionadas en pequeños pasos precisos. Cada célula de nuestro cuerpo, mientras evolucionaba en el embrión, obedecía un sinnúmero de reglas distintas a medida que iba madurando. El óvulo original fertilizado se dividió en algunas células estomacales que viven solamente unos días, mientras que otras células del cerebro pueden durar toda una vida. El mismo ADN que se destruye voluntariamente a sí mismo en una célula cutánea lucha por sobrevivir en una célula espermática, cuya enloquecida carrera por fertilizar un huevo ha sido evidente mientras han existido plantas y animales.

336 CONOCER A DIOS

Ahora nos enfrentamos con una paradoja: la conciencia que parece tener una capacidad infinita de organización, está tanto fuera como dentro de nosotros; lucha para poder vivir, y, sin embargo, se apresura a morir; se organiza a sí misma en un todo increíblemente complejo aunque está subdividida en minúsculos compartimentos casi infinitos. Esta organización se nota sobre todo cuando se destruye, como sucede cuando las leyes que gobiernan la división de las células, llamada mitosis, se alteran y una célula cancerosa se divide ilimitadamente de forma salvaje. En este caso, la célula actúa teniendo como objetivo su propia supervivencia, ya que cree que debe reproducirse a la máxima velocidad, de modo muy similar a como se reproducen de forma descontrolada las langostas hasta convertirse en una plaga. La plaga que se extingue finalmente porque la cantidad de alimento disponible no es suficiente, de la misma forma la célula cancerosa muere porque mata al cuerpo huésped. Este resultado es evidente y sería comunicado a la célula cancerosa si estuviera en contacto con la inteligencia básica del cuerpo, pero sin embargo se ha roto esta conexión natural.

En términos psicológicos, sucede una cosa similar con los alter ego o con su extremo clínico, los afectados de síndrome de personalidad múltiple. Los alter ego se forman bajo presión psicológica, debido a que la presión que no puede contener una personalidad se vuelca sobre la otra. Si yo me siento tratado de forma incorrecta en el trabajo, puedo soñar que soy un domador de leones que azoto con mi látigo a uno de estos felinos para que haga lo que yo quiero. Estos animales pueden ser los símbolos de la presión que no soy capaz de soportar cuando estoy despierto. Es posible que no conozca nada sobre la interpretación de los sueños y que, por lo tanto, no sepa que el león es mi jefe y que el miedo que le tengo se expresa de esta manera.

La persona que sufre de múltiples personalidades está en una situación muy similar, pero el domador de leones existe cuando está despierta. Las energías negativas de odio, miedo, malos tratos durante la infancia, falta de confianza, humillación, etc., se expresan en la realidad como si perteneciesen a otra persona. Estas otras personalidades están atrapadas dentro del cuerpo, pero se hallan lo suficientemente separadas como para pretender que no lo están.

Dentro del nivel no manifiesto, cada uno de nosotros es muchas personas, cosa que podemos definir hablando de otras vidas, pero no es necesario. Cuando leemos una novela en la que aparece un personaje fascinante, nos identificamos sutilmente con él, permitiendo que un límite de conciencia se funda de forma temporal para tener la sensación de estar dentro de la piel de otra persona. Si procedemos de una familia en la que durante años se ha hablado de determinados acontecimientos notables, llega a hacerse difícil recordar si estos fuertes recuerdos nos pertenecen o fueron introducidos en nuestro cerebro. Conozco a un hombre cuyos padres perdieron su casa en un incendio cuando él tenía dos años y que no puede acordarse de si vio realmente la casa ardiendo o si sólo la ve a través de una vivencia de segunda mano. Emocionalmente, tiene el mismo trauma que si hubiera estado allí, pero es posible que absorbiera de sus padres las emociones de sobresalto y de pérdida.

Nuestros alter ego son normalmente oscuros y nosotros tenemos abiertamente la capacidad de controlar nuestra personalidad «real». Ya sabemos que no somos ni Scarlett O'Hara ni Ebenezer Scrooge, pero nos permitimos la licencia de tomar posesión de ellos durante un rato. Algunos personajes tienen tal fuerza que podemos caer bajo su influencia durante un período mucho más largo. La neurosis está marcada a menudo por este tipo de influencia de largo alcance, en la que un niño interior con todas sus debilidades y su timidez continúa presidiendo una personalidad adulta desde dentro.

Sin embargo, si nuestros límites son demasiado frágiles, no podemos controlar este acto de tener otra personalidad, que es el estado extremo de este alter ego.

Desde la perspectiva del campo de la mente, si un alter ego es suficientemente fuerte puede, de hecho, llegar a cambiar el cuerpo para que se adapte a él. Hay constancia de casos sorprendentes en los que una personalidad era, por ejemplo, menopáusica, mientras que las otras no lo eran, o bien casos en los que cada una de las personalidades tenía su propio ciclo menstrual. En otros casos, sólo una de las personalidades podía ser diabética o alérgica al polen, mientras que las otras no padecían ninguna de estas alteraciones. El paciente puede estar en medio de un grave ataque de asma, y en el momento en que una nueva personalidad entra en escena desaparece toda evidencia de la enfermedad. La personalidad diabética puede necesitar incluso insulina, pero cuando otras personalidades aparecen la sangre recupera sus niveles normales de azúcar.

Tal como yo lo veo, este fenómeno no puede ser explicado como función cerebral, ya que el cerebro se conforma durante nuestra infancia, por lo que todo lo que sabemos, todo lo que hemos experimentado, lo que nos gusta y lo que no nos gusta es una cuestión de formación. Una persona a la que repugnen los insectos saltará con sólo ver una araña sin tener que pensarlo conscientemente. Pretender que el cerebro podría formar reacciones diferentes para una docena de personalidades no sería creíble y desafiaría todo lo que sabemos del desarrollo en la infancia. Los alter ego tienen que proceder de una región más allá de la experiencia personal y son como encarnaciones voluntarias, o encarnaciones parciales, que se activan desde el almacén del campo de la mente.

Esto solo no convierte al alter ego en algo no natural.

Un gran actor activa también su representación de Hamlet yendo a lo no manifiesto y entonces decimos que da vida al personaje, por oposición a actores de menos talla que sólo imitan. La escuela de actuación conocida como Método consiste en hacer una introspección para encontrar memorias emocionales lo suficientemente poderosas como para convencer a la audiencia de que son reales y que el actor siente realmente la culpa de Hamlet en escena delante de nuestros ojos. Una persona afectada de alter ego es como un maestro consumado del Método que no se da cuenta de que está actuando, no tiene un núcleo fijo, ni la perspectiva central de que no está actuando y, por lo tanto, es incapaz de ver que la ilusión es una ilusión.

—¿Por qué insistís en que mi ego normal es irreal? —se quejaba un discípulo a su maestro.

—¿Míralo de otra manera? —replicó el maestro—. ¿Por qué piensas que tú eres real?

—Es evidente —dijo el discípulo—. Pienso, siento, actúo, me conozco a mí mismo por quién soy, con todos mis hábitos, mis gustos y mis aversiones.

—Sí, pero ¿qué sabes realmente? —insistió el maestro—. ¿Tienes tus hábitos cuando duermes?

—Claro que no; cuando duermo estoy inconsciente.

—Quizá es ahora cuando estás inconsciente.

—No, en estos momentos estoy despierto.

—Ah, ¿sí? —sonrió el maestro—. ¿Recuerdas todo lo que te sucedió ayer? ¿Y lo que estabas pensando hace una hora? ¿No crees que la conciencia de ti mismo es muy selectiva al reducirse a una memoria parcial? Y luego aún tenemos los sueños, que pierdes tan pronto como despiertas. Y no hablemos del hecho de que tus hábitos y preferencias están constantemente cambiando, y de que cuando pareces estable, ¿no te traicionan a veces tus emociones? Un insulto de un desconocido de paso o la noticia de que algún conocido ha muerto te desequilibran totalmente. ¿No tienes también el problema de estar perdido en deseos, falsas esperanzas y varias ilusiones mentales?

El discípulo estaba perplejo.

—Todo esto puede ser verdad, señor, pero ninguna de estas cosas me hace irreal; quizá sólo muy confundido.

El maestro sacudió su cabeza.

—Si es así, todos estamos igualmente confusos. La verdad es que aquella cosa a la que llamamos persona está en un flujo constante; hay largos lapsos de tiempo olvidado, sin mencionar el período de conciencia durante el cual dormimos. La memoria es culpable y sólo las súplicas de continuidad de la mente mantienen viva la ilusión de que el «yo» es constante, pero el «yo» nunca es constante, ya que para cada experiencia hay un experimentador distinto.

—Ya empiezo a entender lo que queréis decir —dijo el discípulo con muchísima más humildad—, aunque vos hacéis que parezca que no podemos confiar en nada.

—No podemos confiar en nada relacionado con la personalidad cambiante —dijo el maestro—, pero hay otras cosas en la vida además de la experiencia, cosas que llegan y se van, sentimientos, acontecimientos y logros. El placer va siempre inevitablemente seguido por el dolor, y el éxito está ligado al fracaso, pero sin embargo, detrás de todo este panorama de cambio, hay algo que está permanentemente consciente. Descubre lo que es la conciencia y habrás encontrado aquello en lo que puedes confiar. Ésta es la salida de la ilusión.

En una sociedad en la que no se cultivan las relaciones espirituales este tipo de lección es difícil de aprender, porque continuamos fomentando nuestros alter ego, que son los muchos experimentadores que han nacido de cada experiencia. Sin embargo, desde la perspectiva visual, gastamos nuestras vidas en ilusión porque, en realidad, no estamos limitados realmente por el tiempo y el espacio, ni por este cuerpo ni esta mente. Descubrir nuestra verdadera naturaleza involucra un proceso de crecimiento, y una parte de este crecimiento tiene relación con conflictos dentro de los límites. Si sentimos ansiedad, nadie espera que la mezclemos con otro ego sino que la tratemos dentro de los límites de nosotros mismos. Por lo tanto, el síndrome de la personalidad múltiple es una estrategia a corto plazo, porque los egos separados normalmente no tienen ni idea de qué les sucede a los otros, sino que, a largo plazo, la persona ya no es un algo completo, solamente es una colección de fragmentos flotantes y desorganizados.

La personalidad múltiple no tiene por qué ser desordenada. Todos nosotros somos personalidades múltiples cambiando cada día de un papel a otro. Yo mismo voy desplazando mi identidad entre personalidades llamadas padre, hijo, hermano, marido y profesional. De hecho, nuestro diálogo interior está siempre basado en los papeles que desempeñamos. Si pienso en un paciente, el papel de doctor se vuelve mi punto de referencia interno; si pienso en mi hijo, mi punto de referencia interno se desplaza automáticamente a mi rol de padre. Esto no es un proceso desordenado; en efecto, las personas que no pueden desplazar sus papeles y que tienen que ser siempre la autoridad del jefe, por ejemplo, incluso cuando no es apropiado, sufren una incapacidad de expresar sus múltiples personalidades.

Pero mi «yo» real no es ni doctor, ni padre ni ninguno de mis otros papeles. El «yo» existe más allá y luego se manifiesta como padre o doctor o hijo con el parpadeo de la intención. Estar asentado en este «yo» es ser un testigo alerta de los papeles que asumimos, porque este testigo existe en el reino virtual, y se aproxima a la mente de Dios, pudiendo incluso ser parte de Dios, ya que asignamos a Dios el papel de testigo cósmico, el creador que mira a su creación con una mirada omnisciente. No sabemos todavía lo que significa esta mirada y no nos hemos enfrentado con la cuestión de si Dios nos juzga, pero al menos hemos ido más allá de la ilusión de nuestro cambiante ego y cualquier paso que nos acerque al testigo nos mueve en dirección a lo divino.

SINCRONICIDAD

El tiempo no es neutro. Decimos que fluye, y fluir implica una dirección, así como también un lugar en donde termina el viaje. Para la mente humana, el tiempo siempre ha fluido hacia nosotros, que somos el punto final de todos estos miles de millones de años de evolución. Dios nos ha desplegado el tiempo, mientras continúa desplegando la vida de cada persona para que tenga una finalidad para desvelarse. Al menos ésta era la antigua creencia, pero sostener que Dios, un ser intemporal, está sentado fuera del universo y planifica el tiempo de la creación ya no es sostenible.

En lugar de esto, suponemos que lo que rige es la aleatoriedad. La ciencia ha ofrecido la teoría del caos para demostrar que el desorden radica en el corazón de la naturaleza. Como ya hemos visto, cada objeto puede reducirse a un torbellino de energía que no tiene otro modelo que un remolino de humo de tabaco. La cosmovisión científica nos dice que los acontecimientos no están organizados por ningún tipo de fuerza exterior, pero una coincidencia nos indica algo distinto: es como un momentáneo respiro del caos. Cuando dos extraños se conocen y descubren por casualidad que se llaman igual o que tienen el mismo número de teléfono, cuando alguien decide en el último minuto no subirse en un avión que luego se estrellará, o cuando tiene lugar cualquier serie de acontecimientos que son los necesarios para llegar a un resultado, parece como si actuase algo más que la simple coincidencia. Jung inventó el término *sincronicidad* para cubrir estas «coincidencias significativas» y el término ha arraigado incluso aunque no arroje mucha luz sobre el misterio. ¿Qué fuerza exterior puede organizar el tiempo de tal forma que dos cosas se encuentren, como el *Titanic* y el iceberg, con tan gran sentido de la fatalidad?

Mi propia vida ha sido tocada a menudo por la sincronicidad, hasta el punto de que ahora subo a un avión esperando que el pasajero que se sentará a mi lado sea sorprendentemente importante para mí, aunque sólo sea la voz que necesito para resolver un problema o un cabo suelto en una transacción que debe producirse. Una vez, un consultor me llamó al teléfono móvil con planes entusiastas para fabricar una nueva y saludable línea de infusiones. Como yo estaba llegando tarde a coger un avión no podía hablar y, en todo caso, la propuesta parecía en aquel momento traída por los pelos y más bien impracticable. La azafata me guió hasta el último asiento libre en un vuelo totalmente lleno y, como por designio, el desconocido que estaba junto a mí era un mayorista de infusiones.

Por lo tanto, mis pensamientos en este asunto son muy personales: creo que todas las coincidencias son mensajes de lo no manifiesto, como ángeles sin alas. O, dicho de otro modo, interrupciones repentinas de vida superficial a un nivel más profundo. Sin embargo, del lado científico, también sospecho que no hay ningún tipo de coincidencias y que la sincronicidad está incorporada a nosotros a nivel genético, pero nuestras mentes inconscientes han elegido ignorar este hecho porque no admitimos que nuestras vidas se equilibren en el filo del tiempo.

De una forma que nadie ha explicado satisfactoriamente, nuestro ADN está simultáneamente dentro y fuera del tiempo. Está en el tiempo porque todos los procesos corporales se hallan sujetos a ciclos y ritmos, y sin embargo el ADN está mucho más aislado que otros productos químicos de cualquier otra parte del cuerpo. Como una abeja reina en su cámara, nuestro ADN queda aislado dentro del núcleo de la célula y el 99 por ciento de nuestro material genético yace durmiendo o inactivo hasta que sea necesario desenrollarse y dividirse para crear una imagen reflejo de sí mismo. El ADN inactivo es químicamente inerte y es aquí donde el tiempo se vuelve más ambiguo. ¿Cómo y cuándo decide despertar un producto químico inerte?

Para un niño al que se le caen los dientes de leche y los sustituye por los definitivos, el ADN tiene que saber mucho del paso del tiempo. Esto mismo es válido para cualquier proceso que debe producirse a tiempo, como la maduración del sistema inmunológico, aprender a andar y a hablar o la larga gestación del feto en el útero. La misma muerte podría ser una respuesta genética codificada en nuestras células con un horario escondido, de acuerdo con la teoría de que nuestros antepasados no pudieron permitirse una vida tan larga. Una tribu de miembros jóvenes en su mayoría y capaces de reproducirse estaba mejor capacitada para luchar y obtener comida que otra que tuviese que llevar la carga de un número excesivo de personas viejas. El ADN podría haberse encargado de resolver el dilema programando su propio declive y fallecimiento, tal como lo hace la hierba con las primeras heladas, para garantizar la supervivencia de las especies al precio de los individuos.

Esta especulación, aunque sea fascinante, suscita la pregunta principal: ¿cómo puede tener sentido del tiempo el ADN si vive en un mundo puramente químico, rodeado de células flotantes? Es muy cierto que cada célula mantiene una secuencia increíblemente compleja de reacciones químicas, pero lo maravilloso es que una célula respira, se alimenta, excreta residuos, se divide y se cura mientras va viviendo en la cola de espera de la muerte, ya que sobre cada célula pende constantemente una sentencia de muerte. Esta sentencia viene impuesta por el hecho de que una célula no puede almacenar reservas de oxígeno y nutrientes, sino que depende enteramente de lo que le llega. Las células se sitúan en la vanguardia de la vida, y almacenan el alimento y el aire precisos para tres segundos; no pueden esperar que les llegue nada con retraso porque un fallo en la eficiencia sería instantáneamente fatal.

Los investigadores pueden aislar las enzimas y los péptidos que llevan los mensajes necesarios para activar cualquier proceso en una célula o para terminarlo, aunque esto no nos dice realmente quién decide enviar los mensajes en primer lugar o de qué modo millones de señales se las arreglan para permanecer coordinadas de forma tan precisa. De todos modos, fundamentalmente, todos los mensajes se los envía el ADN a sí mismo.

Si miramos al interior de nuestros cuerpos, podemos suponer que el ADN tuvo que evolucionar en un mundo aleatorio. Incluso en este mismo momento, es poco predecible cómo asaltará el entorno a nuestro cuerpo: los rayos cósmicos penetran al azar en nuestras células en un bombardeo que podría dañar nuestros genes; como resultado de una desgracia o de accidentes, las células pueden sufrir mutaciones aleatorias; y nadie le garantiza a nuestro ADN que tendrá alimento, agua y temperatura predecibles, sin mencionar cualquier entrada repentina de nuevas toxinas o de agentes contaminantes de todo tipo.

Imaginemos los filamentos ancestrales del ADN intentando sobrevivir en condiciones mucho peores, cuando un joven planeta Tierra se convulsionaba entre extremos de calor y frío, en una atmósfera cargada eléctricamente de tormentas y llena de gas metano. De una manera u otra, el ADN no sólo sobrevivió a condiciones que nos hubieran matado en cuestión de días u horas, sino que evolucionó de tal forma que cuando este entorno hostil cambió y se hizo más benigno, nuestros genes también se hallaban preparados para ello.

A excepción de la rotación del planeta y de los cambios de las estaciones, el ADN no estaba expuesto a un mundo con una cronología precisa, y sin embargo llegamos a la conclusión de que cuando el ADN dio el inmenso paso de aprender a reproducirse a sí mismo, también aprendió a dominar el tiempo. Por extraño que parezca, las partículas de ácido nucleico aprendieron a leer un reloj con una exactitud de milésimas de segundo y ningún trauma del mundo exterior ha podido hacer mella en esta capacidad, porque el dominio que el ADN tiene del tiempo está tejido en la textura de la vida misma.

Habiendo visto esto, ya no quedamos muy lejos del salto a la sincronicidad. Sólo necesitaremos añadir el ingrediente subjetivo, que es que el tiempo ha sido ordenado para beneficiarnos a nosotros y no sólo a nuestros genes. ¿No nos ha ocurrido a todos alguna vez que hemos estado dándole vueltas a un problema y, al poner en marcha el televisor, las primeras palabras que hemos oído nos han dado repentinamente la solución? Un amigo mío estaba un día en la cola de la parada del autobús pensando si debía atender o no el consejo de cierto maestro espiritual, cuando un hombre que estaba delante de él en la cola se volvió de repente sin previo aviso y le dijo: «Confíe en él.»

Los mensajes vienen desde un nivel de la mente que conoce la vida como un todo y, en el fondo, tendremos que decir que estamos todos comunicando con nosotros mismos, y que el todo está hablando a la parte. La sincronicidad sale al exterior del cerebro y trabaja desde una perspectiva más amplia.

Si eliminamos la mente de la ecuación tampoco obtendremos resultados porque la única alternativa es la probabilidad. A mediados de los años ochenta, un hombre de Canadá ganó la lotería nacional dos años seguidos. Como sabemos cuántos números se venden, podemos calcular con toda precisión las probabilidades en contra de que esto sucediera, y la respuesta es de billones y billones contra una; en realidad la cifra exacta que se dio superaba al del número de estrellas en el universo. Una razón por la cual Jung inventó una nueva palabra para estas coincidencias significativas es que la forma normal y racional de explicarlas resultaba demasiado difícil de manejar. Si estoy sentado en un avión al lado de un desconocido que está buscando cierta idea para publicar un libro y resulta que es exactamente la idea en la que yo estoy trabajando, es evidente que no nos sirve de nada la explicación de probabilidades estadísticas.

Aunque no es fácil de calcular, las probabilidades de que sucedan la mayoría de acontecimientos sincrónicos son ridículas. Cada vez que dos personas se conocen y descubren que se llaman igual o que tienen el mismo número de teléfono, las probabilidades de que se encuentren son de millones contra una. Sin embargo esto sucede, y la explicación más sencilla y que tiene más sentido que los números aleatorios es que tenían que encontrarse, aunque es evidente que este razonamiento no es nada científico. Sin embargo, en la realidad espiritual, todo sucede literalmente porque así tiene que ser. El mundo es un lugar muy útil en el que cada uno de nosotros se afana por las finalidades de su propia vida, pero en los momentos de sincronicidad tenemos una evidencia de lo conectadas que están nuestras vidas y de lo completamente entretejidas que están en el infinito tapiz de la existencia.

Yo creo que, como en el futuro se le dará más credibilidad al espíritu, el término *sincronicidad* pasará de moda y nuestros descendientes darán por sentado que todos los acontecimientos están organizados según unos modelos determinados. Todos nosotros, igual que nuestro ADN, hemos fluido con el río del tiempo y hemos estado, al mismo tiempo, sentados en los bancos viéndolo pasar, pero es sólo fuera del tiempo donde podemos ver nuestra inteligencia más profunda, porque en el grueso de las cosas el tiempo capta nuestra atención y nos arrastra a este tejido. Cuando consideramos que podríamos estar tejiendo la tela, pero desde otro nivel de realidad, se abre la posibilidad de que Dios comparta esta tarea con nosotros. Estamos construyendo el argumento de que cada aspecto de la creación nos necesita a título de co-creadores, y esta noción hace mayor y más probable la intimidad con Dios.

CLARIVIDENCIA Y PROFECÍA

El mundo cuántico es un lugar de límites imprecisos y resultados inciertos. Como ya hemos visto, las cosas que parecen tan bien definidas en el mundo material se van convirtiendo en vagos fantasmas a medida que vamos profundizando en el campo no manifiesto. El tiempo no es una excepción, y a un determinado nivel de realidad apenas existe. Cuando el límite del tiempo se disuelve completamente, es posible percibir una especie de viaje mental por el tiempo que se llama clarividencia, o la capacidad de ver en el futuro.

Por lo que sabemos, el cerebro no puede construir el estado de clarividencia, porque sus centros visuales están preocupados con las sensaciones del presente. Los sueños son una especie de falsa visión que no suceden realmente ante nuestros ojos y, sin embargo, parece que existen. El clarividente también experimenta un estado visual «irreal», aunque su visión interior resulta ser cierta. ¿De qué modo, pues, puede coincidir el chisporroteo interno de las neuronas con hechos que aún no han sucedido?

Según mi experiencia, todos los que se consideran clarividentes no están dotados con las mismas capacidades; la visión interior puede ser más clara o más imprecisa, puede ir y venir, cosa que la hace poco de fiar, y su exactitud es siempre cuestionable, ya que nadie sabe hasta qué punto el futuro está predeterminado o abierto a los cambios. Un joven amigo mío se enamoró de una mujer que, aunque le apreciaba, no correspondía a sus fuertes sentimientos. Sin embargo, él llegó a convencerse de que ella era su media naranja. Habiendo desesperado de ver cambiar los sentimientos de ella, fue a ver a una vidente para comprobar si su teoría de la media naranja era verdad. La vidente le contó una cantidad sorprendente de detalles exactos y le aseguró que veía a una mujer llamada Tara con largos cabellos castaños y que iba a la Escuela de Arte; vio además que los dos iban a vivir pronto juntos, que cambiarían los sentimientos de Tara y que, como ella descubriría el profundo lazo espiritual que les unía, sería posible que los dos se casaran. Esta visión de futuro, que incluía también dos niños y un traslado a Los Ángeles, satisfizo a mi amigo porque correspondía exactamente a su propia visión de cómo tenía que ser el futuro.

Y ése fue el problema. Aunque la vidente había sintonizado con algo muy profundo de la conciencia de mi amigo, las imágenes de su visión no llegaron a ser verdad. Lejos de tranquilizarse, Tara se sintió muy incómoda con la revelación de que estaba destinada a casarse con un hombre al que sólo consideraba un buen amigo, se apartó de él, encontró novio y se fue a vivir con él durante las vacaciones de verano, con lo cual la conexión de las dos medias naranjas nunca se materializó.

Conozco sin embargo a algunos clarividentes que no se dejan engañar por las esperanzas de sus clientes y parecen muy capaces de dividir la imagen de deseo del acontecimiento real que transpirarán, dando imágenes exactas de una futura pareja o del resultado de un juicio, hasta la fecha exacta de la sentencia del juez. Esta exactitud da mucho que pensar porque, por mucho que queramos saber del futuro, una solución previamente arreglada convierte todo nuestro esfuerzo en insignificante. Pero para un escéptico

que no cree en la clarividencia, el problema es, naturalmente, muy discutible.

¿Qué nos haría pensar que la clarividencia es auténtica? ¿En qué se diferencia de otras ilusiones subjetivas
como son los sueños y las alucinaciones? En primer lugar,
lo típico de los sueños es que contienen material que ya estaba presente dentro de la memoria de la persona. Los símbolos de un sueño pueden parecer misteriosos a primera
vista, pero como los sueños se extraen totalmente de experiencias pasadas, como vino viejo en botellas nuevas, están
sujetos a interpretación. Un clarividente, sin embargo, ve
algo nuevo. No obstante, los sueños y la clarividencia tienen una fuerte conexión porque al parecer dependen de la
creencia de la persona o del sistema de creencias de toda
una sociedad.

Esto implica que el futuro fluye hacia el presente de
más de una manera y puede enviar mensajes hacia adelante o quedarse completamente velado, puede escoger a
aquellos que verán y a aquellos que serán ciegos. Sin que
prácticamente nos demos cuenta, nuestra propia conciencia puede crear los límites del pasado, del presente y del futuro. En otras palabras, podemos escoger no ser clarividentes para que se confirme nuestra fe en un futuro escondido.
En la *Ilíada*, cuando Casandra predijo la caída de Troya, su
visión pudo haber sido creída debido a que el sistema de
creencias del mundo antiguo comprendía el conocimiento
clarividente. Sin embargo, sucedió que los dioses la maldi-
jeron porque siempre tenía razón pero nadie la creía; hoy
en día aún llamamos Casandra a una persona a la que le
sucede esto.

En términos cuánticos, no podemos estar seguros sobre los límites entre las alucinaciones y la realidad, porque
no hay acontecimientos definidos, ni río del tiempo fluyendo desde el pasado hacia el futuro pasando por el presente; lo que existe en su lugar es una rica matriz de posi-

bles resultados, y nosotros determinamos cuáles son las pocas y selectas opciones, de entre las infinitas posibles dentro de cada acontecimiento, que van a manifestarse. A las profundidades del campo de la mente, donde las cosas existen en estado de semilla como acontecimientos virtuales, apenas importa cuáles son las que van a brotar, que no serán más reales que las que no brotarán.

La más famosa expresión de este concepto es la paradoja del gato de Schrödinger, que lleva este nombre en honor de uno de los fundadores de la física cuántica. Schrödinger intentaba saber cómo se comporta la materia cuando empieza a desaparecer para convertirse en energía y para ello imaginó un mecanismo que, aunque ingenioso, resulta bastante sádico. Consiste en una caja con un gato dentro al que no se puede ver. Un mecanismo que hay dentro de la caja libera un veneno que matará al gato si es alcanzado por un solo electrón. El electrón se dispara hacia la caja de tal manera que sólo puede pasar por dos rendijas: si lo hace por la rendija de la izquierda, el gato sobrevivirá; si pasa por la de la derecha, el gato morirá. Pero como estamos en el mundo cuántico, las cosas no quedan muy bien definidas y no hay forma de decir cuál es la rendija que ha escogido el electrón. Cuando el observador mira, descubre que el electrón ha escogido ambas rendijas por igual.

En esta paradoja, el observador sólo sabrá cuál es el camino escogido por el electrón abriendo la caja y mirando si el gato está vivo o muerto. Hasta entonces, ambas opciones serán válidas, lo que significa, y aquí viene la parte asombrosa, que el gato está vivo y muerto al mismo tiempo. El hecho de abrir la caja determina su suerte, porque hace falta un observador para hacer que el electrón tenga un lugar definido en el espacio y el tiempo. Sin el acto del observador no hay resultado definido.

Durante décadas, la paradoja del gato de Schrödinger ha sido tomada por un ingenioso truco mental, ya que los físicos no creen que la incertidumbre cuántica exista más allá del nivel de los electrones y fotones. Pero el clarividente parece indicar otra cosa ya que, en su visión, el futuro tiene dos sitios: aquí y más tarde. Él puede elegir en cuál va a participar utilizando simplemente el mismo poder de observación que los físicos utilizan con un electrón.

Aquellos de nosotros que aceptamos un mundo más sencillo en el cual el futuro no tiene más que un sitio, el más tarde, mostramos nuestra preferencia personal y no obedecemos a ninguna ley de hierro. La utilidad del tiempo es que evita que todas las semillas de los acontecimientos futuros broten al mismo tiempo y es el tiempo el que dictamina que primero sucede una cosa y luego otra, sin que se solapen. No podemos ser niños y adultos al mismo tiempo, excepto a través de la clarividencia. Está permitido que un acontecimiento fluya hacia el siguiente. Todos nosotros tenemos «sensaciones» que nos dicen cuándo alguna situación no va a resultar bien; en estos casos hemos convocado una forma diluida de clarividencia que permite tener una pista de lo que va a suceder luego.

¿La clarividencia es útil o no? ¿Deberíamos intentar desarrollarla o deberíamos ignorarla? Aquí no podemos dar ninguna respuesta porque nuestro ADN tiene que ser clarividente y no podríamos sobrevivir si nuestros genes no conocieran el futuro; la revelación de un embrión en el útero, mientras va evolucionando desde una sencilla célula hasta convertirse en miles de millones, necesita que el ADN prevea de forma precisa cuándo deberán desarrollarse las neuronas, las células cardíacas, el tejido muscular y cada una de las demás mutaciones especializadas necesarias para el desarrollo. Si las neuronas crecen el día que no deben, el día en que deberían emerger los dedos, por ejemplo, el resultado será catastrófico. Por lo tanto, el óvulo fertilizado contiene un mapa del futuro impreso en tinta invisible.

Hay otras situaciones que no son tan claras. En general, la finalidad más elevada de la clarividencia sería darnos una visión de la mente de Dios, porque la mente divina podría no estar constreñida por el tiempo, y no reconoce el pasado, el presente o el futuro. Si decidimos tan a menudo el límite del tiempo, tenemos que responsabilizarnos de todo lo que supone esta decisión. En ciencia ficción son muy comunes las historias de temerarios viajeros del tiempo que se precipitan al desastre cuando irrumpen en el futuro o en el pasado. Como mínimo, se corre el riesgo de confundir sin esperanza el tiempo presente y el momento de la visión. Los maestros espirituales nos enseñan que vivir en el momento presente es lo ideal, si es que podemos alcanzarlo. El filósofo judío Filo, seguidor de Platón, escribió: «El concepto "hoy" significa una eternidad sin límites e inextinguible. Los períodos de meses y años y del tiempo en general son ideas del hombre, que calcula por medio de números; pero el verdadero nombre de la eternidad es "hoy".» Éste es el misterio fundamental de la clarividencia; cualquier momento, sea ahora o más tarde, es un portal a la misma eternidad.

Yo creo que los profetas también viven en un espacio expandido, y aunque tendemos a tener una fijación por su capacidad de prever acontecimientos, su verdadera función espiritual es la de ver más allá del tiempo. La capacidad de trascender el tiempo no es mística y cada cultura tiene sus creencias concretas sobre el tema. En la India, la profecía se ha organizado en un detallado sistema de astrología llamado jyotismo, de la raíz sánscrita *jyoti*, que significa «luz». La predicción del futuro significa literalmente «examinar lo que el futuro tiene que decir», y el verdadero astrólogo es aquel que evita todos los esquemas para atisbar directamente la luz del futuro.

Podemos empezar a entender de qué forma esto funciona sólo por nuestro conocimiento de la realidad cuántica, porque es allí donde nace toda la luz. El tiempo y el espacio son intercambiables a nivel cuántico. Dónde estará una partícula y cuándo estará allí son cosas que van juntas. De esta forma la energía no está separada del espaciotiempo y forma con ellos un tapiz. El astrólogo va más allá: descompone todo el cosmos en determinados tipos de energía que se aplican a la existencia humana. En el jyotismo, algunos planetas poseen energías positivas, como Júpiter y Venus, mientras que otros son generalmente perjudiciales, como Marte y el Sol.

Mientras estas energías interactúan, emergen modelos enormemente complejos. El jyotismo puede generar para cada persona hasta dieciséis cartas diferentes, que involucran los más mínimos movimientos de planetas; el tiempo puede ser subdividido en fracciones de un segundo para llegar a predicciones específicas sobre el futuro de alguien. Y como cada grado de cambio en los cuerpos celestes crea una nueva frecuencia de energía, el astrólogo debe memorizar varios miles de modelos individuales entre cada dos o tres planetas y a estos arreglos se les llama *yogas*, que significa literalmente «poner el yugo» a las estrellas.

Para sus seguidores, el jyotismo es una ciencia cuántica porque lo que se ve a nivel material —la rotación de los planetas en sus órbitas— disfraza un esquema más profundo en el que cada átomo y cada molécula están conectados. Al intercambiar energía, cada punto del universo susurra algo a todos los demás puntos. Sin embargo, en este caso, la energía contiene información. Imaginemos una larga fila de personas que se transmiten en susurros un secreto de uno a otro. Si cada persona susurra un galimatías, no se transmitirá información, sólo energía pura. Pero si se expresa un secreto, la misma energía adquiere sentido, une al grupo por medio del conocimiento compartido, y este lazo invisible, aunque no se exprese con palabras, puede ser extremadamente poderoso. El jyotismo considera que el universo está unido secretamente sólo de esta manera y que cada intercambio de energía contiene alguna pista para futuros acontecimientos.

El concepto de información incrustada en la energía no es totalmente extraño fuera de la astrología, puesto que para un físico la información impregna toda la naturaleza. Las frecuencias específicas que hacen que la luz infrarroja sea distinta de la ultravioleta o los rayos gamma diferentes de las ondas de radio forman una especie de código cósmico. Los seres humanos sintonizan con este código y lo utilizan para sus propios fines y es la información incrustada en la energía la que nos permite construir generadores eléctricos, lámparas infrarrojas, radiofaros y otras muchas cosas. Sin esta información codificada, el universo sería una vibración aleatoria, una sopa cuántica de letras del alfabeto pero sin palabras.

El jyotismo asegura que la información codificada en la energía tiene un significado humano. En otras palabras, el futuro está deletreado en la luz. De hecho, los fotones le hablan al astrólogo, formando modelos exactos que emergerán a su debido tiempo como acontecimientos. Un antiguo maestro de astrología llamado Brighu dio una prueba sorprendente de esto. Hace miles de años, se sentó a trazar los gráficos que predecirían las vidas de las personas en el futuro, de aquellas que aún no habían nacido. Pero lo que es más sorprendente es que sólo trazó los gráficos de aquellas personas que en el futuro realmente mostrarían interés por su lectura. Si yo fuera a Benarés y visitara a un lector de Brighu, como se les llama, la prueba de su autenticidad sería que mi gráfico me estaría esperando, con todos los detalles, incluyendo el del minuto en que cruzaría el umbral de la puerta.

Todos los límites están hechos de conciencia y disueltos en conciencia. Poder cruzar el límite del tiempo o hablar el lenguaje de la luz nos dice que nuestras suposiciones más elementales están abiertas a elección, ya que la conciencia lo es todo. El momento actual está tan valorado por los maestros espirituales porque es el lugar en que puede centrarse la conciencia. El pasado y el futuro son distracciones que nos arrastran a un estado de abstracción mental que nunca estará libre. No podemos sumergirnos en una ilusión, pero puede suceder que podamos sumergirnos infinitamente en este momento, una vez que la conciencia desee expandirse. Al presente se le ha llamado «el eterno ahora» porque se renueva a sí mismo sin fin. Si nos damos cuenta de esto, tendremos abierta la puerta de la sabiduría. Cualquier tipo de pensamiento lineal está predestinado a quedar atrapado en la superficie de la vida, pero si percibimos nuestras mentes como multidimensionales nos acercamos a la mente de Dios, que es omnidimensional.

S e i s

El contacto con Dios

Pedid y se os dará, buscad y encontraréis,
llamad y se os abrirá la puerta.

MATEO 7:7

Sería imposible conocer a Dios si él no quisiera que se
le conociera. Nada puede evitar que cada fase de la espiritualidad sea un engaño. El santo que habla de Dios podría
sufrir una lesión en el lóbulo temporal y, por otra parte, un
ateo convencido podría estar cada día negando la entrada
a mensajes de Dios.

Nuestro modelo cuántico nos dice que Dios toma contacto con nosotros de tres formas:

1. Existe a un nivel de realidad más allá de los cinco sentidos que es el origen de nuestro ser. Como somos criaturas cuánticas participamos de Dios constantemente
   sin reconocerlo.
2. Él nos envía mensajes o pistas al mundo físico. Es lo
   que llamamos el flujo de realidad.
3. Nos llama la atención por medio de la «segunda atención», que es la parte más profundamente intuitiva de
   nuestro cerebro, cosa que ignoran la mayoría de las
   personas.

Estas tres formas de conocer a Dios están basadas en los hechos acumulados en nuestra búsqueda hasta ahora. Hemos construido el avión y conocemos la teoría del vuelo; sólo nos falta despegar.

Dios parece enviarnos mensajes desde fuera del tiempo y del espacio. Algunas de estas pistas espirituales son débiles, pero otras son muy espectaculares. Una de las más recientes curaciones en Lourdes fue la de un irlandés afectado de esclerosis múltiple. El hombre llegó tarde a la gruta, después de que se cerraran al público las piscinas de agua milagrosa, por lo que tuvo que esperar fuera de las vallas y escuchar el servicio de vísperas antes del anochecer.

Muy desilusionado, le llevaron de vuelta al hotel en la silla de ruedas. Más tarde, solo en su habitación, sintió un cambio repentino: su cuerpo se calentó y, en el momento en que se acostaba, una sacudida de luz sacudió su columna vertebral de una forma tan intensa que le hizo retorcerse y perdió el conocimiento. Cuando se despertó, podía andar y habían desaparecido todos los síntomas de la esclerosis múltiple. Volvió a casa curado. Pienso que no hay duda de que, habida cuenta de los miles de personas que han tenido estas experiencias, esto es la «luz de Dios» que se reverencia en todas las tradiciones sagradas. La luz nos fascina porque Dios entra en nuestro mundo de otras pocas maneras que sean tan tangibles.

En recientes encuestas, cerca de la mitad de los americanos dicen que han experimentado alguna forma de luz que no podrían explicar, ya sea internamente o también externamente, en forma de aura o halo. Aproximadamente un tercio de los americanos dice que «ha nacido otra vez», lo cual podemos interpretar como un despertar espiritual de algún tipo. Uno de los santos más famosos de la India moderna fue Sri Aurobindo, un bengalí que fue a Cambridge con el cambio de siglo antes de entrar en la vida santa de vuelta a la India. El despertar del propio Aurobindo empezó en el instante en que puso los pies de nuevo en su patria, cuando una sacudida casi eléctrica le despertó a la verdad de una conciencia más elevada. Más tarde, él mismo especulaba sobre el hecho de que todos los seres humanos están en el camino de la iluminación por la vía de un proceso mental de evolución. Jonas Salk dedicó muchos años a una teoría similar según la cual los seres humanos estaban a punto de hacer la transición desde la evolución biológica, que perfecciona nuestra estructura física, a una evolución «metabiológica», que perfeccionará nuestro espíritu.

Una forma de «supraconciencia», como la llamaba Aurobindo, desciende gradualmente sobre nosotros, empezando con los más altos centros de conciencia, los que hacen que podamos intuir la existencia de Dios, para luego ir descendiendo hasta que las mismas células se transforman. Según Aurobindo, Dios puede enviar «flechas de luz» a nuestro mundo, pero van solamente en una dirección y podemos recibirlas como impulsos de inspiración, aunque nuestros pensamientos no puedan remontar su camino.

Para volver al origen de los mensajes de Dios tendríamos que utilizar la segunda atención, que es nuestra capacidad de saber una cosa sin ningún tipo de información física; la intuición y la profecía tienen que ver con la segunda atención, que es lo que hace posible la percepción divina del santo y el experimento controlado en el cual las personas saben que están siendo observadas desde otra habitación. Jesús habla de su Padre como si poseyera un conocimiento íntimo y esto también deriva de la segunda atención a su nivel más desarrollado. De forma significativa, cuando oímos frases de Jesús como «Conoced la verdad y la verdad os liberará», nuestra mente responde; es como si la segunda atención en nosotros estuviera dormitando pero quisiera despertar. Esto es válido para una gran parte de la fascinación que todos los sabios y profetas despiertan en las personas ordinarias.

De momento voy a dejar de lado las formas convencionales de encontrar a Dios tales como la plegaria, la contemplación, la fe, las buenas obras y la virtud. No pretendo desestimarlas, pero hay algunos factores que deben tenerse en cuenta. Muchos creyentes utilizan todos estos medios para conocer a Dios y vuelven con las manos vacías. Cuando parece que funcionan, son inconsistentes: algunas plegarias obtienen respuesta mientras que otras son totalmente desatendidas; por otra parte, la fe puede obrar milagros, pero algunas veces es incapaz de tal cosa. Y lo que es más importante, los caminos convencionales hacia Dios no han abolido el ateísmo. Por muy poderosa que sea una experiencia subjetiva, como no puede ser compartida porque la persona A está fuera del mundo interior de la persona B, el proceso queda encerrado en un capullo privado y cerrado en sí mismo.

Antes de describir cómo puede desarrollarse la segunda atención, que es la clave para recibir los mensajes de Dios, tenemos que desprendernos del autoengaño. Reducido a sus componentes esenciales, cuando buscamos conocer a Dios nos hallamos ante el mismo problema con que nos encontramos cuando queremos saber qué es lo que hay fuera del universo. Es el problema de definir la realidad objetiva. Por definición, el universo lo contiene todo para que la mente racional pueda asumir que no queda nada fuera de él, pero la mente racional podría estar equivocada. Los teóricos son capaces de construir versiones perfectamente plausibles de otras dimensiones; en uno de los modelos, nuestro universo es sólo una burbuja en la parte exterior de un superuniverso en expansión con diez dimensiones o más que nuestros sentidos no pueden percibir. ¿Podría ser que una de ellas fuera la morada de los ángeles? La razón no puede ni probar ni recusar la posibilidad, pero queda tentadoramente cerca.

Sin ni siquiera ver nada de este otro mundo, podemos observar agujeros negros y quásares, que son la cosa más cercana a las ventanas que dan al borde de lo infinito. Como la luz y la energía son absorbidos por un agujero negro, desaparecen de nuestro cosmos, lo que implica que van a alguna parte y, por lo tanto, podrían volver a nosotros vía unos «agujeros blancos» o actos de creación como el Big Bang. Sin embargo, a Dios no se le puede conocer y no hay ningún agujero negro que nos succione al interior de su mundo, excepto la muerte. Lo que más fascina de las experiencias de muerte aparente es que las personas vuelven convencidas de que han estado ante la presencia de Dios, pero la información que traen es muy limitada. La mayoría hablan de una luz blanca que les bañaba de amor y de paz, pero una pequeña minoría dice que quema con el tormento del infierno más que con el arrebato del cielo y que el ser que les llama al final del túnel no es benigno sino maligno. Además, las experiencias de muerte momentánea se pueden reproducir artificialmente privando de oxígeno al cerebro, tal y como mencionamos antes. En estos casos, aparece a menudo la misma luz blanca, por lo que quizá es sólo una argucia del cerebro cuando empieza a sofocarse.

Necesitamos una prueba más fehaciente de que Dios desea ser encontrado en su escondite cósmico y entonces todo el desarrollo de la segunda atención caerá en su lugar como la aproximación más verdadera al campo del espíritu.

Para conocer a Dios personalmente tenemos que penetrar en un límite que los físicos llaman «el horizonte de los acontecimientos», que es una línea que divide la realidad netamente en dos. A este lado está todo lo que queda dentro de la velocidad de la luz; al otro lado se halla todo lo que va más rápido que la luz.

Einstein estuvo entre los primeros teóricos que propusieron que la velocidad de la luz está conectada al espacio-tiempo de una forma crucial. La velocidad de la luz es absoluta; es como una pared que ningún objeto puede atravesar.

Cuando nos aproximamos a la pared, el tiempo transcurre más despacio, aumenta la masa y el espacio se curva. Si intentamos sobrepasarla, suceden cosas prodigiosas para evitar que lo hagamos.

Por ejemplo, cualquier luz que pase por las cercanías de un agujero negro es atraída por su campo de gravedad. Los agujeros negros son restos de viejas estrellas que se han plegado sobre sí mismas cuando han terminado el combustible. Las estrellas viejas son de una densidad difícil de imaginar, hasta el punto de que una cucharada de su masa interior puede ser millones de veces más pesada que toda la tierra. Cuando este combustible estelar se pliega puede descontrolarse, como un tren descarrilado. En algunos casos, el momento es irreversible, e incluso la luz no puede escapar del campo de fuerza de la estrella. Cuando esto ocurre, solamente hay negrura, un agujero negro, que deglute cualquier objeto que pase cerca de él. Si un fotón de luz intenta pasar cerca de un agujero negro, empezará a curvarse en dirección a éste hasta que caiga en él.

Es aquí donde la pared absoluta de Einstein encuentra su correspondencia, ya que la velocidad del fotón es la más rápida que hay y, por lo tanto, no es posible que el agujero negro lo haga ir más deprisa. Por otra parte, un fotón tiene que ir más rápido si desea escapar a los apretones de la inmensa gravedad del agujero negro. En el punto exacto en que el fotón y el agujero negro son iguales, todo se vuelve extremadamente fantástico. Para un observador exterior, el fotón cae en el agujero negro para siempre, congelado en el tiempo; sin embargo, dentro del agujero negro el fotón ha sido devorado en menos de cien microsegundos. Ambas versiones son ciertas. Una está vista desde el mundo de la luz, y la otra desde el mundo de más allá de la luz. Para usar la frase de Heisenberg, a este nivel de naturaleza es cierto un «principio de incertidumbre», en el que el acontecimiento A y el B existen conjuntamente, incluso aunque sean opuestos. Esta línea divisoria de incertidumbre es el horizonte de los acontecimientos, el margen exacto que divide la realidad en dos entre lo cierto y lo incierto, lo conocido y lo desconocido.

En cualquier lugar donde se detenga el conocimiento también hay un horizonte de los acontecimientos. El cerebro no puede explorar más allá del lugar adonde van los fotones y no puede haber percepción sin que tengamos alrededor a los fotones malabaristas. Si mi gato o mi perro estuviesen mirando directamente a Dios, a mí no me produciría ningún bien porque no comparto su sistema nervioso, que no es más que una máquina sensible a los fotones. Dependiendo de cuál es el tipo que tenemos, nuestro modelo de fotones es distinto al producido por otros tipos. En teoría, la mente puede cruzar el horizonte de los acontecimientos utilizando la especulación intelectual y las matemáticas avanzadas, pero es como Alicia saltando a la madriguera del conejo. Cuando Kierkegaard hizo su famosa observación de que a Dios sólo se le conoce por medio de un salto de la fe, se refería a una madriguera de conejo espiritual. ¿Qué hay más allá del horizonte de los acontecimientos? Podría ser un nuevo universo con vida inteligente; podría ser un lugar en el que dioses y diosas estuviesen tomando el té; podría ser un caos de dimensiones apiñadas dando tumbos como sábanas retorcidas en una secadora de ropa.

Por lo tanto, aquí termina toda la búsqueda de Dios, ¿verdad? Por extraño que pueda parecer, hay muchas cosas más allá del horizonte de los acontecimientos que resultan ser útiles. La física cuántica se sumerge constantemente en esta frontera, pero no puede quedarse allí mucho tiempo. Cuando un acelerador de partículas bombardea dos átomos, haciendo saltar una partícula subatómica fuera de su escondrijo durante unas cuantas millonésimas de segundo, se ha cruzado el horizonte de los acontecimientos y salta a nuestro mundo algo que nuestros sentidos no podían conocer. Combinando esto con los diversos «experimentos mentales», la ciencia avanzó paso a paso hacia la energía nuclear, los transistores y, si miramos hacia el futuro, la memoria avanzada para ordenadores y el viajar en el tiempo. En un laboratorio de Cal Tech ya se ha producido un rayo de luz que se desplaza de un lugar a otro sin cruzar el espacio que hay entre ellos, lo cual es una forma primitiva de viaje en el tiempo. Y es que estamos aprendiendo poco a poco a sentirnos como en casa detrás del horizonte de los acontecimientos.

Un escéptico podría argumentar, y muy airadamente, por cierto, que estoy distorsionando el horizonte de los acontecimientos más allá de su sentido literal. Si arrojamos un guijarro en un agujero negro parecerá congelarse para siempre en un lugar, desafiando por completo las leyes físicas del movimiento, pero ¿significa esto que Dios es eterno? No, porque el horizonte de los acontecimientos no está aceptado por la ciencia como límite de la mente. Es intrigante el hecho de que Buda cerrara sus ojos durante unos minutos y percibiera noventa y nueve mil encarnaciones anteriores, pero este ejemplo de viaje en el tiempo podría ser imaginario. Lo que sabemos es que Dios no puede estar a este lado del horizonte de los acontecimientos. Desde el Big Bang, la luz ha estado viajando durante diez o quince mil millones de años y si apuntamos un telescopio en cualquier dirección no podrá recibir luz alguna que sea más antigua que ésta. Por lo tanto, una entidad que esté más lejana permanecerá invisible. Esto no significa que no haya existencia más allá de los quince mil millones de años. Por extraño que pueda parecer, algunos objetos lejanos estarían emitiendo radiaciones más antiguas que el universo, un hecho que los cosmólogos son incapaces de comprender. Si el cerebro humano contiene su propio horizonte de los acontecimientos (el límite de fotones que se organizan entre ellos para formar un pensamiento), y también lo tiene el cosmos, debemos traspasarlo para encontrar la casa del espíritu.

UN MAPA DEL ALMA

En mitad de la noche me despertó el sonido de un grito. Aunque estaba aturdido, sabía que venía de algún lugar de la casa y se me aceleró el corazón antes de sentarme en la cama. Entonces, alguien encendió la luz vacilante que estaba encima de la cabecera.

«Venga, vístete, tenemos que irnos», dijo una voz vagamente familiar. Yo no me moví. Transcurrió un momento antes de que tuviera la suficiente presencia de ánimo como para darme cuenta de que lo que había oído no era un grito sino un lamento. «Venga», repitió la voz, esta vez con más apremio. Unos brazos fuertes me tomaron y me transportaron fuera de la habitación. Yo tenía entonces siete años y nuestro vecino de Bombay había venido por mí, pero no me dijo por qué. En lugar de ello, la cálida humedad del aire tropical me acarició la cara hasta que llegamos a su casa, donde me volvieron a meter en la cama.

Aquélla fue la noche en que murió mi abuelo al que llamábamos Bauji, y que era famoso porque la mañana en que yo nací se subió a lo alto del tejado con su vieja corneta militar y despertó a todos los vecinos con ella. Había muerto sin previo aviso a las tres de la madrugada y el lamento procedía de los sirvientes y mujeres de la casa; era su manera de empezar el largo proceso de hacer que la muerte sea aceptable, aunque a mí no me fue de gran ayuda. Yo tuve la reacción normal en todos los niños: me resistí a creer su muerte. Aquel día, precisamente, mi abuelo había estado muy contento, porque su hijo, que era mi padre, había sido admitido en la Real Escuela de Médicos de Londres, algo muy difícil de conseguir para un nativo de la India en aquellos días posteriores a la Segunda Guerra Mundial. Al momento de recibir el telegrama, mi abuelo nos arrastró a mí y a mi hermano menor a su viejo Sedan negro y nos llevó a ver no una sino dos películas, una de Jerry Lewis y luego *Alí Babá y los cuarenta ladrones*. Nos compró tantos caramelos y juguetes que mi hermano, Sanjiv, se puso a llorar de puro agotamiento.

Sin embargo, un día después de esto, mi abuelo era una nube de cenizas arrojadas al río desde la ciudad santa de Hardwar, un hecho que yo me resistía a aceptar. ¿Cómo podía haber muerto una persona que apenas un día antes estaba sentado a mi lado en la oscuridad riéndose de las payasadas de Alí Babá?

A todo esto siguió un nuevo acto en el drama familiar. Mis padres, que nos habían dejado en la India con los abuelos durante la última fase de estudios médicos de mi padre, volvieron precipitadamente con un gran sentido de culpabilidad por el hecho de que el abuelo hubiera muerto de un ataque al corazón porque, irónicamente, la especialidad de mi padre era precisamente la cardiología. Además, mi hermano Sanjiv contrajo una enfermedad de la piel que no parecía tener otro origen que la impresión de los recientes acontecimientos.

Ahora entiendo por qué estaban todos preocupados por el alma de mi abuelo. Nos preguntábamos adónde había ido, nos preocupaba si había sufrido y, en el fondo, nos preguntábamos si una cosa como el alma existía. De una forma u otra yo he podido a duras penas escapar a todas estas preguntas. El alma es el transporte que nos lleva al más allá, es la esencia que nos conecta con Dios, pero ¿qué significan realmente estas palabras?

En los antiguos Vedas se dice que la parte de nosotros que no cree en la muerte nunca muere y esta simple definición del alma no es nada mala, porque describe detallada-

mente la creencia secreta de cada uno de que la muerte
puede ser real para algunos pero no para nosotros. Los psicólogos están impacientes con este sentimiento de inmortalidad personal; dicen que lo utilizamos para defendernos
contra el hecho inevitable de que un día moriremos. Pero
¿qué sucedería si fuera verdad lo contrario? ¿Qué sucedería si sentirnos inmortales y más allá de la muerte fuera
nuestro factor más real?

Para demostrar este punto de una u otra forma, necesitamos hechos, del mismo modo que los necesitamos para
hablar de Dios, porque el alma es tan misteriosa como Dios
y apenas tenemos unos cuantos hechos fidedignos sobre
él. Mi propuesta es que el primer hecho sobre el alma no es
realmente tan personal como la gente cree. El alma no
siente o se mueve, no viaja con nosotros mientras nos movemos por la vida, ni sufre el nacimiento, la decadencia y
la muerte. Esto no es más que una forma de decir que el
alma queda aparte de la experiencia ordinaria, y como no
tiene forma, no es posible tener una imagen mental del
alma.

En lugar de ello, el alma es realmente un punto de
unión entre el tiempo y lo intemporal[1] y se orienta en las
dos direcciones. Cuando yo me siento a mí mismo en el
mundo no estoy sintiendo mi alma, aunque está en algún
lugar cercano y no hay duda alguna de que notamos su
presencia, siquiera vagamente. Pero sería un error pensar
que el alma y la persona son la misma cosa. Mi abuelo era
un anciano con poco pelo, propenso al entusiasmo y con
un tremendo amor por nosotros. Yo guardo grandes recuerdos de él y, sin embargo, todas sus cualidades y todas
mis memorias no tienen nada que ver con su alma. Estas
cualidades murieron con él, pero su alma no. Por lo tanto
el alma es como un portador de la esencia, pero ¿cómo es
esta esencia? Si no puedo experimentar el alma como una
emoción, y si todo lo que sé sobre mí mismo desde mi na-

cimiento está separado de mi alma, ésta no debe ser una cosa material.

En otras palabras, el alma empieza a nivel cuántico, lo cual tiene sentido porque el nivel cuántico es también nuestro portal hacia Dios. Pasar por esta puerta no es algo que podamos elegir: la participación es obligatoria. En la India, el alma tiene dos partes: a una se la llama *Jiva*, lo que corresponde al alma individual haciendo su largo viaje a través de diversas vidas hasta que alcanza la plena realización de Dios. Cuando enseñamos a un niño que si es bueno su alma irá al cielo, estamos hablando de Jiva, que está involucrada en la acción y se ve afectada por nuestros actos buenos y malos, gobierna nuestra conciencia y en ella están plantadas todas las semillas del karma. El tipo de persona que resultamos ser está arraigado en Jiva y el tipo de vida que nos hacemos a nosotros mismos cambiará la Jiva día a día.

La otra mitad del alma, la que se llama *Atman*, no nos acompaña en ningún viaje, es puro espíritu y está hecha de la misma esencia que Dios. El Atman no puede cambiar de ningún modo y nunca llega a Dios porque nunca va en primer lugar. El Atman siempre es constante sin importar lo buena o lo mala que haya sido nuestra vida. En realidad el peor criminal y el más santo de los santos tienen la misma calidad de alma por lo que a este aspecto se refiere. En Occidente no hay ninguna cosa semejante al Atman y muchas personas se preguntan por qué el alma tiene que estar dividida en dos partes.

La respuesta está a nivel virtual, ya que hemos visto que todas las cualidades familiares de la vida, tales como tiempo, espacio, energía y materia, se desvanecen gradualmente en una existencia indefinida hasta que desaparecen. Pero esta desaparición deja algo intacto, que es el espíritu mismo. La Jiva vive a nivel cuántico y el Atman a nivel virtual, por lo que la huella más tenue y más sutil del «yo» que puede ser detectada a nivel cuántico es Jiva, y cuando desaparece, queda el espíritu puro, que es el Atman. Es absolutamente necesario que hagamos la distinción entre ellas ya que, de otra forma, el camino de vuelta a Dios se rompería.

> Necesitamos la Jiva para recordar quiénes somos; necesitamos el Atman para recordarnos a nosotros mismos como espíritu puro.
>
> Necesitamos la Jiva para tener una razón para actuar, pensar, desear y soñar; necesitamos el Atman para alcanzar la paz más allá de la acción.
>
> Necesitamos la Jiva para el viaje a través del tiempo y el espacio; necesitamos el Atman para vivir en lo intemporal.
>
> Necesitamos la Jiva para conservar personalidad e identidad; necesitamos el Atman para ser universales, más allá de la identidad.

Como podemos ver, incluso aunque estén juntos para formar un «alma», estos dos componentes son absolutamente opuestos en muchos aspectos y ésta es la paradoja del alma que se las arregla para adaptarse a nuestro mundo de tiempo, pensamiento y acción mientras vive eternamente en el mundo espiritual. El alma tiene que ser medio humana y medio divina para darnos una forma de retener nuestra identidad durante toda la plegaria, la meditación, la búsqueda y otros trabajos espirituales involucrados en encontrar a Dios y, sin embargo, el alma tiene que tener un aspecto divino que forma la meta de toda búsqueda.

A nivel material yo no soy consciente de mi Atman. Ando, hablo y pienso sin tener conciencia alguna de que mi origen es mucho más profundo, pero a nivel del alma soy totalmente consciente de quién soy. El nivel del alma es un lugar muy extraño, porque origina toda la actividad sin ser activo él mismo. Pensémoslo detenidamente: Mientras yo viajo de un lugar a otro, mi alma no se mueve porque a nivel cuántico el campo sólo se ondula y vibra y no cambia su situación de A a B. Nazco, crezco y muero, y estos acontecimientos tienen una tremenda importancia para mi cuerpo y mi alma, sin embargo, a nivel cuántico, no hay nada que nazca, crezca o muera. Una cosa así no le sucede al viejo fotón. Un aparato de televisión nos ayudará a entender mejor este enigma. Cuando vemos en la televisión a un personaje que camina de la izquierda a la derecha de la pantalla, nuestro cerebro registra una impresión errónea, porque en la pantalla, de hecho, no ha habido nada, ni un simple electrón, que se moviera de izquierda a derecha. Si tomamos una lupa, veremos que la única actividad que tiene lugar es el parpadeo de moléculas de fósforo en la superficie del tubo de rayos catódicos. Si la molécula de fósforo A está a la izquierda de la molécula de fósforo B, su parpadeo puede temporizarse de tal manera que en el momento en que se apague la molécula A se encienda la B. Por este procedimiento se tiene la sensación de que ha habido algo que se ha movido de izquierda a derecha, de la misma manera que las luces centelleantes que se instalan por Navidad parece que se mueven alrededor del árbol.

Apliquémonos ahora el mismo principio a nosotros mismos. Cuando yo me levanto de la silla y ando por la habitación, mi cuerpo parece moverse pero, en realidad, no pasa nada de esto a nivel cuántico. En lugar de ello, hay una serie de partículas virtuales que parpadean y crean la ilusión de movimiento. Esto es un punto tan importante que querría dar algunos ejemplos más. Vayamos a la playa, donde las olas rompen contra la costa. Si nos adentramos en el agua y lanzamos un corcho en ella, los sentidos nos dicen que las olas van a trasladarlo, pero no es así. El corcho se queda en el mismo lugar subiendo y bajando cuando pasan las olas. El agua sólo se mueve arriba y abajo y es siempre la misma agua la que rompe contra la orilla, no se trata de agua nueva venida desde kilómetros de distancia. El movimiento de las olas tiene lugar únicamente a nivel energético, creando la ilusión de que el agua se va acercando a la costa.

Pero los ejemplos se van volviendo más misteriosos. Cuando dos imanes se atraen el uno al otro, lo que los arrastra es el campo magnético, pero el campo magnético no se mueve. Por todo el planeta hay agujas de brújula que se mueven, pero los polos magnéticos de la Tierra no. ¿Cómo puede un campo inmóvil hacer que una aguja o dos trozos pesados de hierro se muevan? De nuevo estamos ante una ilusión porque, a nivel cuántico, los fotones virtuales, actuando de portadores de la fuerza magnética, se encienden y se apagan y, como lo hacen en esta secuencia, se crea la ilusión de movimiento.

Supongamos que podemos aceptar el hecho de que no nos movemos. Para un físico cuántico, nuestros cuerpos solamente son un objeto más. Una pelota que rebota de un lado al otro de una habitación no se mueve, sino que sólo enciende y apaga su existencia a una velocidad increíblemente rápida en diferentes lugares, y nosotros no somos diferentes. Pero aquí el misterio se hace mayor, porque cuando la pelota desaparece durante un nanosegundo para reaparecer inmediatamente al lado, a la derecha o a la izquierda, ¿por qué no se desintegra? Después de todo, ha estado absolutamente ausente durante un determinado lapso de tiempo y no hay razón alguna por la cual su antigua forma, su tamaño y su color no deban simplemente disolverse. La física cuántica puede incluso calcular las probabilidades que hay de que no reaparezca y que, en lugar de una pelota rebotando por la habitación, no aparezca repentinamente un tazón de gelatina rosa. ¿Qué es lo que hace que las cosas sean coherentes?

Si volvemos a la televisión, la respuesta es evidente. Los personajes que cruzan la pantalla son fantasmas, aunque sean organizados. Su imagen está fijada en una película o en una cinta de vídeo y sus movimientos están planeados y calculados. En otras palabras, hay una inteligencia organizadora detrás de la ilusión que evita que los parpadeos de los fotones sean verdaderamente aleatorios; esa inteligencia crea formas a partir de cargas eléctricas sin forma. Además, resulta que no es sólo el movimiento de una imagen de televisión lo que es una ilusión, sino que también lo es el color, la forma, la voz, en caso de que el personaje hable. Sea cual sea la calidad que buscamos, puede descomponerse en pulsos de energía, y estas pulsaciones sólo tienen sentido porque un organizador escondido las ha creado.

Ésta es esencialmente la función del alma; ella mantiene unida la realidad, es la que organiza mi vida desde fuera de la escena, es la inteligencia que me preside. Pienso, hablo, trabajo, amo y sueño porque tengo alma y, sin embargo, el alma no hace ninguna de estas cosas. Soy yo. Nunca reconocería mi alma si nos encontráramos cara a cara. Todo lo que marca la diferencia entre la vida y la muerte debe pasar por este mundo por vía del alma.

Hoy me he sentado para ver si podía hacer una lista de todos los acontecimientos invisibles que suceden a nivel del alma y los resultados inspiran un profundo respeto por el «trabajo del alma», al que la Iglesia medieval llamaba psicomaquia y que se produce cada vez que respiramos:

> Lo infinito se vuelve finito.
> Lo inmóvil empieza a moverse.
> El universo se contrae hasta meterse en un lugar dentro de nosotros.
> La eternidad adquiere apariencia de tiempo.
> Lo incierto se vuelve cierto.
> Aquello que no tiene causa empieza la cadena de causa y efecto.
> La trascendencia baja a la tierra.

Lo divino toma un cuerpo.
Lo aleatorio adopta un modelo.
Lo inmortal pretende haber nacido.
La realidad se pone la máscara de la ilusión.

Nosotros compartimos este trabajo del alma con Dios, que puede definirse de infinitas formas, pero una de sus versiones es que él es un proceso, y este proceso involucra dar vida al ser. La ciencia tiene su propia teoría sobre cómo se originó la vida hace dos mil millones de años a partir de una sopa de productos químicos orgánicos. Esta sopa, contenida probablemente en los antiguos océanos de la Tierra fue alcanzada por un rayo y empezó a hervir en ácidos nucleicos primitivos, a partir de los cuales comenzó la larga cadena de la evolución. Pero desde el punto de vista espiritual, la vida ha sido constantemente creada por el tipo de trabajo del alma que he enumerado más arriba.

En la vida hay algo más que creación pura. El alma, tal y como insisten todas las tradiciones religiosas, existe para poner fin al sufrimiento, cosa que no puede decirse de cualquier otro aspecto de nosotros mismos. La mente, el ego y las emociones causan tanto dolor como placer y pueden arrojarnos al desorden y la confusión a pesar de todos nuestros esfuerzos para alcanzar la claridad y la paz. Al alma se le ha asignado la función especial de trabajar solamente para aquello que es más evolutivo en la vida de cada persona y no podría llevarlo a cabo si convirtiera lo infinito en finito, lo intemporal en temporal, etc., ya que estos procesos no tienen valor humano hasta que le añadimos otro ingrediente, que es la dispersión del sufrimiento.

Una persona que está en armonía con el alma empieza a percibir que actúa una sutil orientación; pero el alma es silenciosa y, por lo tanto, no puede competir con las voces contenciosas que se escuchen en la mente. Podemos pasar años eclipsados por la ira, el miedo, la codicia, la ambición

374 CONOCER A DIOS

y todas las demás distracciones de la vida interior, pero ninguna de estas actividades toca el Atman, porque el alma tiene su propio proyecto en mente, que los Vedas describen en términos de los cinco *kleshas* o causas de sufrimiento humano, que son:

1. Ignorancia de la naturaleza de la realidad.
2. Identificación con el ego.
3. Atracción hacia objetos de deseo.
4. Repulsión de objetos de deseo.
5. Miedo a la muerte.

Todos los grandes sabios y profetas que nos trazaron este esquema resaltaron el hecho de que las cinco causas se reducen a una: la primera. Cuando una persona olvida que tiene un alma y que su origen está enraizado en el Ser eterno, se produce una separación que viene seguida de todos los demás sufrimientos y dolores.

Pero para que estas antiguas aserciones tengan utilidad hoy en día tenemos que actualizarlas y yo pienso que una moderna reformulación sería algo así:

1. Una persona piensa que sólo es real la existencia material, y por lo tanto, se vuelve totalmente ignorante del origen, que es cuántico y virtual, y acepta la ilusión del tiempo y el espacio. Cuando esto sucede se pierde el contacto con el origen y la voz del alma se hace cada vez más débil.
2. Arrastrada a la separación, la persona busca desesperadamente algo a lo que agarrarse porque la vida no puede soportar al Ser sin un fundamento y, por lo tanto, la mente crea una entidad conocida como el ego. Este «yo» es lo mismo que la personalidad y está formado por todo tipo de experiencias y, cuando éstas se vuelven totalmente importantes, el «yo» y sus necesidades tienen que defenderse a toda costa.

3. El ego tiene muchas necesidades y por ello valora el hecho de que sean satisfechas. El mundo entero se vuelve un medio para hacer que el ego sea más fuerte, más importante y se sienta más seguro. Para este fin, atrae hacia sí todo tipo de objetos: comida, refugio, ropa, dinero, etc.

4. Durante cierto tiempo esta estrategia parece funcionar, pero aunque nunca llega a ser verdaderamente segura, el ego siente que la vida puede llenarse adquiriendo más y más. Sin embargo, nadie puede tener un control completo del entorno y, por tanto, el ego tiene que gastar mucho tiempo evitando el dolor y el peligro. Hay muchas cosas muy atractivas, pero otras son igualmente repulsivas.

5. Atrapada en un torbellino de búsqueda de placeres y de evasión del dolor, la persona alcanza muchos objetivos, pasan los años y la separación incluso parece que ha dejado de ser un problema. Sin embargo, hay una fecha tope para todas estas adquisiciones, todo este experimentar por el hecho de experimentar, porque sobre todas las cosas se asoma la certeza de que la vida va a terminar. El miedo a la muerte se vuelve fuente de sufrimiento porque la muerte es el recordatorio innegable de que la estrategia del ego para sobrevivir nunca ha solucionado el problema original, que es la ignorancia de cómo se desarrollan realmente las cosas.

Si es verdad que los cinco *kleshas* todavía tienen vigencia, y ¿quién podría negar que la tienen?, entonces la influencia del alma es crucial, porque cada *klesha* tiene su propia fuerza. Todos sabemos la poderosa adicción del dinero, del poder, de la profesión y las necesidades de todo tipo que tiene el ego. Esas fuerzas han mantenido vivo el sufrimiento a pesar de los enormes cambios en la existencia humana a través de las generaciones, pero el impulso del alma proporciona un medio de resolver todas las causas de dolor:

1. La ignorancia de la realidad se soluciona ahondando más en la mente. La conciencia se sumerge a un nivel más profundo que material para encontrar sus raíces.
2. La identificación con el ego se soluciona aprendiendo a identificarnos con estos niveles más profundos.
3 y 4. La atracción de los objetos externos y la repulsión que nos inspiran se solucionan evaluando la vida interior.
5. El miedo a la muerte se soluciona cuando se experimenta directamente el alma, porque el alma ni ha nacido ni nunca morirá.

Del mismo modo que con las cinco causas de sufrimiento, las cinco soluciones salen de la primera. *Si exploramos la verdadera naturaleza de la realidad, todo el dolor podría terminar.* De una forma u otra, las enseñanzas religiosas afirman esta verdad repetidamente. Puede sonar abstracto, pero es así cómo funciona el alma. Nuestra alma trata con abstracciones como eternidad e infinito para que no tengamos que hacerlo nosotros, convierte un mundo inconcebible en otro mundo que podamos asir y entender. El alma hace posible que nuestra vida se mueva hacia adelante del mismo modo que la transmisión de un coche, que toma el movimiento de rotación del motor y lo transforma en la velocidad de avance que nos lleva a donde queremos ir. La eternidad no necesita respirar y lo infinito no precisa encontrar trabajo, pero nosotros sí necesitamos estas cosas y más: necesitamos comer, trabajar, amar y educar hijos, y todo esto es posible gracias al alma. Sin ella, sólo habría una sopa cuántica, un remolino de energía y partículas sin forma.

Veamos ahora si podemos verificar esta nueva concepción del alma alejándonos de los conceptos tradicionales, pues aunque estemos acostumbrados a utilizar un lenguaje religioso sobre el alma, sus tareas son prácticas, no poéticas. Este hecho ha sido difícil de constatar porque la palabra *alma* se ha usado muy libremente para significar las emociones más profundas de una persona, su corazón, sus más altas aspiraciones, así como conceptos más arcanos como el Espíritu Santo. En la Biblia, donde la palabra *alma* se utiliza cientos de veces, vemos que pasa por todas las luchas de la vida. En el Antiguo Testamento, encontramos muchos avisos sobre el peligro del alma: Satán quiere arrebatarla, los enemigos de Israel quieren destruirla, el hambre y la enfermedad la hacen pesada y siempre hay una excusa, cosa que se oye muy a menudo en los salmos, para que Dios dé bálsamo y solaz al alma. Sin embargo, Jehová es inconstante y vemos cómo traiciona incluso a aquellas almas que se le ofrecen. Recordemos que el Libro de Job empieza con que Dios y el diablo se juegan el alma de un hombre justo «temeroso de Dios y que lucha contra el pecado». Sin otra razón que la de ponerle a prueba, Dios permite a Satán que le inflija todos los daños que desee excepto «tocar su persona». El enfrentamiento de Job con la enfermedad, la pobreza, las desgracias de la familia y el rechazo social describe un tipo de sufrimiento que era familiar a los hebreos y más tarde a los cristianos, y el hecho de que Dios no vuelva a hablar en la Biblia es una posdata ominosa: el alma tiene que arreglárselas para sobrevivir sola a las pruebas.

El Nuevo Testamento continúa el mismo drama pero en relación con la salvación y la redención, porque como Jesús ofrece una promesa explícita de vida eterna, el hecho de ir al cielo es la meta del alma, y escapar a la condena eterna es el mayor reto que ésta tiene. En todo este desorden, se tiene la sensación de que el alma viaja a través de la vida sufriendo todas las ansiedades que sufre la persona, porque no está a distancia ni aparte, sino muy metida en el fango de la batalla diaria. La paradoja es que a través de este entorno tan emotivo ninguno de los escritores bíblicos define nunca lo que es el alma. Si alguien nos dice «Me tocó el alma», «Te lo digo con toda mi alma» o «Esta persona tiene un alma muy grande», no ha dicho nada concreto.

Yo aventuraría que los maestros sagrados, sea cual sea la religión a la que están ligados, querían ser muy concretos. En su conciencia, el alma significaba una cosa mucho más semejante a lo que hemos descrito, es decir, una conexión entre el mundo de los cinco sentidos y un mundo de cosas inconcebibles para nosotros como eternidad, infinidad, omnisciencia, gracia y cualquier otra de las cualidades de lo no manifiesto.

Las parábolas son básicamente historias codificadas que nos hablan del alma y de su función. En otras palabras, toman una abstracción como «lo inmóvil empieza a moverse» o «el inmortal pretende haber nacido» y la expresan en un lenguaje que sea más fácil de entender. Algunas parábolas son tan sencillas que apenas podemos entender su significado espiritual. El ciego que le palpa las patas al elefante dice: «Un elefante es como un árbol»; el que le palpa la trompa dice: «Un elefante es como una serpiente»; el que le palpa la cola dice: «Un elefante es como una cuerda», y así sucesivamente. Originalmente, esta historia tenía relación con los cinco sentidos y con la incapacidad de la mente de comprender la naturaleza de Dios, y la moraleja es que la realidad divina es demasiado vasta para ser comprendida por el pensamiento, la vista, el sonido, el tacto o el gusto. Otras interpretaciones sostienen que los ciegos son ramas de la filosofía védica que, aun con toda su sabiduría especializada, no pueden comprender la totalidad de Brahman, el Uno y el Todo.

Jesús nos explicó treinta y nueve parábolas, que son fáciles de conectar con el alma, debido en gran parte a que él mismo nos daba la moraleja. La primera de todas está en el libro quinto de san Mateo:

Vosotros sois la luz del mundo. No se puede ocultar una ciudad que está en lo alto de una colina. Cuando se enciende una vela, no se pone debajo de un celemín sino en lo alto de un mueble para que alumbre a todos los de la casa. Y vosotros, como la lámpara, debéis arrojar luz sobre todos los hombres, para que cuando vean el bien que hacéis puedan alabar a vuestro Padre que está en los cielos.

A primera vista, esta parábola es tan sencilla que apenas necesita interpretación. La frase «no escondáis la luz debajo del celemín» significa que la virtud debe poder ser vista para que tenga efectos beneficiosos. Pero la palabra *luz* tiene un significado espiritualmente más profundo, en el sentido de la conciencia alerta y, por lo tanto, es también una parábola sobre el alma. Jesús dice que, del mismo modo que la luz se esconde debajo del celemín, el cuerpo esconde al alma, y les dice a sus discípulos que no permitan que esto suceda, les pide que dejen que la conciencia del alma se manifieste. En otras palabras, Jesús les dice: vivid orientados por vuestra alma si esperáis que otras personas crean que estáis conectados con Dios, pues cuando verán que lo estáis, también ellas creerán por sí mismos.

Cualquiera de las otras parábolas famosas, como la del grano de mostaza, o la del hijo pródigo, o la del sirviente que enterraba sus talentos, son igualmente multidimensionales. Podemos considerar a sus actores como aspectos del alma. De hecho, estas historias son tan efectivas y llenas de color que en ellas se pasa por alto el alma tal como sucede en la vida real. Es muy duro darse cuenta de que nuestra procedencia, nuestro origen, no es de este mundo. Yo estoy aquí con todas mis cualidades y la gente que me ve y me oye cree en mi existencia. Sin embargo, a nivel cuántico, donde no hay sonidos, ni imágenes, ni textura, ni color, ni ninguna otra cosa reconocible, mi realidad es frágil como un papel. El alma es el punto de unión entre mi ego virtual y mi ego físico; es la inteligencia organizadora que me mantiene intacto. Esto es un hecho excepcional, debido a que cada átomo de mi cuerpo es un puro espacio vacío con destellos de energía pasando por ellos durante unas millonésimas de segundo.

La realidad se nos aparece furtivamente viniendo de ninguna parte y pillándonos desprevenidos a cada segundo. En un bello aforismo, Tagore, el gran poeta bengalí, nos dice: «La vida es sólo la perpetua sorpresa de que existo.» Es inquietante constatar que ninguna de mis apreciadas cualidades es real y, sin embargo, esto es un hecho. Digamos que me gusta el color azul, soy feliz y valoro mi libertad personal, que son tres cualidades mías muy dispares. Cuando cruzo la ciudad en mi coche, ¿viene conmigo el color azul? Cuando me baño, ¿se me moja la felicidad? Cuando voy a la cama, ¿duerme mi libertad personal?

Este tipo de preguntas son de las que hacían que los sabios antiguos se dieran cuenta de que por fuerza debemos poseer un alma. Hay algo intangible e indefinido en nosotros que sin embargo nace a este mundo como una creación visible y definida. A este aspecto en el *Bhagavad-Gita* se le llama el morador interior y se dice que el fuego no puede quemarlo, el agua no puede mojarlo, el viento no puede moverlo y la espada no puede cortarlo en dos. Debido a toda la poesía de esta expresión, la realidad del alma es innegable ya que, despojada de todas las connotaciones religiosas, la esencia de cada persona no puede ser reducida a materia o a pensamientos o a una cualidad determinada.

Pero si intentamos hacer este razonamiento sin el alma, nos encontramos con un puñado de nada. Para recalcar esto, tengo que volver al concepto de campo. Un imán atrae un hierro porque crea un campo magnético alrededor de sí mismo. Como ya vimos antes, el campo no se mueve y sin embargo el hierro sí. Si ahora intentamos localizar el punto exacto en que el campo inmóvil toca al hierro móvil, ¿dónde estaríamos? La respuesta es que estaríamos en el punto de la incertidumbre, porque un objeto bien definido, un trozo de hierro, está interactuando con una cosa completamente indefinida que es el campo, y ambas cosas se atraen cada vez más. El hierro comienza como una agrupación sólida de materia con peso y movimiento y el campo empieza sin solidez ni movimiento ni ninguna otra cualidad material. Sólo se aproximan y, desde luego, ninguno de los dos está dispuesto a abandonar su esencia. El campo quiere seguir siendo ilimitado, intemporal e indefinido, y el hierro quiere seguir siendo exactamente lo contrario. Inevitablemente se encuentran como desconocidos, saludándose apenas y recelando el uno del otro. Es ésta la famosa región de la incertidumbre definida por Heisenberg, donde el mundo definido se encuentra con el campo indefinido. ¿Qué podemos decir de esto? Sólo que conecta dos mundos diferentes sin vivir en ninguno de ellos.

En este punto de incertidumbre, un fotón puede salir despedido de una estrella y viajar a través del universo y, sin embargo, no hay nada que viaje realmente. Sólo hay una cierta carga que parpadea hacia la existencia, pasa su energía a otra carga y vuelve a desaparecer. Sucede lo mismo que con el truco de la televisión que parece estar poblada de personas vivas, sólo que en este caso no se trata de un truco, sino que es real como cualquier otra cosa. O para decirlo de otra manera, tan irreal como cualquier otra cosa. Hay una historia zen de dos discípulos que miraban cómo se agitaba una bandera con la brisa.

—¿Lo ves? —dijo uno de ellos—. Nadie puede dudar de que la bandera se mueve.

El otro no estaba de acuerdo con él:

—No, es el viento el que se mueve. La bandera no tiene movimiento por sí misma.

Continúan este debate hasta que llega su maestro y les dice:

—Los dos estáis equivocados. Sólo se mueve la conciencia.

Éste es el tipo de cuento que se repite a menudo como respuesta a un enigma zen, pero que nadie entiende, y ahora estamos en disposición de considerar el caso. La bandera significa cualquier objeto material que parece moverse y el viento es el campo o la fuerza invisible que crea el movimiento, pero en la más profunda de las realidades, ninguna de las dos cosas se mueve. Aquí y en todas las cosas, sólo funciona la conciencia, que significa inteligencia.

Es algo muy profundo darse cuenta de que mi verdadero ego no está enraizado en el tiempo o en el espacio. Mi origen es la realidad virtual y mi cuerpo fluye de ella como una onda de luz, pero el origen no va a ninguna parte. Por lo tanto, mi conexión con este origen tampoco va a ninguna parte, por ello el alma forma parte de mí, aunque no sea un componente que mis sentidos puedan detectar. En este caso no hacemos ninguna afirmación religiosa, sino que son sólo los hechos cuánticos. Yo nunca he abandonado mi origen, que está siempre conmigo. El famoso desapego de los grandes sabios proviene del hecho de saber perfectamente bien que no están limitados por ninguna definición fija. Tagore tiene una bella manera de expresarlo:

> *Cuando nací y vi la luz,*
> *no era un desconocido en este mundo,*
> *algo inescrutable, informe y sin palabras*
> *apareció en forma de mi madre.*
> *Por tanto, cuando muera, aparecerá de nuevo el*
> *   [mismo desconocido*
> *conocido mío por siempre...*
>
> *Gitanjali*

La metáfora del nacimiento es totalmente apropiada, porque lo intemporal no se convierte en tiempo y ha nacido algo completamente nuevo. Lo infinito no se encoge simplemente hasta que se vuelve pequeño y manejable —innumerables dimensiones dan nacimiento a sólo tres o cuatro—. Lo que llamamos nuestra alma gobierna este nacimiento, no una sola vez sino miles de veces por segundo. A este concepto yo lo llamo «la génesis constante», porque nunca puede haber una sola génesis, ya que la realidad virtual se lo tragaría todo de nuevo. La supergravedad, como un inmenso agujero negro muy abierto, tiene un apetito insaciable y quiere devorar el tiempo y hacerlo intemporal, y tragarse la materia y la energía para volverlas al estado de fotones virtuales.

¿Por qué, entonces, no devora todo el mundo? Porque la creación insiste en seguir produciéndose constantemente. La vida no puede detenerse, aunque las fuerzas infinitas se unan contra ella. La génesis constante es un proyecto perpetuo que está detrás de todas nuestras acciones. El alma nunca se detiene y, por tanto, intentar ponernos a nosotros mismos en una caja, y definirnos con etiquetas y cualidades hasta ser productos acabados de una vez por todas es tan falso como tratar de poner a Dios en una caja. Las grandes tradiciones espirituales han intentado siempre decírnoslo en todas sus enseñanzas, porque de no ser así olvidaríamos que todo lo que sucede es la constante agitación de la eternidad, de lo infinito y de la inmortalidad.

No hay nada más. Esto solo nos hace reales.

EL ESTADO DE LA UNIÓN

Lo creamos o no, ahora nos encontramos muy cerca del alma. Hemos reducido gradualmente las objeciones científicas hechas a Dios colocándolas fuera del alcance de

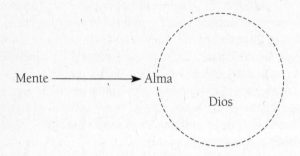

Mente ———————▶ Alma

Dios

toda medida. Esto significa que la experiencia subjetiva de una persona no puede ser puesta en duda, aunque a nivel cuántico la objetividad y la subjetividad se funden la una con la otra. El punto de fusión es el alma; por lo tanto, conocer a Dios se reduce a esto: nuestra mente choca contra una pared cuando intenta pensar sobre el alma, del mismo modo que un fotón cuando se acerca a un agujero negro. El alma se siente cómoda con la incertidumbre, acepta que podemos estar en dos sitios, tiempo y eternidad, simultáneamente, observa cómo trabaja la inteligencia cósmica y no se preocupa por el hecho de que la fuerza creativa esté fuera del universo. Entonces tenemos un sencillo gráfico de la situación:

La mente se va acercando lentamente al alma, que reside en el límite del mundo de Dios, en el horizonte de los acontecimientos. Cuando no hay percepción por parte del espíritu, el espacio de separación es grande, aunque se va haciendo más pequeño a medida que la mente se va imaginando qué es lo que está pasando. Puede darse el caso de que lleguen a acercarse tanto que la mente y el alma no tengan otra opción que fundirse, y cuando esto sucede, es impresionante la similitud que hay con el agujero negro. Para la mente, será como si el caer en el mundo de Dios fuera para siempre, una eternidad en conciencia de éxtasis. Desde el punto de vista de Dios, esta fusión tiene lugar en una fracción de segundo y desde luego, si estamos por completo dentro del mundo de Dios donde el tiempo no tiene significado alguno, entonces resulta que este proceso nunca ha tenido lugar, sino que la mente ha formado parte del alma desde el principio, aunque sin saberlo.

Podríamos pretender con toda la razón que las palabras de Jesús «Pedid y se os dará, llamad a la puerta y se os abrirá» son una ley de hierro. En el mismo instante en que nuestra mente presta atención al alma, es arrastrada hacia ella, con el resultado inevitable de que se cerrará cualquier separación. Subjetivamente, este viaje hacia el alma, que es una expresión más adecuada que viaje del alma, se percibe como las siete fases de las que ya hemos hablado, pero objetivamente el proceso se parece mucho más a una partícula de luz cruzando el horizonte de los acontecimientos.

Es sorprendente el hecho de que nuestras mentes puedan registrar este viaje, porque durante todo el tiempo durante el cual se está produciendo continúa habiendo pensamientos ordinarios y percepción. Dos clientes de un supermercado que estén empujando carritos de compra están haciendo lo mismo a nivel material, pero uno de ellos puede estar experimentando una epifanía. La palabra *éxtasis* deriva del griego y significa estar aparte o fuera, y éste es el papel de la segunda atención: quedar fuera de la vida material y ser testigo del amanecer del éxtasis. Si contemplamos el alma como un tipo de campo de fuerza que va tirando firmemente de la mente hacia sí, cada una de las siete fases puede ser descrita como la que cierra el espacio de la separación:

Fase uno:	*Estoy tan separado que siento un gran temor.*
Fase dos:	*No me siento tan separado y crece en mí un sentimiento de poder.*
Fase tres:	*Algo más grande que yo me atrae cada vez más y me siento mucho más en paz.*

Fase cuatro: *Empiezo a intuir qué es esto tan grande: puede ser Dios.*

Fase cinco: *Mis acciones y pensamientos atraen el campo de fuerza de Dios como si ambos estuviéramos involucrados en todo.*

Fase seis: *Dios y yo estamos ahora casi juntos. No siento separación alguna, mi mente es la mente de Dios.*

Fase siete: *No veo diferencia entre Dios y yo.*

En la antigua India, el hecho de cerrar esta abertura se describía como *yoga* o unión (la misma raíz sánscrita que nos daba el verbo «unir»). Como los sabios indios tuvieron miles de años para analizarlo, todo este proceso de unirse al alma se convirtió en una ciencia. El yoga precede al hinduismo, que es una religión particular. En sus inicios, se pretendía que las prácticas de yoga fueran universales. Los sabios antiguos tenían a su disposición el poder de testimoniar su propia evolución espiritual, que se reducía a observar el acercamiento de la mente al alma. Lo que descubrieron puede detallarse en los puntos siguientes:

- *La evolución tiene lugar en el interior.* No es una cuestión de peregrinación, observancia u obediencia de las normas religiosas, y no hay códigos que puedan alterar el hecho de que cada mente está efectuando un viaje del alma.
- *La evolución es automática.* Desde un punto de vista absoluto, el alma siempre tira de nosotros y no podemos escapar a su campo de fuerza.
- *Hace falta la atención de la persona.* Como el viaje al alma solamente tiene lugar en estado de conciencia, si bloqueamos nuestra conciencia, impedimos nuestro progreso, pero si estamos atentos, creamos un impulso.
- *La meta final es inevitable.* Nadie puede resistir al alma siempre. Los santos y los pecadores están en el mismo camino.

- *Es mejor cooperar que resistir.* El alma es la fuerza de la verdad y del amor. Si intentamos evitar el alma, la verdad y el amor no van a crecer en nuestra vida; pero si cooperamos, nuestra vida se organizará con la ayuda de la fuerza y de la inteligencia infinitas que fluyen de Dios.
- *Las acciones externas se tienen en cuenta.* La acción es un proceso físico relacionado con la mente y ambas cosas no pueden separarse, por lo que aunque éste sea un viaje de la mente, la actividad externa o la ayuda o la desvirtúa.

Ninguna de estas afirmaciones es sorprendente (o especialmente india). El hecho de que más tarde se identificara el yoga con prácticas extremadamente esotéricas es puramente secundario. El yoga no es ni más ni menos objetivo que nuestro modelo cuántico, porque empezó como una forma neutral de describir la realidad del despertar espiritual; en ambos casos nos preocupamos por la forma en que se altera la realidad ordinaria a medida que nos vamos acercando al horizonte de los acontecimientos. Para aquellos que todavía no lo saben, éste podría ser un buen momento para mencionar que los ejercicios físicos reunidos bajo el nombre de hatha yoga constituyen una ínfima parte de un inmenso todo de comprensión y que no son necesarios para el viaje espiritual, aunque son muy útiles para aquellos que se sienten atraídos en esta dirección.

Si aceptamos que la descripción del yoga es exacta, entonces podemos filtrar a través de él cualquier aspecto de la vida. Tomaré el aspecto de la identidad y lo contemplaré en términos de la separación inicial que se convierte gradualmente en el estado de la unión:

IDENTIDAD

Fase uno: *Soy pequeño e insignificante, y estoy entretejido en la inmensidad de la naturaleza. Espero poder sobrevivir.*

Fase dos: *Puedo hacer algo más que sobrevivir; puedo competir y satisfacer más mis necesidades.*

Fase tres: *Mi interior está en paz y mi mundo interior empieza a satisfacerme más que las cosas externas.*

Fase cuatro: *Soy autosuficiente. Las cosas no suceden del modo que yo quiero, pero ya no me afecta.*

Fase cinco: *He descubierto cómo manifestar mis deseos desde el interior y resulta que mi mundo interior tiene poder.*

Fase seis: *Estoy en el centro de un inmenso esquema de poder e inteligencia que emana de Dios.*

Fase siete: *Existo.*

Podemos trazar muy exactamente el crecimiento espiritual de una persona sólo a partir de esta escala, porque el ego se mueve desde un estado de aislamiento e impotencia a una realización que puede tener fuerza, y busca de dónde le viene esta fuerza. En primer lugar decide que tiene que venir del exterior, en forma de dinero y de estatus, pero con el tiempo se da cuenta de que el origen de la fuerza es interno. A medida que transcurre el tiempo, se disuelve la diferencia entre la fuerza interior y la exterior y se percibe toda la realidad como proveniente de un origen común que somos nosotros mismos. Veamos otro punto, el de la fe:

FE

Fase uno: *La fe es un asunto de supervivencia. Si no ruego a Dios, éste puede destruirme.*

Fase dos: *Empiezo a tener fe en mí mismo. Ruego a Dios para que me ayude a obtener lo que quiero.*

Fase tres: *La fe me da la paz. Ruego para que no haya desorden ni angustia en la vida.*

Fase cuatro: *Tengo fe en que el conocimiento interior me sostendrá. Ruego para tener más percepciones de los caminos de Dios.*

Fase cinco: *La fe me dice que Dios me apoyará en todos mis deseos. Ruego para ser merecedor de su fe en mí.*

Fase seis: *La fe mueve montañas. Ruego para ser el instrumento de Dios en las transformaciones.*

Fase siete: *La fe se funde en el ser universal. Cuando ruego, descubro que me ruego a mí mismo.*

Démonos cuenta de lo sorprendentemente distinta que es la misma palabra en cada una de las fases. Cuando la gente dice que tiene fe o que cree en la plegaria, no podemos estar seguros de lo que quiere decir si no entendemos nada más. Ésta ha sido la razón por la cual existe tal divergencia de opiniones sobre si Dios escucha las oraciones y las atiende, porque en términos relativos todo depende de nuestro nivel de conciencia. A niveles inferiores, los pensamientos que se esconden detrás de la plegaria pueden ser demasiado difusos para crear un resultado. Como se cierra la separación, también disminuye el espacio entre la oración y el resultado, por lo que se da respuesta a todas las plegarias. A nivel de los milagros, la plegaria tiene el poder de alterar los acontecimientos exteriores. Finalmente, en el estado de la conciencia unitaria, no hay necesidad de orar, porque cada uno de nuestros pensamientos viene del alma y, por lo tanto, no haríamos otra cosa que rezarnos a nosotros mismos.

Un límite es lo mismo que un horizonte. Si intentamos andar alrededor del mundo, el horizonte es el límite más lejano que tenemos a la vista y, sin embargo, va avanzando por delante de nosotros a medida que nos vamos moviendo. El equivalente espiritual está expresado de forma muy elocuente en unos versos del monje místico católico Thomas Merton:

El Señor viaja en todas direcciones al mismo tiempo.
El Señor llega de todas partes al mismo tiempo.

Dondequiera que estemos, descubrimos que él acaba de partir.
Dondequiera que vayamos, descubrimos que él ha llegado antes que nosotros.

En términos literales, estos versos afirman dos cosas. Una que ya sabemos: Dios es difícil de encontrar porque existe en el terreno de la incertidumbre, donde el tiempo y el espacio no son fijos. La otra es que a Dios se le percibe siempre dentro de unos límites. Solamente tenemos una idea limitada de él y esta idea limitada va desplazándose. No hay cura para esta percepción errónea hasta la fase final de la unidad; hasta entonces el espacio de separación hace que la mente piense que conoce a Dios cuando de hecho sólo tiene de él un conocimiento parcial. Veamos de forma resumida cuáles son los horizontes que limitan nuestra visión:

Fase uno: Horizonte de miedo

Cubro mis necesidades y tengo cuidado de mí mismo, pero cuando estoy ansioso, me siento perdido. Sólo Dios sabe por qué suceden cosas negativas en este mundo.

Limitado por la ansiedad, la inseguridad y la dependencia.

Fase dos: Horizonte de control

Ejerzo el poder y me gusta la competencia como forma de satisfacer mis ambiciones, pero cuando las cosas escapan a mi control me siento totalmente frustrado. Sólo Dios sabe por qué las cosas no se desarrollan de la forma que yo lo había previsto.

Limitado por la culpabilidad, las obligaciones y la victimización.

Fase tres: Horizonte de fatalismo

Estoy en paz conmigo mismo y sé qué es lo que está sucediendo en mi interior, pero me descentro cuando ya nada tiene sentido. Sólo Dios sabe por qué el destino puede ser tan cruel y caprichoso.

Limitado por el karma, la introversión y la falta de poder.

Fase cuatro: Horizonte de autodecepción

Navego por el mundo con mucha más intuición y percepción que la mayoría de las personas, pero algunas veces puede engañarme mi voz interior. Sólo Dios sabe por qué mi intuición me decepciona cuando más la necesito.

Limitado por los secretos ocultos, condicionantes pasados y necesidades del ego.

Fase cinco: Horizonte de la fantasía

Mi mundo interior es rico en nuevos descubrimientos y tengo conciencia suficiente para ver cómo se hacen realidad mis pensamientos, pero alguno de mis deseos más íntimos está en el nivel de las fantasías inalcanzables. Sólo Dios sabe por qué sucede esto.

Limitado por la autoabsorción, la grandiosidad y la representación del papel de Dios.

Fase seis: Horizonte de la identidad

Toda mi vida está dedicada al servicio y puedo ser desinteresado de cara a las exigencias de los demás, pero algunas veces el sufrimiento de la humanidad hace que quiera escapar de este mundo. Sólo Dios sabe por qué no puedo perderme siempre en él.

Limitado por el pensamiento, el ego personal y restos de antiguos condicionamientos.

Fase siete: El infinito. No hay horizonte

No veo diferencia alguna entre mi mente y la mente en todas las cosas. Mi identidad es una con todo el mundo. Sólo Dios sabe que estoy fundido con él en todas las dimensiones y constantemente.

Sin límites.

Éste es quizá el gráfico más explícito de todos, porque lo identificamos completamente con nuestros límites. Sin embargo, el horizonte es fluido y cada fase rompe los límites de la fase anterior. Para alguien que esté en la fase dos, donde la culpa nos sirve para evitar que el ego enloquezca a causa del poder, la ausencia de culpa no parece posible. Un signo seguro de que la fase tres está surgiendo sería que una persona próspera encontrase la misericordia real, que es la señal de dicha fase, donde aquellos que llegan han llevado sus proyecciones de Dios un poco más allá.

La sociedad tiende a agruparse, las personas buscan a sus semejantes. En una reunión de psiquiatras, todos creen en la percepción; en una reunión de empresarios, todos creen en el éxito. Todo esto hace que sea difícil aceptar que los valores de Dios son diferentes de éstos. Todos conocemos matrimonios en los que ambos cónyuges están seguros de que el mundo es de una forma determinada, ya sea peligroso, inseguro, abundante, benigno o bendecido. ¿Es esto una forma de decepción organizada? Sí y no. Aunque nuestros límites nos definen, esto no debería tomarse como un factor negativo; cada fase de crecimiento interior nos permite tener la oportunidad de ver las cosas que cuestan de ver. La proyección es inevitable y muy poderosa.

Los límites de las creencias son verdaderos horizontes de los acontecimientos, porque la mente no puede traspasarlos, incluso aunque para alguien de fuera no existan tales límites. Un cristiano fundamentalista puede ser incapaz de concebir el divorcio sin el convencimiento de que será arrojado fuera de la gracia de Dios, del mismo modo que para un judío ortodoxo sería inconcebible quebrantar las leyes *kosher*, o para un musulmán permitir que su mujer salga de casa sin cubrirse la cara. Una interpretación de Cristo de la fase uno que refleje miedo se centraría en las veces que el Hijo de Dios avisa de que los pecadores «serán arrojados a las tinieblas exteriores donde todo será llanto y crujir de dientes». Una interpretación de Alá de la fase uno se centraría en la promesa del Corán de que un solo pecado contra la ley de Dios es suficiente para merecer la condena eterna.

Estas creencias desafían la razón, y ésta es su finalidad porque las religiones han temido siempre el fin de la fe. (Recientemente, algunas sectas protestantes han intentado eliminar cualquier referencia que se haga en la liturgia del pecado original y de las imperfecciones humanas, pero han fracasado, incluso entre los teólogos más liberales. El argumento definitivo fue que solamente Dios es perfecto y que nosotros no debemos olvidarlo nunca.) La obediencia es lo que mantiene unido el mundo religioso y hace posible la redención. Para que Dios tenga su lugar, los seres humanos tienen que saber cuál es el suyo.

En cada fase, el punto esencial es el mismo: creemos que Dios nos retiene por alguna razón y, mientras estemos en esa fase, lucharemos por saber cuál es la razón, lo cual forma parte de la esencia de nuestro drama personal. En la realidad estamos proyectando todos nuestros límites, y esto es evidente cuando vemos que otras personas tienen límites totalmente distintos de los nuestros.

El final de la separación está predestinado y puede que ya no haya necesidad de tener límites. El horizonte de los acontecimientos se lleva tan lejos como vaya la mente y, después de esto, Dios tiene que encargarse de todo. La palabra *místico* se usa descuidadamente para describir muchas cosas distintas, pero yo diría que en cada fase del crecimiento interno, sea lo que sea lo que está fuera de nuestros límites, para nosotros es místico. Así, los isleños de Trobrian, en el Pacífico, cuando los aviones aliados dejaron caer suministros desde el cielo durante la Segunda Guerra Mundial, como eran incapaces de comprender lo que es un aeroplano, construyeron efigies de paja de los aviones y rezaron para que volvieran. Lo que para nosotros era tecnología ordinaria, para ellos iba más allá del horizonte de los acontecimientos.

Incluso aunque estemos estancados en unas creencias fijas, siempre existirá la posibilidad de cerrar el espacio de separación, ya que cada mañana tenemos una nueva oportunidad de conocer a Dios, con un punto de partida que podría ser el del miedo y la culpa, o quizá también el de la conciencia expandida; pero todo esto es relativo. Según nuestras tres maneras de encontrar a Dios, nadie está atrapado de forma permanente sin esperanza de escapar:

1. Siempre podemos cruzar el horizonte hacia una nueva realidad.
2. Hay pistas para decirnos cómo debemos crecer.
3. La segunda atención nos permite leer estas pistas.

En este aspecto, el santo es igual que el pecador, porque ambos son guiados por Dios a través del espacio de separación.

EL PODER DE LA INTENCIÓN

El propósito de la espiritualidad es aprender a cooperar con Dios, aunque la mayoría de nosotros hemos sido educados para hacer lo contrario. Nuestras habilidades y capacidades son fruto de la primera atención y no de la segunda. Como resultado de ello, nuestros problemas tienden a centrarse en las fases más bajas, en las que el miedo y la necesidad pasan factura, por mucho que lo neguemos. En estas primeras fases el ego hace valer sus necesidades con una gran fuerza, y el dinero, la seguridad, el sexo y el poder hacen sus grandes proposiciones a cada uno de los miembros de la sociedad. Es importante que nos demos cuenta de que Dios no nos juzga por estas cosas; cuando las personas tienen la sensación de que deben su éxito a Dios, tienen razón. Cuando las malas acciones quedan sin castigo y se ignoran las obras de Dios, éste sonríe. Sólo hay una realidad, que es espiritual; no hay nada fuera de la mente de Dios, y con cada uno de nuestros pensamientos bebemos de la fuente de la creatividad y la inteligencia.

¿Qué es, pues, lo que hace que la vida sea espiritual?

La diferencia es enteramente de intención. Al principio de este libro dije que podríamos seguir a dos personas con una cámara desde su nacimiento hasta su muerte, y no veríamos ningún signo externo que nos mostrara cuál es la que cree en Dios. Este hecho sigue siendo cierto, y a menos que estemos reclusos o ingresemos en un monasterio, nuestro papel social es irrelevante en relación con lo espirituales que seamos, porque todo depende de la intención. Si una persona utiliza palabras amables pero se propone hacernos un desprecio, es la intención lo que cuenta y el regalo más caro no puede sustituir la falta de amor. Todos nosotros sabemos instintivamente cuándo las intenciones vienen de un lugar honesto o de otro decepcionante.

En la vida espiritual, la intención contiene deseo y finalidad, aspiración y una alta visión. Si dirigimos nuestras intenciones hacia Dios, el espíritu crece, y si dirigimos nuestra intención hacia la existencia material, es eso lo que crecerá en su lugar. Una vez que hemos plantado la semilla de una intención, el viaje de nuestra alma se desvela automáticamente. Veamos ahora cuáles son las intencio-

396 CONOCER A DIOS

nes básicas que marcan una vida espiritual, manifestadas en relación con lo que una persona desea lograr:

- *Quiero sentir la presencia de Dios.* Esta intención está arraigada en el malestar de estar aislado y separado. Cuando Dios está ausente, no podemos escapar al fundamental sentimiento de soledad. Podemos enmascararlo desarrollando amistades y lazos familiares, pero en definitiva cada uno de nosotros necesita sentir una plenitud y paz interiores. Queremos estar satisfechos con nosotros mismos, sin importar si estamos solos o en medio de una multitud.

- *Quiero que Dios me ayude y me apoye.* La presencia de Dios trae consigo las cualidades del espíritu. En su origen, todas las cualidades —amor, inteligencia, verdad, capacidad organizativa, creatividad— se hacen infinitas. El crecimiento de estos aspectos de nuestra vida es un signo de que nos estamos acercando más a nuestra alma.

- *Quiero sentirme conectado al todo.* El viaje del alma lleva a una persona desde un estado fragmentario a un estado de plenitud, y esto se experimenta estando más conectado. Los acontecimientos que transcurren a nuestro alrededor empiezan a tejerse en modelos y los pequeños detalles se adaptan entre sí en lugar de estar esparcidos de forma aleatoria.

- *Quiero que mi vida tenga sentido.* La existencia se siente vacía vivida de forma separada, y esto sólo se cura moviéndonos hacia la unidad con Dios. En lugar de volvernos hacia el exterior para encontrar nuestro objetivo, tenemos la sensación de que el mero hecho de estar aquí, tal y como somos, satisface el más elevado objetivo en la creación.

- *Quiero estar libre de restricciones.* La libertad interior está muy comprometida cuando hay miedo, y el miedo es un resultado natural de la separación. Cuando nos vamos acercando al alma, los antiguos límites y defensas empiezan a fundirse, y en lugar de ser cautelosos con el futuro, fluimos con el río de la vida, esperando el día en que no habrá límites de ningún tipo que nos retengan.

Si estas intenciones básicas están presentes en nuestro interior, Dios se hace cargo de la responsabilidad de llevárselas. Cualquier otra cosa que hagamos es secundaria. Una persona que esté atenazada por el miedo, por ejemplo, no puede ir más allá de la fase uno, a pesar de sus buenas acciones, de tener una vida doméstica segura y de pensar de forma positiva. Todos nosotros procuramos enmascarar nuestras limitaciones con falsas actitudes, porque es inherente a la naturaleza humana el intentar aparentar que somos mejores de lo que somos en realidad, especialmente ante nuestros propios ojos. Pero una vez que hemos establecido nuestra dirección de forma correcta, la autodecepción deja de tener importancia. Tendremos, no obstante, que enfrentarnos todavía a las necesidades de nuestro ego y continuaremos dando forma práctica a nuestros dramas personales. Esta actividad tiene lugar en la fase de la primera atención; entre bastidores, el espíritu tiene sus propios dispositivos y nuestras intenciones son como un anteproyecto entregado a Dios, que él concluye a su manera. Algunas veces utiliza un milagro; otras sólo se ocupa de que no perdamos el avión, pero el hecho de que pueda suceder cualquier cosa es lo bello y lo sorprendente de la vida espiritual.

Curiosamente, las personas que se sienten extremadamente poderosas y afortunadas ven a menudo las peores intenciones en el movimiento, por lo que a su crecimiento espiritual se refiere. Veamos algunas intenciones típicas que no tienen nada que ver con encontrar a Dios:

Quiero ganar.
Quiero probarme a mí mismo asumiendo riesgos.
Quiero tener poder sobre los demás.
Quiero ser yo quien haga las normas.
Quiero tener el control.
Quiero hacerlo todo a mi manera.

Estas intenciones deberían sernos familiares porque están repetidas hasta la saciedad en la imaginería popular, la publicidad y los medios de comunicación, los cuales se centran en las necesidades del ego. Mientras nuestras intenciones sean fruto de este nivel, nuestra vida seguirá estos ejemplos. Éste es el sino de vivir en un universo que es un espejo, en el que nos encontramos con cientos de personas que se equivocan en sus propias intenciones porque sus egos se han hecho cargo por completo del control. Algunas de las figuras más poderosas en el mundo son muy cándidas espiritualmente. Si se dejan las intenciones para el ego se pueden lograr grandes cosas, pero aún son minúsculas comparadas con lo que puede conseguirse con la inteligencia infinita y organizando la fuerza que está a nuestra disposición.

Como Dios se halla del lado de la abundancia, es una desgracia que la vida espiritual se haya ganado la reputación de ser pobre, reclusiva y ascética. Dios es también favorable a aumentar la felicidad, sin embargo, la sombra del martirio ha caído sobre la espiritualidad con resultados calamitosos. En general, ser espiritual en estos tiempos, y mucho más que en el pasado, significa ir por libre, y en una sociedad con concepciones erróneas de Dios y sin tradición de maestros, somos responsables de fijarnos nuestras propias intenciones.

Veamos las normas básicas que para mí personalmente se han mostrado efectivas y que pienso que podrán ir bien a muchas personas:

1. **Conoce tus intenciones.** Repasemos la anterior lista de intenciones espirituales y asegurémonos de que entendemos lo importantes que son. Nuestro destino es movernos en la dirección de nuestra alma, pero el combustible que hace moverse al destino es la intención. Procuremos nosotros mismos que el espacio de separa-

ción se vaya cerrando un poco más cada día y no dejemos que nuestras falsas intenciones sigan enmascaradas; debemos desarraigarlas y trabajar para anular la cólera y el miedo que nos mantienen atados a ellas. Las falsas intenciones toman la forma de deseos culpables: quiero que tal persona fracase, quiero resarcirme de algo, quiero ver castigadas a las malas personas, quiero llevarme algo que no me pertenece. Las falsas intenciones pueden ser elusivas y nos daremos cuenta de su existencia por la sensación que sentiremos al estar conectados con ellas, una sensación de miedo, codicia, rabia, desesperanza y debilidad. Sintamos primero la sensación, rechacemos el aprovisionarnos en ella y luego sigamos alerta hasta que encontremos la intención que se esconde debajo.

2. **Pongamos nuestras intenciones a un nivel muy alto.** Pongámonos por meta ser santos o hacer milagros, ¿por qué no? Las leyes de la naturaleza sirven para todo el mundo. Si sabemos que la meta del crecimiento interior es adquirir la maestría, pidamos entonces esta maestría tan pronto como sea posible, y una vez que la tengamos, no nos esforcemos en hacer maravillas, pero tampoco nos neguemos el hacerlas. El principio de la maestría es la visión, miremos los milagros que se producen a nuestro alrededor y con esto haremos más fácil que se produzcan los grandes milagros.

3. **Veámonos nosotros mismos en la luz.** El ego sigue arrastrándonos y haciéndonos sentir necesitados y sin fuerza. De este sentimiento de carencia nace la avidez enorme de adquirir todo lo que tenemos a la vista: dinero, poder, sexo y placer, creyendo que colmarán nuestro vacío, pero no lo hacen. Podemos escapar a esta ilusión si nos vemos a nosotros mismos no como si estuviéramos en la sombra luchando por acercarnos a Dios, sino como si estuviéramos en la luz desde el pri-

mer momento. La única diferencia entre nosotros y un santo es que nuestra luz es pequeña y la de un santo es grande. Esta diferencia palidece en comparación con la similitud, que es que el santo y nosotros somos de la luz. La ironía de las experiencias de muerte aparente es que, cuando las personas vuelven de ella, refieren lo arrebatadamente que se sintieron bañados por una luz cegadora, y pasan por alto que la luz estaba allí desde el principio y que es el ego.

4. **Ver a todos los demás en la luz.** La forma más ordinaria de sentirnos bien nosotros mismos es sintiéndonos superiores a los demás. De esta oscura semilla nace todo tipo de juicios, por lo que es vital no emitir juicios sobre los demás. Para plantar esta semilla, tenemos que procurar no dividir a los demás en categorías de buenos y malos, ya que todos vivimos en la misma luz. Para entender esto, una simple fórmula bastará: cuando estemos tentados de juzgar a otra persona, sin importar si es evidente que lo merezca o no, recordémonos a nosotros mismos que todos hacemos las cosas lo mejor que podemos desde nuestro propio nivel de conciencia.

5. **Reforzar cada día nuestras intenciones.** Vistos desde la superficie, los obstáculos que surgen contra el espíritu son enormes, porque la vida diaria es como un caos arremolinado y el ego se atrinchera en sus pretensiones. No podemos fiarnos de una buena intención para seguir hacia adelante, hace falta una disciplina que nos recuerde día tras día nuestra propia meta espiritual. A algunas personas les va bien anotar sus intenciones; a otras les ayuda dedicar tiempo a la meditación y la plegaria. No va bien ir repitiéndonos nuestras intenciones sobre la marcha. Debemos encontrar nuestro punto de equilibrio, mirarnos atentamente a nosotros mismos y no dejar salir nuestras intenciones hasta que estén centradas en nuestro interior.

6. **Aprendamos a perdonarnos a nosotros mismos.** El ego tiene una forma de cooptar al espíritu y pretender que todo va bien. Por ello todos nosotros caemos en las trampas del egoísmo y del engaño cuando menos lo esperamos, como con el comentario ocasional que hiere a alguien, con la mentira descuidada o con la necesidad irresistible de engañar, que son todo cosas universales. Perdonémonos a nosotros mismos por estar donde estamos. Ser honestamente una criatura de la fase dos, movida por la ambición y obsesionada por la culpabilidad, es más espiritual que pretender ser un santo. Apliquémonos a nosotros mismos la misma medida que a los demás: estamos haciendo las cosas lo mejor que podemos desde nuestro propio nivel de conciencia. Aquí querría recordar la definición que dio un maestro del discípulo perfecto: «Es aquel que está siempre tropezando pero nunca cae.»

7. **Aprendamos a dejar ir.** La paradoja de ser espiritual es que siempre estamos equivocados y tenemos razón al mismo tiempo. Tenemos razón en intentar conocer a Dios de todas las maneras que podamos, pero estamos equivocados al pensar que las cosas no cambiarán mañana, porque la vida es cambio, y debemos estar preparados para dejar ir nuestras creencias, pensamientos y acciones actuales sin importar lo espirituales que nos hagan sentir, porque cada fase del crecimiento interior es una buena vida y cada una está alimentada por Dios. Sólo nuestra segunda atención sabrá cuándo es el momento de dar un paso hacia adelante y cuando lo sepamos, no debemos dudar en dejar ir el pasado.

8. **Reverenciemos las cosas sagradas.** Nuestra sociedad nos enseña a ser escépticos para con lo sagrado y la actitud normal frente a los milagros es de una confusa cautela, porque pocas personas dedican tiempo a ahondar en la gran riqueza de las Escrituras. Pero todos los

santos son nuestro futuro y todos los maestros se giran para mirarnos esperando que les sigamos. Los representantes humanos de Dios constituyen un tesoro infinito y sumergirnos en él nos ayudará a abrir nuestro corazón. En el momento en que nuestra alma quiera florecer, las palabras de un santo o de un sabio pueden ser el fertilizante más adecuado.

9. **Dejemos que Dios tome el control.** Una vez que todo está dicho y hecho, o bien el espíritu tiene poder o no lo tiene, y si sólo hay una realidad, nada de lo que está en el mundo material permanece fuera de Dios. Esto significa que si queremos alguna cosa, el espíritu nos la dará. Decidir cuál es la parte que tenemos que hacer nosotros y qué parte hará Dios es delicado porque cambia de una fase a la otra. Tenemos que conocernos a nosotros mismos en este aspecto porque nadie nos dirá qué es lo que tenemos que hacer. La mayoría de las personas son adictas a las preocupaciones, al control, al exceso de manejos y a la falta de fe. En el día a día resistamos las tentaciones a seguir estas tendencias y no escuchemos las voces que nos dicen que tenemos que mandar, que las cosas no van a resolverse, que una vigilancia constante es la única forma de hacer que algo se haga. Esta voz tiene razón porque la escuchamos demasiado, pero dejará de tenerla si dejamos que el espíritu pruebe una nueva forma de ver las cosas; tengamos la voluntad de experimentar porque nuestra intención es la herramienta más poderosa de que disponemos. Propongámonos que todo va a resolverse como debiera y luego dejémoslo ir; veremos que si las señales vienen por sí solas, dejemos que las oportunidades vengan con nosotros. Lo profundo de nuestra inteligencia sabe mucho mejor que nosotros mismos qué es lo mejor para nosotros. Pongamos, pues, atención a si esta voz nos habla, porque quizá el resultado que estamos intentan-

do forzar no es en el fondo tan bueno para nosotros como el resultado que viene por sí solo de forma natural. Si cada día dedicáramos a Dios un uno por ciento de nuestra vida, al cabo de tres meses seríamos la persona más iluminada del mundo. No olvidemos esto y renunciemos cada día a algo, a cualquier cosa.

10. **Aceptemos lo desconocido.** No somos quienes pensamos ser. Desde el nacimiento, nuestra identidad ha dependido de una experiencia muy limitada; con el paso de los años, hemos determinado nuestras preferencias y aversiones y hemos aprendido a aceptar ciertos límites; la multitud de objetos adquiridos con el tiempo sirve para darnos una frágil sensación de realización. Pero nada de esto es nuestro yo real y, sin embargo, nadie puede sustituir de forma instantánea lo real por lo falso porque hay que pasar un proceso de descubrimiento. Tenemos que dejar que la parte desenvuelta del alma se sitúe de acuerdo con su propio ritmo y a su aire, porque es doloroso ir deshojando tantas capas de ilusión. En general, nuestra actitud debe ser que nos está esperando lo desconocido, que no tiene nada que ver con el «yo» que ya conocemos. Algunas personas no llegan al filo de la ilusión hasta el momento de su muerte y luego, con una larga mirada hacia atrás, la vida les parece increíblemente corta y pasajera.

Hacia 1890, un jefe indio pie negro llamado Isapwo Muksika Crowfoot murmuró estas palabras al oído de un padre misionero cuando estaba a punto de morir:

> *¿Qué es la vida?*
> *Es el destello de una luciérnaga por la noche,*
> *es el aliento de un búfalo en invierno,*
> *es la pequeña sombra que va pasando por la hierba,*
> *y se pierde en el ocaso.*

La parte de nosotros que ya conocemos es la que lo envía todo hacia afuera en un parpadeo demasiado rápido, pero es mucho mejor sujetar este tiempo y hacernos intemporales y cuando sintamos un nuevo impulso, un pensamiento edificante, una percepción sobre la que nunca habíamos actuado anteriormente, entonces aceptemos lo desconocido y cuidémoslo tan tiernamente como a un niño recién nacido, porque lo desconocido es la única cosa que se preocupa verdaderamente por el destino de nuestra alma y, por lo tanto, sería bueno reverenciarlo del mismo modo que lo hacemos con las cosas sagradas. Dios vive en lo desconocido y cuando podamos aceptar esto plenamente, ya no necesitaremos de otro hogar que él.

Notas finales
para una lectura
posterior

Para escribir este libro he tomado material de tres grandes áreas: la religión, la física cuántica y la neurociencia, cada una de ellas con sus propios misterios y complejidad. A medida que las iba entretejiendo, me daba cuenta de que quedaban abiertas muchas nuevas puertas. Las notas siguientes pretenden ser una guía para aquellos lectores que deseen aventurarse por alguna de esas puertas. Me he permitido favorecer las lecturas imaginativas con el convencimiento de que hay más aventura en la especulación que en el pensamiento convencional. Pero tengo también la sensación de que lo que hoy es especulación será un conocimiento aceptado el día de mañana, por lo que invito al lector a que comparta conmigo este convencimiento.

Un pensador que me ha inspirado sobre todo a escribir este libro ha sido el famoso neurocientífico holandés Herms Romijn, que nos ha ofrecido una magnífica síntesis del pensamiento espiritual y científico en su largo artículo «Sobre los orígenes de la conciencia: Una nueva perspectiva multidisciplinaria sobre las relaciones entre el cerebro y mente». En este notable trabajo, Romijn argumenta que los modelos convencionales del cerebro están lejos de explicar

406 CONOCER A DIOS

las operaciones básicas de la mente, especialmente la memoria. Después de contrastar las teorías más avanzadas sobre la mente, Romijn propone una combinación de teoría cuántica y antiguo vedanta que, juntas, son la única forma de concebir una mente universal que sirve de origen para nuestros propios pensamientos. Con una profunda gratitud hacia él por sus avanzadas especulaciones, debo también resaltar que Romijn no hace ningún tipo de argumentación religiosa y que la ampliación de sus ideas hasta el campo de Dios me pertenece.

1. UN DIOS REAL Y ÚTIL

1. En el libro de Jonathan Robinson *Puentes hacia el cielo* podemos encontrar muchas respuestas a la pregunta «¿Qué se siente experimentando a Dios?». Todas las respuestas han sido facilitadas por escritores y profesores espirituales.

2. El principio de la «física espiritual» es complejo y, como la teoría cuántica ha ido ampliándose ahora hasta por lo menos cuarenta interpretaciones diferentes y a menudo conflictivas, todo el tema sigue siendo extremadamente espinoso. En primer lugar, intenté desenmarañar las ideas básicas en *Curación cuántica*, pero para obtener información más técnica puedo orientar al lector hacia diversos libros que me han impresionado profundamente durante la última década. Todos son ya clásicos de una u otra forma y se han convertido en puntos de partida reconocidos para ir al laberinto cuántico.

David Bohm, *El todo y el orden implicado*, Routledge and Kegan Paul, 1980, Londres.
Fritjof Capra, *El tao de la física*, Shambhala Press, Boston, 1991.

Roger Penrose, *La nueva mente del emperador*, Penguin USA, Nueva York, 1991.

Michael Talbot, *El universo holográfico*, HarperCollins, Nueva York, 1991.

Fred Alan Wolf, *La ola estelar: Conciencia mental y física cuántica*, Macmillan, Nueva York, 1984.

Gary Zukav, *Los maestros danzantes de Wu Li*, Bantam Books, Nueva York, 1980.

La mejor colección de escritos originales de los grandes físicos en asuntos metafísicos fue editada por Ken Wilber, *Cuestiones cuánticas*. Wilber emprendió la publicación de libros con autoridad en los temas de misticismo y física que combinan la compasión con una gran profundidad de conocimiento. En uno de sus primeros libros y en uno de los más recientes puede conseguirse una buena apreciación de sus percepciones: *Sintonía de ideas* y *El ojo del espíritu*.

3. El proyecto Duke, conocido formalmente como «Supervisión y actualización de la formación noéstica», presentó sus descubrimientos en otoño de 1998 a la Asociación Americana del Corazón.

4. Entre los lectores habrá muchas diferencias por lo que respecta a la cantidad de teoría de la física cuántica que quieran leer. Si se desea hacer una introducción a la paradoja del comportamiento de la luz, nada más ingenioso o sabroso para el profano que una serie de frescas lecciones sobre la física impartidas por el reciente premio Nobel Richard P. Feynman: *Seis piezas fáciles*. La teoría del Big Bang cambia tan rápidamente que es difícil encontrar un tratamiento actualizado fuera de las páginas de las revistas *Nature* y *Scientific American*. Me he apoyado en *Una breve historia del tiempo* de Stephen Hawking, que ya

tiene diez años, pero que todavía es de confianza en su esencia por la forma en que el tiempo y el espacio empezaron su existencia.

5. Un libro muy revelador sobre los muchos aspectos conflictivos de un Jehová que pasa por todo el desorden del Antiguo Testamento es el de Jack Miles, *Dios: Su biografía*. Si el lector quiere tener un amplio compendio de escritos espirituales modernos, puede consultar a Lucinda Vardey en *Dios en todos los mundos*.

6. Dedicado a estudiosos y devotos de la cábala. En el libro de David S. Ariel *¿Qué creen los judíos?*, podemos encontrar una introducción explicativa de la *Shekinah*.

2. MISTERIO DE MISTERIOS

1. Aunque hay miles de escritos en la tradición india, una gran parte de la sabiduría se ha transmitido de maestro a discípulo. Según mi experiencia, el ejemplo moderno más inspirador de esta relación lo podemos encontrar en Sudhakar S. Dikshit, *Yo soy aquél*. Sin embargo, también podemos recomendar al lector los muchos libros que se centran en otras voces notables del vedanta, como Sri Ramakrishna, Sri Aurobindo, Ramana Maharishi, Paramahansa Yogananda, J. Krishnamurti y Maharishi Mahesh Yogi, por nombrar a algunos de los exponentes más conocidos en Occidente de una tradición con una antigüedad de cinco mil años.

2. Para tener una traducción lo más literal posible de las palabras de Cristo, me he referido a la traducción de la Nueva Biblia Inglesa, a excepción de algunos ejemplos en los que era inevitable referirse a la versión de King James,

que ya forma parte de nuestro lenguaje. Para citas de la escritura fuera de los evangelios reconocidos, puede consultarse a Ricky Alan Mayotte, *El Jesús completo*. Querría también resaltar que todas las interpretaciones de las palabras de Cristo que aparecen en este libro son mías y no derivan de ninguna secta o autoridad.

3. En las conexiones entre espiritualidad y física cuántica no sirve de nada pregonarse a uno mismo. El sumario más reciente y mejor de estas conexiones lo ha hecho Paul Davies en su libro *La mente de Dios*. En esta continuación de su clásico *Dios y la nueva física*, Davies trata el tema central de si un creador inteligente tiene lógica en el interior de la cosmología moderna.

3. LAS SIETE FASES DE DIOS

1. En el libro de Angelus Arrien *La vía cuádruple: Por los senderos del guerrero, maestro, sanador y visionario*, podemos encontrar una excelente explicación sobre las adicciones desde el nivel social y de la personalidad, que yo he adaptado a mis argumentos espirituales.

2. Los hechos milagrosos de la hermana María se explican en el libro de Patricia Treece *El cuerpo santificado*. Se trata del informe más fidedigno y detallado sobre el hecho de hacer milagros en la Iglesia católica durante el último siglo.

3. La historia profundamente conmovedora del padre Maximilian se encuentra en el libro de Treece *El cuerpo santificado*. Treece también ha escrito una biografía completa: *Un hombre para los demás*.

4. UN MANUAL PARA SANTOS

1. La experiencia completa de Griffith se explica en el libro de Vardey *Dios en todos los mundos*.

2. Mi versión de la noche de Qadr se deriva del libro de Thomas W. Lippman *Entendamos el islam*.

3. Algunos de los primeros y mejores argumentos para el «campo de la mente» se describen en el libro de Penfield *El misterio de la mente*.

4. En el libro de Valerie V. Hunt *Mente infinita* se hacen fascinantes conexiones entre las funciones cerebrales y las experiencias espirituales.

5. He defendido firmemente los argumentos para apoyar la noción de que la mente no se localiza en el cerebro sino que se extiende como un campo de fuerza más allá del espacio y del tiempo. Para forjar estos argumentos me he basado en el pensador más elocuente de la mente no localizada: Rupert Sheldrake. Su obra más importante hasta hoy es *La presencia del pasado*, pero los lectores se sentirán atraídos por sus conversaciones más informales sobre ciencia y espiritualidad del libro de Michael Fox y Rupert Sheldrake *Gracia natural*.

Sheldrake es un caso especial. Nos ofrece ingeniosos experimentos que probarían la existencia del campo de la mente (al que se refiere como el campo de la morfogénesis). Invito al lector a que participe en las propuestas más recientes que aparecen en su libro *Siete experimentos que podrían cambiar el mundo*.

5. PODERES EXTRAÑOS

1. El doctor Bruce L. Miller informó de sus descubrimientos en la edición de abril de 1998 de la revista *Neurology*.

2. Los mejores escritos populares sobre este misterio se encuentran aún en el libro de Oliver Sacks *El hombre que confundió a su mujer con un sombrero*. Durante mucho tiempo se ha especulado con las conexiones entre el despertar espiritual y las enfermedades cerebrales, pero nunca han sido demostradas. Sin embargo, un impresionante ejemplo moderno puede encontrarse en el libro de Suzanne Segal *Colisión con el infinito*.

6. EL CONTACTO CON DIOS

1. Son raros los intentos creíbles de explicar el alma en términos científicos, pero los mejores están en el libro de Gary Zukav *La sede del alma*.

Índice temático